聖教ワイド文庫――036

池田大作

対談 子どもの世界
青少年に贈る哲学

アリベルト・リハーノフ

聖教新聞社

まえがき

池田大作

「慈愛《じあい》」の人である。
「情熱」の人である。
「行動」の人である。

そしてまた、
長《ちょう》じてなお、純《じゅん》にしてみずみずしい童心《どうしん》をたゆたわせる「少年の心」の人である。

本対談の共著者であるアリベルト・A・リハーノフ氏の人間性の輝《かがや》きを、こう言い表《あらわ》すことができるでしょうか。本書を読み進むほどに、読者の皆さんも随所《ずいしょ》で感じとられるにちがいありません。

周知《しゅうち》のとおり、リハーノフ氏は美しき詩心《しごころ》の大地ロシアを代表する児童文学者です。日本でも、『けわしい坂』をはじめ、氏の作品にふれた人は少なくないことでしょう。

リハーノフ氏にお会いしたのは、一九九五年の春のことでした。ロシア国際児童基金協会総裁《そうさい》として、私のために「レフ・トルストイ国際金メダル」*をたずさえ、ご夫妻で来日《らいにち》され、また、私が創立した創価学園の卒業式に出席してくださったのです。巣立《すだ》ちゆく一人《ひとり》一人の学園生に注《そそ》がれる氏の眼差《まなざ》しの温《あたた》かさ、そして、いつも柔和《にゅうわ》な笑《え》みを絶《た》やさない夫人の大《おお》らかな振《ふ》る舞《ま》いに、会場が何《なん》ともいえない心豊かな雰囲気《ふんいき》につつまれたことを、鮮明《せんめい》に覚《おぼ》えています。

だれよりも子どもを愛しておられる、もっとも子どもたちの守り手にふさわしい人格者であると、深く心に刻《きざ》みつけられたものでした。

人間の全面的な発達をめざしたロシアの労働教育にも関心を持たれていた創価教育学の提唱者《ていしょうしゃ》・牧口常三郎先生は、ひたすらに子どもたちの幸福を願《ねが》い、心身ともに調和《ちょうわ》したすこやかな成長を図《はか》ることに心をくだかれました。

長年、小学校の校長を務《つと》め、貧《まず》しい家庭の多い学校では、せめて文房具《ぶんぼうぐ》だけでも全員にわたるように心を配《くば》られました。また、別の〝特殊《とくしゅ》学校〟では、「タダ（無料）学校」と嘲笑《ちょうしょう》されることをいやがって学校に来ない子どもたちのところへも、熱心に足を運《はこ》ばれました。弁当を持ってこられない子どもたちのために、みずからの給料《きゅうりょう》を割《さ》いて給食《きゅうしょく》を準備《じゅんび》したこともありました。

それは、どんな境遇《きょうぐう》の子であれ、だれもが喜《よろこ》んで学《まな》べるようにしたい、というのが牧口先生の信念《しんねん》だったからです。まさに、すべての子どもたちに「幸《しあわ》せの光《ひかり》」「教育の光」を届《とど》けたいというリハーノフ総裁《そうさい》の心情《しんじょう》と共通しています。この思いは私もまったく同じであります。

本書をひもとくと、ペレストロイカ以降《いこう》のロシア社会の混迷《こんめい》の最大の犠牲者《ぎせいしゃ》は子どもたちであることがよくわかり、痛《いた》ましい思いにかられるのは私一人《ひとり》ではないはずです。質《しつ》こそ違《ちが》え、日本でも同じでしょう。いじめや不登校《ふとうこう》、家庭内暴力《ぼうりょく》などは、どこかで、日本の大人社会の歪《ゆが》みを告発《こくはつ》するシグナルを発《はっ》しているはずです。痛み、傷《きず》つく子どもたちを決《けっ》して放置《ほうち》しておいてはならない——この共通の思いから、本書は生まれました。

私たち大人《おとな》には、子どもたちを守りぬく責任があります。「生命の尊厳《そんげん》」を人権の根本《こんぽん》、教育の中核《ちゅうかく》としていくとともに、新しき時代の人類精神として後世《こうせい》に伝えていく使命《しめい》があります。

いみじくもリハーノフ総裁《そうさい》は語《かた》っています。「あらゆる不幸は『日食《にっしょく》』といえる。しかし、生命は、太陽そのものである」と——。子どもたちがそれぞれの内《うち》なる太陽を最大に発光《はっこう》させ、ともどもに幸福と平和を享受《きょうじゅ》しゆく「生命の世紀」を開いていくために、私もまた、教育の聖業《せいぎょう》に尽力《じんりょく》していきたいと願《ねが》っています。

最後になりますが、本書を上梓《じょうし》するにあたって、当初《とうしょ》、教育専門誌「灯台《とうだい》」の一九九七年四月号から翌九八年五月号までの誌上《しじょう》で、十四回にわたって連載《れんさい》された内容に若干《じゃっかん》、筆《ふで》を加《くわ》えていることを付記《ふき》しておきたいと思います。

本対談集が、読者の皆さんにとって、英知《えいち》と勇気みなぎる鳳雛《ほうすう》を、二十一世紀の未来へと羽《は》ばたかせていく知恵《ちえ》と創造《そうぞう》のオアシスとなっていくならば、これに勝《まさ》る喜《よろこ》びはありません。

一九九八年九月八日

目次

まえがき……池田大作　3
第一章　幼年《ようねん》時代はまえぶれではなく、人生そのもの……11
第二章　話し聞かせる〝人生の真実〟の物語《ものがたり》……41
第三章　教育と文化の花開かせる〝祈《いの》り〟……65
第四章　テレビ時代を生きる子らへの願《ねが》い……87
第五章　生活環境《かんきょう》の保障《ほしょう》こそ健全《けんぜん》な社会……107
第六章　いじめ――小さな暴力《ぼうりょく》……133
第七章　「触発《しょくはつ》」のドラマが結《むす》ぶ絆《きずな》……159

第八章　傷《きず》ついた心を癒《いや》す〝励《はげ》ましの社会〟へ……183
第九章　ティーンエイジャー――嵐《あらし》と、花開く可能性《かのうせい》……203
第十章　わが家《や》の家庭教育……227
第十一章　演劇的《えんげきてき》家庭論……247
第十二章　成長家族――理想と目標の共有《きょうゆう》……265
第十三章　「父性《ふせい》」のあり方……285
第十四章　「母性《ぼせい》」のあり方……311
注　解……335

一、本書は、著者の了解を得て、第三文明社発行（一九九八年十月）の単行本ならびに本社発行の『池田大作全集　第百七巻』に収められた「子どもの世界　青少年に贈る哲学」を収録したものです。

一、『新編・日蓮大聖人御書全集』（創価学会版）からの引用は（御書　ページ）で示しました。

一、＊印を付した人物・事項等は、巻末に注解を設け説明しました。

一、引用文で読みにくい語句については、編集部によるルビをつけた個所もあります。

一、引用文中、編集部による注は（　）内の＝の後に記しました。

一、肩書、名称、時節等については、単行本発刊時のままにしました。

第一章

幼年《ようねん》時代はまえぶれではなく、人生そのもの

〝メルヘンの世界〟から遠ざかる現代社会

リハーノフ　際立《きわだ》った仏法指導者であり、卓越《たくえつ》したヒューマニストであり、対立を世界の協調《きょうちょう》へと結《むす》ぶ、たゆまぬ行動の人である池田会長との出会いが、このような対談となって実現したことをたいへんうれしく思います。

二十一世紀が目前《もくぜん》に迫《せま》った今、未来世紀の主役《しゅやく》である子どもたちに〝希望の灯台《とうだい》〟を示《しめ》すことができるよう、有意義《ゆういぎ》な語《かた》らいを残《のこ》していきたいと思います。どうか、よろしくお願《ねが》いいたします。

池田　こちらこそ、よろしくお願いいたします。

一九九五年、貴協会（ロシア国際児童基金協会）より「トルストイ国際金メダル」を授与《じゅよ》されたことは、たいへんな名誉であり、私の人生における忘《わす》れ得《え》ぬ思い出の一コマとなりました。

とくにトルストイは、私が若いころから愛読《あいどく》し、敬愛《けいあい》してやまない大作家であるだけに、感銘《かんめい》を深くしたしだいです。

優《すぐ》れた作家であり、子どもたちをこよなく愛し続けてこられた総裁《そうさい》との語《かた》らいは、必《かなら》ずや、〝若木《わかぎ》〟がすくすくと育《そだ》ちゆくための肥沃《ひよく》な土壌《どじょう》を提供《ていきょう》することができるにちがいありません。

リハーノフ　一九九五年の日本訪問《ほうもん》からは、本当に快《こころよ》い感動につつまれてモスクワに帰ってきました。

創価学園の卒業式に出席させていただいたときの、心の洗《あら》われるような爽快感《そうかいかん》、魂《たましい》の高揚《こうよう》は、決《けっ》して忘《わす》れることができません。今でも、妻とよく思い出話に花を咲《さ》かせております。

池田　ありがとうございます。

私は、自分の人生の総仕上《そうしあ》げの仕事は「教育」と思っていますので、子どもたちのためになることであれば、何《なん》でもしてあげたい、とつねに思っております。この対談も、その一環《いっかん》になれば、と念《ねん》じております。

リハーノフ　池田会長の創作童話《そうさくどうわ》『さばくの国の王女さま』を、一九九六年、モスクワで発刊《はっかん》することができましたのも、われわれにとって大きな喜《よろこ》びでした。エキゾチックなさし絵や物語《ものがたり》の展開《てんかい》に興味《きょうみ》をおぼえた、という趣旨《しゅし》の声が私の手もとに、いくつも寄せられています。訪日《ほうにち》の折《おり》も申し上げたとおり、現代のロシア、とくにモスクワなどの大都市は、拝金主義《はいきんしゅぎ》が横行《おうこう》し、大人《おとな》の世界も、子どもの世界も、精神的な荒廃《こうはい》が進んでいますので、幼《おさな》いころから優《すぐ》れた文物《ぶんぶつ》に親《した》しませることが、不可欠《ふかけつ》なのです。何《なん》とかして、その良き習慣《しゅうかん》を復活《ふっかつ》させることができないものか——私がつねづね心をくだいているところです。

池田　日本でも、事情は同じです。童話《どうわ》や名作に親しむ時間は、少なくなる一方のようです。〝メルヘンの世界〟というものは、むずかしい理屈《りくつ》はぬきにして、人間の生き方や人生の意味、物事《ものごと》の善悪《ぜんあく》のけじめといったものを〝全体像〟のもとで教えてくれます。

ですから〝メルヘンの世界〟から遠ざかるということは、その社会がどれほどか殺風景《さっぷうけい》で、ひからびた状態《じょうたい》になっているかを示《しめ》しています。いきなり大上段《だいじょうだん》に振《ふ》りかぶったようなものの言い方で恐縮《きょうしゅく》ですが……。（笑い）

真実の宗教は文化運動へ結《むす》びつく

リハーノフ　いえいえ、私も同意見です。その大問題は、あとでゆっくり語《かた》りあいましょう。

ところで、池田先生！　まず簡単《かんたん》な前奏曲《ぜんそうきょく》とでもいうところから始めさせてください。

これは私たち二人《ふたり》というよりは、読者に背景《はいけい》を説明するためのものです。世界には多くの教育学の流れがあります。きわめて理論的なものや、あるいは教育の理論と実践《じっせん》をみごとに一致《いっち》させているものもあります。

たとえば、オーストリアの人道《じんどう》主義者ヘルマン・グマイネル*が第二次世界大戦後、さまざまな悲劇《ひげき》が残《のこ》した孤児《こじ》や犠牲《ぎせい》をこうむった子どもたちを守るために作った国際システム「キンデルドルフ―SOS」（「子どもの村―SOS」）があります。

池田　総裁《そうさい》の教育への尊《とうと》いご努力、またさまざまな伝統《でんとう》あるシステムは、私もよく存《ぞん》じ上《あ》げているつもりです。

リハーノフ　「キンデルドルフ－ＳＯＳ」は、修道女《しゅうどうじょ》が自分の家庭はもたずに、子どもを預《あず》かって母親として育《そだ》てるというものです。＊モンテッソーリの教育運動もあります。そのほか、例を挙《あ》げることはいくらでもできます。

しかし、私がこれこそ完璧《かんぺき》で普遍的《ふへんてき》なシステムだと思うのは、精神的にも、組織的にも、あなたがリーダーであられる創価運動なのです。そこには幼稚園《ようちえん》から小学校、中学、高校、大学まであります。

それだけではありません。あらゆる年齢層《ねんれいそう》の子ども向け雑誌や新聞、大人《おとな》向けの新聞も出していれば、幅広《はばひろ》く広報《こうほう》活動を行い、全国各地に会館ももっています。文化面については美術館など、ただもう賛嘆《さんたん》するばかりです。

池田　おほめにあずかって恐縮《きょうしゅく》です。多くの読者をもつ児童文学者であり、なおかつ児童教育の不屈《ふくつ》の実践者《じっせんしゃ》である方の発言《はつげん》であるだけに、重みをもって受けとめさせていただきます。

総裁《そうさい》の言葉をお借《か》りすれば、私どもの「創価運動」は、一言で言えば「仏法の大地に展開《てんかい》する大文化運動」と位置《いち》づけることができます。

宗教のための宗教などというものはありえず、またあってはならず、真実の宗教は、人間の活動を通して、あらゆる面での文化運動へ結《むす》びついていかなければなりません。私どもの運動は、こうした普遍《ふへん》の原理の現実社会への展開《てんかい》なのです。

リハーノフ　なるほど、よくわかります。このようなシステムをごく表面的《ひょうめんてき》に分《ぶん》析《せき》しただけでも、次のようなことが言えると思います。

成長過程《かてい》にある人間が一つの教育段階《だんかい》から別の段階に進む途中《とちゅう》で、どうしてもたちはだかる壁《かべ》があるものです。

しかし、創価システムのなかではそのような壁に傷《きず》つくこともなく、バランスよく落《お》ち着《つ》いて、円滑《えんかつ》に成長の階段《かいだん》を上《のぼ》りながら一貫《いっかん》教育を終え、確固《かっこ》たる価値《かち》体系《たいけい》のなかで精神的な成長を遂《と》げていくことができます。

池田　温《あたた》かい励《はげ》ましのお言葉です。

リハーノフ　創価システムをじかに見て、私は「自分の果《は》たせなかった夢《ゆめ》が実現しているのを見た」という思いでロシアに帰りました。

一九八七年に私が児童基金――当時はソ連の全国組織としてでしたが――を設立《せつりつ》したときに夢見ていたのは、まさにそのような独立したシステムの創設《そうせつ》だったのです。

もっとも創価のような教育システムではなく、不幸に見舞《みま》われた子どもたちの救《きゅう》済《さい》組織としてでしたが。

しかし、結局、その後のソ連、続いてロシアの社会変動《へんどう》によって、自分の夢《ゆめ》を実現することはできませんでした。やはり、事《こと》を成就《じょうじゅ》させるには社会全般《ぜんぱん》の安定性が必要であり、ロシアにはそれが欠《か》けています。

社会主義の理想とガンジーの予言《よげん》

池田　たしかに、社会主義イデオロギーが崩《くず》れ去《さ》ったあとの精神的な空白《くうはく》ということをよく聞きます。

「金メダル」を授与《じゅよ》してくださったときの総裁《そうさい》のスピーチが、心に焼《や》きついています。

すなわち、「まるで、＊クレムリンの足もとに動物の死骸《しがい》が積まれていて、残忍《ざんにん》なカラスの群《む》れがたがいに襲《おそ》いかかりあいながら、その死骸をずたずたに引き裂《さ》いている、といった印象《いんしょう》です」「そして、この恐《おそ》るべき争《あらそ》いのなかで主役《しゅやく》を演《えん》じているのは、十年前のいわゆる民主改革《みんしゆかいかく》の初期には、まだ子どもだった青年たちなのです」と。

痛《いた》ましい限《かぎ》りですが、悪《あく》に染《そ》まりやすく、崩《くず》れるのも早ければ、立ち直《なお》るのも早いのが、青少年時代の魂《たましい》の特徴《とくちよう》です。その可能性《かのうせい》を信ずるところから、私どもの共《きよう》同《どう》作業も始まるのですね。

リハーノフ　わが国の政治の崩壊《ほうかい》、とくに制度の崩壊は、どうしてもモラル（道徳心）の破綻《はたん》を招《まね》きました。それは青少年に顕著《けんちよ》に表《あらわ》れています。

池田　重《かさ》ねて申し上げますが、日本など自由主義社会の現状《げんじよう》も、お世辞《せじ》にも及第《きゆうだい》点《てん》のつけられるようなものではありません。

ロシアが、社会主義体制の崩壊という激震《げきしん》に見舞《みま》われたショックによる〝心臓発《しんぞうほつ》作《さ》〟であるとすれば、日本の現状は、ひょっとすると、気がつかないうちに徐々《じよじよ》に進行している〝がん〟かもしれないとさえ、私は思っているのです。

リハーノフ　しかし、創価の成果《せいか》にはただ賛嘆《さんたん》するばかりで、きわめてユニークな現象《げんしよう》であると思います。あなたの最大の功績《こうせき》は日本社会の中に、すべての人に開かれたグローバルな独自《どくじ》の市民社会を作られた、ということでしょう。

それは一つの殻《から》の中にさらに別の殻を作るということではなく、英知《えいち》と豊かな精神性をもつ内《うち》なる組織体で、その組織体の透明《とうめい》な壁《かべ》をすりぬけてポジティブ（積極《せっきょく》的《てき》）な力《ちから》が両方向に働《はたら》き、行き来しているのです。

池田　おっしゃるとおり、会員個々にあっても、あるいは組織面においても、社会との間に〝垣根《かきね》〟がないことが大切です。

リハーノフ　こんなことを言うといやな思いをされるかもしれませんが、あなたが実現された社会的理想は、社会主義の理想に近いものだと思います。もちろん、社会主義の声高《こわだか》な政治スローガンや、巧妙《こうみょう》な世界制覇《せいは》の野望《やぼう》などは除《のぞ》いた上での話ですが。

池田　いえ、決《けっ》していやな思いなどしません。体制が崩壊《ほうかい》したからといって、社会主義が志向《しこう》していた理念《りねん》である「平等《びょうどう》」や「公正《こうせい》」という言葉は、決して死なせてはならない。

これは、ゴルバチョフ元ソ連大統領との対談でも述《の》べたのですが、私は、仏法を基調《きちょう》とした私どもの運動の一側面《いちそくめん》を「人間性社会主義」と形容《けいよう》しました。ほぼ三十年ほど前のことです。この信念《しんねん》は今も変わっておりません。

総裁《そうさい》のおっしゃる趣旨《しゅし》は、私にはよくわかるような気がします。インドのマハトマ・ガンジー*にも「社会主義は水晶のように純粋である」(K・クリパラーニー編『抵抗するな・屈服するな《ガンジー語録》』古賀勝郎訳、朝日新聞社)という、きわめて含蓄《がんちく》の深い言葉があります。「水晶のような手段」すなわち「純粋な心の持主で、誠実にして非暴力的な社会主義者のみ」(同)が、その建設者たる資格《しかく》をもつ、と。これは、ガンジーの痛烈《つうれつ》なアイロニー(皮肉《ひにく》)でもあります。

リハーノフ　ガンジーの言いたい意味は、よく理解できます。「平等《びょうどう》」や「公正《こうせい》」を実現するには、まずエゴイズムを克服《こくふく》した「私心《ししん》なき人間」が前提《ぜんてい》となりますからね。

池田　ガンジーが言うような社会主義であるためには、何《なん》らかの宗教的バックボーン(背骨《せぼね》、支柱《しちゅう》)が必要だったのです。それなのに、無神論《むしんろん》という〝玉座《ぎょくざ》〟に傲然《ごうぜん》と居座《いすわ》っている現実の社会主義者ほど、そのようなイメージと遠いものはなかったのでしょう。

残念ながら、その後の社会主義の歩《あゆ》んだ、非暴力《ひぼうりょく》とは正反対の血塗《ちぬ》られた道は、ガンジーの言葉の正しさとその予言的《よげんてき》性格を、証明《しょうめい》しました。

したがって、ガンジーの言葉から必然的《ひつぜんてき》に浮《う》かび上《あ》がってくる、誠実《せいじつ》にして純粋《じゅんすい》な人間像は、たしかに、私どものめざしている「人間革命」というテーマと、強く響《ひび》きあってくるでしょう。

絶《た》えず「知恵《ちえ》の全体性」を問《と》いながら

リハーノフ　そうした意味からも、創価思想は全人類的な幅広《はばひろ》い社会性をもつものです。なかでも子どもについての問題は、とくに、重視《じゅうし》されているように思われます。

日本の文化、民族的伝統《みんぞくてきでんとう》、美《び》を愛《め》でる心、そして他の多くの民族が気づかずに素通《すどお》りしてしまうようなところにも美的価値《かち》を見いだす心が、「創価的な」子ども観、教育理念《りねん》に、特別ないろどりを添《そ》えているように私は理解しました。この点についてお話しいただきたいと思います。

池田　創価学会は、創立以来、一貫《いっかん》して民衆の幸福と社会の繁栄《はんえい》を願《ねが》って、「平和の道」「文化の道」「教育の道」を世界に広げてきました。なかんずく「教育」は、

「文化」の大地を潤《うるお》し、「平和」の大樹《たいじゅ》を地球上に青々《あおあお》と茂《しげ》らせていく水脈《すいみゃく》です。

だからこそ、創立者の牧口常三郎初代会長は「創価教育」に全魂《ぜんこん》をかたむけてきましたし、初代会長を支《ささ》えた私の恩師《おんし》戸田城聖第二代会長も全力を注《そそ》いだのです。

私も、その志《こころざし》を継《つ》いで、「教育こそ最大の事業」との思いで取り組んできました。その意味では、幼稚園《ようちえん》から大学までの一貫《いっかん》した「創価教育」の府《ふ》は、三代にわたる汗《あせ》の結晶《けっしょう》であり、この学舎《まなびや》を支えてくださった多くの方々の真心《まごころ》の結実《けつじつ》と言えましょう。

それだけに、総裁《そうさい》が評価《ひょうか》してくださっていることに、心からの感謝をおぼえずにはおられません。

リハーノフ　いえ、これは私の率直《そっちょく》な感想なのです。

池田　一九九五年、創価学園の卒業式に臨席《りんせき》してくださった総裁は、純粋《じゅんすい》で清《きよ》らかな心を持った学園生が育《そだ》っていることをたたえてくださいました。

その純真《じゅんしん》な心、正義の心とともに、この学舎から巣立《すだ》っていく新時代開拓《かいたく》の若き後継者《こうけいしゃ》に、創立者として望《のぞ》んできたものは、次の一点です。

すなわち、自分だけよければ、という小さなエゴイストではなく、自分の生き方を人類の運命《うんめい》にまで連動《れんどう》させゆく「全体人間」に成長してほしい、ということです。

教育は、そうした「知恵《ちえ》の全体性」を、絶《た》えず問《と》うものです。個別《こべつ》な知識を、人生の全体に生かしていく知恵に高めていくこと。それは、「社会性」豊かな、調和《ちょうわ》のとれた「人格」の人に、と言ってもいいでしょう。

リハーノフ　「知恵の全体性」というのは、よい言葉ですね。わが協会の最高栄誉《さいこうえいよしょう》賞に名を冠《かん》するレフ・トルストイは、一八五〇年代の最初の国外旅行で、ヨーロッパ文明《ぶんめい》のあり方に深刻《しんこく》な懐疑《かいぎ》をもちました。

知識の進歩《しんぽ》は人間に何をもたらしたのか。その意味を、人間いかに生きるべきかという「知恵」の全体観の上から問い直《なお》したのです。この魂《たましい》の求道者《きゅうどうしゃ》は、ヤースナヤ・ポリャーナ近くの一寒村《いちかんそん》で亡《な》くなるまで、その旅を続けました。*

その点、私は、池田会長がモスクワ大学での講演（「人間――大いなるコスモス」、一九九四年五月。『池田大作全集　第2巻』収録）で、『アンナ・カレーニナ』の主人公《しゅじんこう》であるレーヴィンに言及《げんきゅう》しているのが印象的《いんしょうてき》でした。レーヴィンは、そうしたトルストイ自身を映《うつ》しだしているように思えます。*

この名作の最終章（第八編）は、アンナの鉄道自殺《じさつ》の印象があまりに鮮烈《せんれつ》すぎて、そのあとに続くレーヴィンのモノローグ（独白《どくはく》）は、ともすれば印象《いんしよう》が薄《うす》れがちなのですが、さすがにそこにスポットを当てておられると、大《おお》いに共鳴《きようめい》したものです。

「人格価値《かち》」を高めることこそ大人《おとな》の責任

池田　ありがとうございます。じつは、総裁《そうさい》が創価学園の卒業式にお見えになられたとき、生徒たちが「草木《くさき》は萌《も》ゆる」という校歌を斉唱《せいしよう》していましたが、その歌《か》詞《し》の主題《しゆだい》として繰《く》り返《かえ》されているのが「何《なん》のため」という問《と》いかけなのです。

「英知《えいち》をみがくは何のため」「情熱燃《じようねつも》やすは何のため」「人を愛すは何のため」「栄光めざすは何のため」「平和をめざすは何のため」等と繰り返し歌われています。最後の五番は私が付け加《くわ》えたものですが、あとは、すべて生徒の発想《はつそう》によるものです。

この「何のため」という問いかけこそ、「知恵《ちえ》の全体性」という水脈《すいみやく》を掘《ほ》り当《あ》てるためのもので、そこにいたる回路《かいろ》とは言えないでしょうか。

私どもの数ある歌のなかでも、私のもっとも好きなものの一つです。何を学《まな》び、どの道に進もうとも、つねにこの「何《なん》のため」というみずからの使命《しめい》への問《と》いかけを絶対《ぜったい》に忘《わす》れないでほしいと祈《いの》るような思いで、私は少年少女たちの成長を見守っております。

リハーノフ　よくわかります。「何のため」ということは、生きることの本当の意味を問うことではないでしょうか。多くの人のためにということは、とりもなおさず自分のためを意味している――「知恵《ちえ》の全体性」とは、そういうことではないでしょうか。

池田　ええ。ロシア語には「フセチェロヴェーチェストボ（全人性《ぜんじんせい》）」という言葉がありますね。私はこの言葉が好きです。

総裁《そうさい》、あなたにお会いした折《おり》、この全人性があふれ出たような人格の輝《かがや》きに、心《こころ》洗《あら》われる感《かん》を禁《きん》じえませんでした。

あのペレストロイカの設計者《せっけいしゃ》とも称《しょう》される＊ヤコブレフ博士は、私との対談の折、新しい文明《ぶんめい》の段階《だんかい》に踏《ふ》みだすために人類の〝善《ぜん》の力《ちから》〟を高めていくことの重要性にふれていました。

二十年余にわたって小学校の校長を務《つと》められた牧口初代会長も、「善心《ぜんしん》」を育《はぐく》み、

「*人格価値《かち》」を高めていくことに心をくだき続けました。とりわけ学校は、子どもたちが「社会性」を身につける学習の場、生活の場であることをつねに強調していました。

リハーノフ　牧口会長は、小学校の校長をされていたのですね。

池田　ええ。たとえば牧口会長は、白金《しろかね》小学校の校長時代、共同《きょうどう》生活の行事として、毎月末に学校の大掃除《おおそうじ》を行っていました。

その日は、みずからも腕《うで》まくりをして、「どうだい、こうやればきれいになるだろう」と、率先《そっせん》して廊下《ろうか》を拭《ふ》いて模《も》範《はん》を示《しめ》すのです。そして、各教室を一つ一つ見てまわりながら、「あなた方には、自分の愛する学校をきれいにする権利とともに義《ぎ》務《む》があるのです」と、社会生活の基本を子どもたちにわかりやすく教えていったのです。

現代の社会は、この「善《ぜん》」や「人格価値」に重きを置《お》かず、ともすれば冷《ひ》ややかな視《し》線《せん》を向けがちです。

リハーノフ　私も、同じ憂慮《ゆうりょ》をもっております。自《じ》我《が》の自《じ》覚《かく》から本格的な人格形成へ――自分で認識《にんしき》し、自分の言行《げんこう》には自分が責任をもち、困難《こんなん》な状況《じょうきょう》に置かれても自己《じこ》を抑制《よくせい》する。チェーホフ*の教えにあるように、自己を訓練《くんれん》して労働の能力《のうりょく》を身《み》につけ、自分自身の体内《たいない》に善《ぜん》を発達させ、体内の悪《あく》とたたかい、自己を築《きず》き上《あ》げていかなければなりません。

人間らしい生き方をしていくには、このような「人格価値《かち》」を、できるだけ早い時期から身につけるべきです。また、それは十分可能《かのう》です。

大人《おとな》たち――とくに親や学校の教師は、この古くて新しい真実を、若い人たちに向かって自信をもって訴《うった》えていかなければなりません。

関係性を重視《じゅうし》する「縁起《えんぎ》」の発想《はっそう》

池田　「人格」の形成、「人格価値」の創造《そうぞう》の〝場〟としての学校という着想《ちゃくそう》は、初代会長が、フランスの社会学者エミール・デュルケーム*に注目《ちゅうもく》していたこととも関係があります。

初代会長は、その著作《ちょさく》『創価教育学体系』*の中で、デュルケームの社会学的な方法を血肉《けつにく》として、日本の教育現実を考察《こうさつ》しています。

デュルケームは、社会（集団）を、個人に還元《かんげん》することのできない一つの実在《じつざい》（集団表象《ひょうしょう》）としてとらえる立場です。それゆえに、社会（集団）総体《そうたい》へのアプローチ（接近《せっきん》）を試《こころ》みる場合には、人間の個別性《こべつせい》よりも、むしろ関係性を重視《じゅうし》しなければならない、と言います。

総裁《そうさい》はお気づきかもしれませんが、じつはこうした発想は、〝*縁起観《えんぎかん》〟という仏教のもっとも基本かつ重要なパラダイム（考え方）と、深く通《つう》じあっているのです。

リハーノフ　それが仏教の基本的考え方なのですね。

池田　仏教にもさまざまな流派《りゅうは》がありますが、共通して言えることは、それらのすべてが、原初《げんしょ》とも言うべき出発点に〝縁起観〟をすえているということです。

モスクワ大学での講演《こうえん》でも若干《じゃっかん》ふれましたが、「縁起」は、「縁《よ》りて起《お》こる」と読みます。人間界であれ自然界であれ、物事《ものごと》には単独《たんどく》で生起《せいき》するものはなく、すべてはたがいに関係しあっている。

たとえば、Aという教師、Bという生徒がいると、AとBは単独で存在するのではなく、AはBあってのA、BもAあってのBというふうに、個別性よりも関係性が重視されています。

デュルケームにも通《つう》じるこうした発想《はっそう》は、個人や個物《こぶつ》を軸《じく》に展開《てんかい》されてきた人間観とは、明らかに異《こと》なっています。

詳述《しょうじゅつ》しませんが、私が申し上げたいことは、あまりにも潤《うるお》いのない社会や学校の人間群像《ぐんぞう》に「全体人間」を復活《ふっかつ》させるためには、そうした発想の転換《てんかん》が不可欠《ふかけつ》であろう、ということです。

リハーノフ　もっと〝縁起観《えんぎかん》〟について、うかがいたいのですが、お話を聞いて、

私は、わが国の優《すぐ》れた教育者であるスホムリンスキー*のすばらしい言葉を思い出しました。

「人間の心はいかなるものをもってしても、埋めあわせられないものである。たとえ、物質的にどんなに恵まれようと、どんなすばらしい環境をつくってもらおうと、また、毎日の生活がどんなに順調であろうと、それだけで心が満たされるわけではない。子どもには立派な集団が必要であるけれども、同時に、その子どもの誕生・発達・精神的進歩を最大の喜びとするような人物、その子どもが心から敬愛する人物が必要なのである」（A・リハーノフ著『若ものたちの告白』岩原紘子訳、新読書社）と。

池田　それが親であり、教師でなければならない、と。

リハーノフ　ええ。人間はだれしも、とくに子どもの場合、一人《ひとり》で生きていくことはできません。愛し愛されることによって、励《はげ》まされることによって、生きがいを感じることもでき、健全《けんぜん》なる成長が可能《かのう》となってきます。

スホムリンスキーの言葉は、子どもにとって、そのような存在を欠《か》かすことができないことを指摘《してき》したものです。その意味では「関係性」を非常に重視《じゅうし》したものと言えませんか。

よき「関係性」が子どもを育《はぐく》む

池田　そこがポイントです。牧口会長も、この「関係性」を何よりも大切にしました。ゆえに進んで児童と向きあい、最高の教育環境《かんきょう》たらんとしたのです。

牧口会長は、じっと机《つくえ》に向かっているだけの教育者ではありませんでした。校長となってからもひんぱんに校舎《こうしゃ》をまわって、児童が今、何を求めているのか、自分の目で確《たし》かめ、つねによりよい教育を模索《もさく》していったのです。

また当時、貧《まず》しいがために、学校に来たくとも来られない児童がたくさんいました。まさに学校という「関係性」から外《はず》れてしまった子どもたちです。

そうならばと牧口会長は、一軒《いっけん》一軒、家庭訪問を行って、児童を温《あたた》かく励《はげ》ましております。そうやって、来られない児童のためには、自分が足を運《はこ》んで「関係性」を深く、深く築《きず》いていったのです。

この牧口会長の努力は、やがて実《み》を結《むす》び、小学校の出席率は短期間のうちに飛躍《ひやく》的《てき》に向上していったといいます。形式ではなく、こうした人間教育の振《ふ》る舞《ま》いこそ、真に児童を豊かに育《はぐく》んでいくものでしょう。

リハーノフ　なるほど。いいお話ですね。現代のロシアでは、牧口会長のような教師は、本当に少なくなってしまいました。その結果、じつに多くの青年が悪《あく》の道に走ったり、自殺《じさつ》したりしています。

池田　じつのところ人間社会というものは、自然や宇宙《うちゅう》とのつながりも含《ふく》めて、すべてが「関係性」の上に成《な》り立《た》っています。

「関係性」と言っただけでは抽象的《ちゅうしょうてき》な響《ひび》きしか伝わりませんが、じつに重要なことなのです。人間と人間、人間と自然、自然と自然……それらをつなぐ絆《きずな》が弱まり、磨《す》り減《へ》ってきているのが、ほかならぬ現代社会と言えるでしょう。

そして、絆《きずな》が弱まるに比例《ひれい》して、人間も断片化《だんぺんか》して、小さく小さく孤独《こどく》の殻《から》に閉《と》じこもって「全体人間」とは縁遠《えんどお》い存在になってしまいます。事実、そうなっている。

D・H・ローレンス*が、「私の個人主義とは所詮一場の迷夢に終る。私は大いなる全体の一部であって、そこから逃れることなど絶対にできないのだ。だが、その結合を否定し、破壊し、断片となることはできよう。が、そのとき私の存在はまったく惨《みじ》めなものと化し去るのだ」（『現代人は愛しうるか』福田恆存《つねあり》訳、白水社。新字体、現代かなづかい等に改めた）と警告《けいこく》しているとおりです。

リハーノフ　なかでも、もっとも身近《みぢか》な親子の関係というのは、大事ですね。親が、本当の意味での「親らしい心」をもっているかどうか――物理的に親となることは容易《ようい》ですが、「親らしい心」をもつことは、やさしいようでなかなかむずかしいことです。

「親らしい心」とは、わが子の発達段階《だんかい》に合わせて、うまく調整《ちょうせい》し調和《ちょうわ》を保《たも》てる心です。小さい時には闇雲《やみくも》にかわいがっていたとしても、少年期を迎《むか》えたら、そのありり方をずっと抑制《よくせい》して、要領《ようりょう》よく接《せっ》し、しつこくからみついてはいけない。だからと言って、一分一秒たりとも物陰《ものかげ》に身《み》を引いてしまってはいけないでしょう。

「子ども的なるもの」を保《たも》ちゆく大切さ

池田　〝猫《ねこ》かわいがり〟もよくないが、だからといって、〝無関心〟であってよいはずはない。子どもとの間にきちんとしたスタンスを保つことは、意外《いがい》にむずかしいものです。

リハーノフ　私は、日本でも翻訳《ほんやく》された自著《じちょ》の『けわしい坂』（島原落穂訳、童心社）の中で、父と子の関係と、そのあり方について書きました。戦争でたいへんな時代、出征《しゅっせい》などでなかなか子どもに会えない父親が、男の子に「だめだと思う気持ちに、勝ちさえすればいいんだ」「だめだと思う心に勝つことだ」という一つのことを教え込む。その愛情に満《み》ちた訓練《くんれん》のふしぶしを描《えが》きました。

池田　心に残《のこ》る佳品《かひん》ですね。

われわれが子どもたちともども「全体人間」を志向《しこう》していくためには、われわれの「大人的《おとなてき》なるもの」のなかに、いつも「子ども的なるもの」を保ちつつ、大切に育《そだ》てていかなければならないでしょう。

なぜなら、この「子ども的なるもの」こそ、人間や自然、宇宙《うちゅう》など、物事《ものごと》へのみずみずしい感受性《かんじゅせい》という点で、「全体人間」の胚種《はいしゅ》をなしており、巧《たく》まずして大宇宙を呼吸《こきゅう》し対話しゆく体現者《たいげんしゃ》であるからです。

リハーノフ　おっしゃるとおりです。

池田　残念ながら近代文明《ぶんめい》は、物質的《ぶっしつてき》な豊かさとは裏腹《うらはら》に、そうした豊饒《ほうじょう》な感受性――そう、レフ・トルストイが『コサック』*の中で、エローシカ叔父《おじ》に濃密《のうみつ》に体《たい》現《げん》させていた、大自然の子としての感受性です――を、あまりにも涸《か》らしてしまいました。

自然や宇宙、時には人間さえも客体化《きゃくたいか》され、科学や合理《ごうり》主義のメスで切り刻《きざ》むとの可能《かのう》な、よそよそしい対象《たいしょう》へと堕《だ》してしまいました。

リハーノフ　トルストイがヤースナヤ・ポリャーナの一角《いっかく》で児童教育に全力をあげていたのも、大きく言えば、そうした文明の危機《きき》を、ガンジーなどと同じ次元《じげん》で感じとっていたからにちがいありません。

池田　人間不在《ふざい》の浅薄《せんぱく》な近代文明にあって、「子ども的なるもの」は、「大人的《おとなてき》なるもの」に到達《とうたつ》する以前の、未熟《みじゅく》にして未完《みかん》な〝半人前《はんにんまえ》〟の扱《あつか》いしか受けることができませんでした。

当然の帰結《きけつ》として、現代人が手にするにいたった「大人」社会は、「子ども」を見失《みうしな》った「大人」社会であり、何《なん》とみすぼらしく、何と砂《すな》をかむような味気《あじけ》なさ、生気《せいき》のなさでありましょうか。子どもたちが生き生きと成長できる場とは、およそかけ離《はな》れています。

その意味では、文明の危機《きき》は、まずもって教育の危機という形で、もっとも尖鋭《せんえい》的《てき》に噴出《ふんしゅつ》してくるのかもしれません。

子どもになることは巨人《きょじん》になること

リハーノフ　あなたとキルギス共和国《きょうわこく》の著名《ちょめい》な作家チンギス・アイトマートフ氏*との対談（「大いなる魂の詩」、『池田大作全集　第15巻』収録）を、興味深《きょうみぶか》く読ませていただきました。

その中で、アイトマートフ氏が、みずからの手になる『ソ連諸民族民話集』の序文《ぶん》を援用《えんよう》している個所《かしょ》がありましたね。氏は、ヤヌシュ・コルチャック*の『私がふたたび子どもになる時』に言及《げんきゅう》しながら語《かた》っています。

「子どもになるということは巨人《きょじん》になることです。私はふざけているのではありません。恐《おそ》ろしい自然現象を屈服《くっぷく》させることができるのはまさに子どもなのです。子どもは、だれかを不幸から救《すく》いだすためならば、どんな自然の猛威とも、胆力《たんりょく》・品性《ひんせい》あわせもつ中世の騎士よろしく戦う覚悟をもっています。そして子どもは未知とも戦います。そしてつねに勝利します。どうしてでしょう？　なぜならば、ここでもふたたび、自分のためではなく、虐《しいた》げられ、辱《はずかし》められている者たちの幸せのために戦うからです」と。

アイトマートフ氏は、いくぶん含《ふく》みをもたせて語っていますが、「子ども的なるもの」こそ、まさに「巨人」のように、人々の通念《つうねん》や常識《じょうしき》を打ち破《やぶ》って、創造的《そうぞうてき》な仕事をなしていく母胎《ぼたい》と言えないでしょうか。

池田　事実、科学の分野であれ、芸術の分野であれ、創造的な仕事をした人は、ほとんど例外なく、いくら年《とし》をとっても「子ども的なるもの」、みずみずしい感受《かんじゅ》性《せい》を、じつに豊かに保《たも》ち続けています。

そのような創造性《そうぞうせい》をつちかう場である教育の世界が、おしなべて、先進国《せんしんこく》であればあるほど深刻《しんこく》な病状《びょうじょう》を呈《てい》しているということを、大きな文明論的《ぶんめいろんてき》な課題として、重く受けとめていかなければならないと思います。

リハーノフ　そのとおりです。私たちはこの対談で、ぜひとも、その共通の課題について論《ろん》じ、解決の方途《ほうと》を見いだしていきたいのです。

池田　二十世紀とは、十九世紀末に幾人《いくにん》かの先哲《せんてつ》が警鐘《けいしょう》を鳴《な》らしていた近代文明の歪《ひず》みが、現実の問題として危機的様相《ききてきようそう》を露《あらわ》にしてきた時代と言えると思います。ですから、巷間《こうかん》二十世紀の三大発見――じつは再発見だと思いますが――の一つに、「未開《みかい》」「無意識」とならんで「子ども」の発見が挙《あ》げられているのも、私は、十分にうなずけるのです。

リハーノフ　まったく同感です。この章のタイトルに、池田会長に無断《むだん》で（笑い）、「幼年《ようねん》時代、それは人生のまえぶれではなく、人生そのものだ」と銘打《めいう》たせていただいた思いと、まったく符合《ふごう》しています。

池田　「無断」どころか、さすが「先見《せんけん》」（笑い）です。

「未開《みかい》」に対するに「文明《ぶんめい》」、「無意識」

に対するに「意識」、「子ども」に対するに「大人《おとな》」の絶対的優位《ぜったいてきゆうい》のもとにひた走り、今日の危機的様相《ききてきようそう》を呈《てい》してしまっているのが、ヨーロッパ主導《しゅどう》の近代文明《ぶんめい》の偽《いつわ》らざる現状《げんじょう》であるからです。

私が「創価教育」に託《たく》している夢《ゆめ》は、仏教の〝縁起観《えんぎかん》〟を背景《はいけい》に、牧口会長の教育学説に源《みなもと》を発《はっ》する「全体人間」を復活《ふっかつ》させ、袋小路《ふくろこうじ》に入り込《こ》んでいる現代文明に、突破口《とっぱこう》を切り拓《ひら》いていきたいという思いなのです。

第二章

話し聞かせる〝人生の真実〟の物語《ものがたり》

幼時《ようじ》の記憶《きおく》は創作《そうさく》活動の〝源《みなもと》〟

リハーノフ　池田さん、あなたも子どものころのことは、よく覚《おぼ》えておられると思います。私も子ども時代は戦中戦後の厳《きび》しい時代でしたが、今も強烈《きょうれつ》に、色彩鮮《しきさいあざ》やかに心に焼《や》きついています。

幼時の記憶は、創作活動に刺激《しげき》をあたえる源でもあります。それが本や映画、絵画《かいが》、詩といった形の結晶《けっしょう》となってあらわれ、子どもたちのもとに届《とど》いて心の輝《かがや》きをあたえ、創造性《そうぞうせい》を育《はぐく》むのではないでしょうか。

池田　ええ。だれにも、子どものころの忘《わす》れられない思い出があります。

私の家は海苔屋《のりや》をしておりましたので、海のそばにありました。幼《おさな》い日の正月など、身《み》を切られるような浜風《はまかぜ》のなか、朝から陽《ひ》が落《お》ちるまで、夢中《むちゅう》になって凧《たこ》あげに興《きょう》じたものです。

「ただいま！」と庭の奥に呼《よ》びかけると、仕事の手を休めずに、そっと「お帰り！」と優《やさ》しく返ってくる母の声と笑顔……。こうした思い出は、たしかに私が童《どう》話《わ》を生みだす、かけがえのない源泉《げんせん》になっています。

リハーノフ　いわば子ども時代は、芸術を通してよみがえるものです。さまざまな思い出のなかから、芸術として昇華《しょうか》されるべきもっとも感動的なものが選び出されて、今度は、新しい作品として子どもたちのもとに帰っていきます。このような一種独特《いっしゅどくとく》なサイクルはたいへん重要であり、幼年《ようねん》時代の思い出、子ども時代そのものが、そのエネルギー源《げん》となっているのです。

池田　よく理解できます。大切な視点《してん》です。

リハーノフ　しかし、あまりにも多くの人が、大人《おとな》になるにつれて、子ども時代の記憶《きおく》をいたずらに早く消《け》してしまおうとしています。子ども時代に別《わか》れを告《つ》げることで、できるだけ早く大人になろうとしてしまうのです。

その理由はたくさんありますが、なかでも自信がないのと、人から軽薄《けいはく》だ、つまり子どもじみていると見られるのではないかという恐《おそ》れが最大の原因です。

なかには、幼年時代がつらく悲《かな》しい不遇《ふぐう》の日々であったことが、忘《わす》れたいという理由になっている場合もあるかもしれません。

しかし、恵《めぐ》まれない不幸な幼年時代を経験しても、同時にうれしかったことや、つらいなかにも輝《かがや》いていた希望の光《ひかり》を覚《おぼ》えている人に、私は数多く出会いました。この幼年《ようねん》時代忘失症《ぼうしつしょう》というのは、どこか人格を狭《せば》め、欠陥《けっかん》をなすものであるように私には思われます。

池田　トルストイの名作*『幼年時代』の、キラキラした輝きのなかにも、愛惜《あいせき》の情《じょう》のたゆたう一節《いっせつ》が思い起《お》こされます。

「二度とは帰ってこない、幸福な、幸福な幼年時代！　どうしてこの思い出を、愛《あい》しいつくしまないでいられよう！　これらの思い出は、私の魂《たましい》をたかめ、清新にしてくれ、私のためによき喜びの源泉となってくれるのである」

「私が幼年時代に無意識に持っていた、あのすがしさ、あの気楽さ、愛の要求と信仰の力《ちから》、こうしたものは、いつかまたかえってくることがあるだろうか？　二つのもっともよき徳行――無邪気《むじゃき》な快活とかぎりない愛の要求とが、生活のおもな刺激だった時代よりよい、どんな時代がありうるだろう？」（『幼年・少年・青年　トルストイ全集1』中村白葉訳、河出書房新社）

文豪《ぶんごう》の並外《なみはず》れた感受性《かんじゅせい》が、どのような環境《かんきょう》のなかで育《はぐく》まれていったか、生き生きと伝わってきます。

「おばあちゃんのお話」に普遍的知恵《ふへんてきちえ》が

リハーノフ　忘《わす》れられない一節《いっせつ》ですね。

とはいえ、子ども時代の記憶《きおく》を創造的《そうぞうてき》によみがえらせるのに、別にプロの画家や作家、演出家《えんしゅつか》になる必要はまったくありません。家庭というちばん小さな単位でも、幼時《ようじ》の思い出は家族の絆《きずな》を強め、家族としての思い出を作っていく重要な役割《やくわり》を果《は》たします。

たとえばロシアでは、「おばあちゃんのお話」という伝統《でんとう》があります。もちろん、おじいちゃんも話すことはできるし、話してもいますが、どうも女性が語《かた》ったほうが感動的でわかりやすいようで(笑い)、しかもそういう昔話《むかしばなし》を孫《まご》にするときというのは、だいたい、孫が病気等で寝込《ねこ》んでしまって、めんどうな日常から解放《かいほう》されて、ちょうど静《しず》かにお話を聞いてみたいと思っているときなのです。

池田　おばあちゃんが孫を抱《だ》きながら「おじいさんは山へ柴刈《しばか》りに、おばあさんは川へ洗濯《せんたく》に……」と語りかける光景《こうけい》は、日本にもしばらく前まではよく見られました。

それは、きっと人類が育《はぐく》んできた普遍的《ふへんてき》な知恵《ちえ》であり、文化であったのでしょう。

リハーノフ　そう思います。かつてロシアでは、プーシキン*の乳母《うば》アリーナ・ロジオーノヴナから始まったことかもしれませんが、子どもに伝説《でんせつ》や民話《みんわ》を口《くち》で語《かた》り伝《つた》えていくことで創造性《そうぞうせい》を育《はぐく》んでいく、すばらしい伝統《でんとう》がありました。

今日《こんにち》の私たちの生活は、テレビという千里眼《せんりがん》の機械《きかい》や、たとえ小さくともラジオの声なしでは考えられなくなっています。

昔《むかし》は夜になれば、とくに冬などはろうそくやランプという乏《とぼ》しい明《あ》かりの下、夜の闇《やみ》が永遠《えいえん》に続くようななかで、人々は読書よりも、むしろよく語りあったものでした。

技術が遅《おく》れていた時代も、それを裏返《うらがえ》せば、ゆったりとした深い人間の心の交流の時を刻《きざ》んでいましたし、子どもの創造性をじっくりと育むことのできた時代であったと言えるでしょう。これは今や、どんなにお金を積《つ》んでも買えるものではありません。

池田　まったく同感です。かつて、トインビー*博士が感慨深《かんがいぶか》げに語っていました。

「私にとって、人生の最初の七年間は、その後の人生全体と同じくらい長いものに感じられます。子どもは、七歳までに自分にとって大事なことを数多く学びます。これは、その後の人生で学ぶことのできるすべてのことよりも多いのです」と。

博士の言葉どおり、子ども時代の大切さは、いくら強調してもしすぎることはありません。人間は、子ども時代に、たいへんな勢《いきお》いで、ありとあらゆるものを学《まな》び、吸収《きゅうしゅう》します。そして、その間に、〝心の大地〟を耕《たがや》し、人生の基盤《きばん》を作るのです。

リハーノフ　児童文学は、大人《おとな》たちの語《かた》り伝《つた》えを継承《けいしょう》するバトンとも言えるものです。印刷術《いんさつじゅつ》の助けを借《か》りて、成長過程《かてい》にある子どもの創造性《そうぞうせい》を耕して体系《たいけい》づけ、伸《の》ばしていって、人生への適応力《てきおうりょく》を育《はぐく》んでくれるのです。

一方、どの成長段階《だんかい》でも、実際には空白《くうはく》が生《しょう》じることがあります。たとえば、親子の断絶《だんぜつ》というような悲劇《ひげき》から、読書離《ばな》れや、何かを作ったり想像《そうぞう》したりする能力《のうりょく》の欠如《けつじょ》というような、より複雑《ふくざつ》なものまでです。このような問題についてどう思われますか。

池田　大事な点です。子どもたちの主体性《しゅたいせい》を育み、創造性を高めていくために、どのような親子のふれあいが大切か、どのような語らいが必要か、ということですね。

あなたが言われるように、子ども時代を軽く見たり、忘《わす》れようとしたりする人は、自分の大切な宝物《たからもの》を粗末《そまつ》にしているようなものです。

リハーノフ　ここで重要なのは、たんなる愛情と日常の気遣《きづか》いをもって子どもに接《せっ》していても、それだけでは不十分《ふじゅうぶん》だということです。

子どもへの愛情は、心理学《しんりがく》や教育学、医学の基礎《きそ》に裏《うら》づけられた愛情とならなければいけません。そのことを親は忘れてはならないでしょう。家庭に子どもが生まれると、親は多くの新しい知識を得《え》、学《まな》んでいかなくてはいけません。知識を軽視《けいし》してはなりません。

幼年期《ようねんき》の信頼《しんらい》関係の形成は？

池田　〝子育《こそだ》て〟とは、ある面、〝自分を育てる〟ことと言っていいでしょう。その自覚《じかく》が、親には大切です。

ところで、日本の雑誌の教育特集（テーマ「学校はよくなっているか」、「世界」一九九六年五月号、岩波書店）で、当時、フランスでたいへん評判《ひょうばん》になっている「アルテ8」という民間《みんかん》テレビ局のある番組《ばんぐみ》が紹介《しょうかい》されていました。

嬰児《えいじ》と、母親をはじめとする周囲《しゅうい》の人々との信頼《しんらい》関係が、どのように形づくられていくかに、ドキュメントふうに迫《せま》ったものです。

リハーノフ　それは、どのような内容なのでしょうか。

池田　少し長いですが、紹介者の描写《びょうしゃ》の妙《みょう》を味わう意味も含《ふく》めて、引用《いんよう》してみたいと思います。

「嬰児から幼児期へというタイトルで、生後数日目以降の赤ん坊が主役。はじめて眼をあいたときの視界がどのくらい限られた狭いものなのか、眼に入って来るすべてがボーとしたシルエットにすぎないかを、『その子の眼を通して』映し出すところからはじまった。日と共に段々に視界が広くなりシルエットがはっきりとし出すが、だいじなことは（こんごの人生形成上大へんだいじなことは）『同じシルエットがちょいちょい眼に入ること。』（だからお母さんや保母は髪形をこの時期には変えないのがよい）。くり返しちょいちょい眼に入る『母（その他）のシルエット』が『来るたびに』、ぬれて不快なおむつが変えられて気持よくなるとか、ミルクが口《くち》の中に入って来るとか、シルエットと共に耳にも入って来る同じ声がこころよいメロディをくり返すとか――そこから出て来る信頼感。人間関係上での最大の価値」(犬養道子「いじめと教育　そして文明」、「世界」一九九六年五月号所収、岩波書店)

リハーノフ　わかりやすくて、説得力《せっとくりょく》がありますね。

池田　さらに、こう続きます。

「ためしに母(その他)のシルエットとは打って変った猫(のシルエット)を近づけてみる。赤ん坊の顔に当惑の表情が出る。猫をもっと近づける。ニャアという声も。赤ん坊はますます当惑し、手をさしのべてみるが、おむつは変らず、ミルクももらえず、いつもとは全然ちがうことに気づく。ワァと泣く。猫をとり去って『いつものシルエットとメロディ』に変える。安堵《あんど》の表情が戻って来る。『これが最初の教育(引き出す《エジュチューレ》↔教育《エジュケイション》)』とのナレイション。信頼関係スタート。

シルエットはやがて人間の顔となり姿となり、メロディはくり返される音――名前など――に変ってゆくが、要《よう》は、シルエット時代からずっとのちまでの『継続するプレゼンス(そこにいつも在《あ》ること)』」(同)

リハーノフ　なるほど、そうでしょうね。

池田　こうして形づくられた信頼《しんらい》関係、人格があってこそ、幼児《ようじ》は、最初の人間集団である小学校へ入っていく準備《じゅんび》が整《ととの》う。それが不十分《ふじゅうぶん》で、頭の中に知識ばかりつめこまれてしまうと、いじわるやいじめの心が野放《のばな》しにされてしまう。そして紹介者《しょうかいしゃ》は、次のように訴《うった》えています。

「三歳までが最重要教育期。

五歳が限度。

それからでは手おくれ」（前掲、犬養道子「いじめと教育　そして文明」）

まさに、トインビー博士の述懐《じゅつかい》とも重《かさ》なりあいます。

リハーノフ　付け加《くわ》えるならば、応用心理学《おうようしんりがく》は、医学などの新しい手法《しゅほう》を駆使《くし》して、さらに深く幼年《ようねん》時代、前幼年時代を解明《かいめい》しています。

その時代は、〝無言《むごん》の時代〟とも言えます。〝無言の時代〟というのは、幼年期、あるいはまだ存在していない時代、まだ生まれていない時代のことですが、小さな子どもが自分の思いを表現することができず、泣《な》くことによって抵抗《ていこう》することしか知らない時代です。

たとえば臨月《りんげつ》の胎児《たいじ》は、お母さんの周《まわ》りの音がよく聞こえていることが研究で明らかになっています。赤《あか》ん坊《ぼう》は、穏《おだ》やかな話し方と優《やさ》しい音楽が好きで、反対に騒々《そうぞう》しいリズムはきらいます。

こういったまだ話のできない、まだ生まれていない子どもが表現できない思いを大人《おとな》はわからなければいけない。そのことを「アルテ8」の番組《ばんぐみ》は物語《ものがた》っていると思います。

ものごとの真実は声によって伝わる

池田　大切な幼年期《ようねんき》に、あなたのおっしゃるロシア伝統《でんとう》の「おばあちゃんのお話」のようなフォークロア（民間伝承《みんかんでんしょう》）が、「継続《けいぞく》するプレゼンス（存在）」として子どものかたわらに在《あ》り続けたならば、何《なん》とすばらしいことか、想像《そうぞう》するにあまりあります。これはロシアばかりではありません。日本も同様です。

核《かく》家族化の進展《しんてん》や生活習慣《しゅうかん》の変化などもあって、なかなかむずかしいとは思いますが、こうしたかけがえのないふれあいの場を、テレビなどに横取《よこど》りされてばかりいるのでは、何《なん》とも残念です。

リハーノフ　テレビの功罪《こうざい》、とくに罪《つみ》のほうは、別のところで論《ろん》じたいと思いますが、「アルテ8」のようなものは別にして、テレビとの接触《せっしょく》はどうしても味気《あじけ》なく、一方通行で、観《み》る側《がわ》が受け身《み》になりがちです。そこからは、真の想像力《そうぞうりょく》という か、自分の考えをもち、自分の言葉をしゃべる習慣《しゅうかん》はつきにくいでしょう。

池田　おっしゃるとおりです。

仏法では、声の響《ひび》きを非常に重んじます。法理《ほうり》に「耳根得道《にこんとくどう》」とあるように、説《せっ》法《ぽう》を耳から聞くことによって成仏《じょうぶつ》することができるとされています。大切なことは「目で読む」のではなく、「耳で聞く」に力点《りきてん》が置《お》かれていることです。

このことは、もちろん「目で読む」ことの意義《いぎ》を否定《ひてい》しているものではありませんが、ものごとの真実というものは、むしろ「耳で聞く」ことによって聞き手に伝わっていく、としているのです。

仏典《ぶってん》に「声仏事《ぶつじ》を為《な》す」（御書七〇八ジペー）、つまり、声こそ仏《ほとけ》の教化《きょうけ》を成就《じょうじゅ》させるのだとあるのも、同じ趣旨《しゅし》です。

リハーノフ　興味深《きょうみぶか》いお話です。

池田　ゆえに、私どもが仏法運動を進める場合には、どんなに運動が広がろうと、また時代が変わろうと、一対一の対話こそ第一義であり、要《かなめ》の中の要であると銘記《めいき》してきました。その一点がおろそかになると、一切が空転《くうてん》してしまい、生きた運動にはならないからです。ＳＧＩ（創価学会インタナショナル）の運動がこれほど世界に広がることができたのも、いつに〝声の響《ひび》きの勝利〟であると、私はつねづね語《かた》っております。

リハーノフ　私は対話というのは、宗教においても、また現実の人生においても、人と人との距離《きょり》を縮《ちぢ》めるたいへん有効《ゆうこう》な手段《しゅだん》だと思います。表面的《ひょうめんてき》なやりとりは、人と人との交流を形式的、機械的《きかいてき》にしてしまいます。

私には、イワンという孫《まご》がいます。とてもかわいくてたまりませんし（笑い）、できるだけ心が通《かよ》いあうようにと思っています。しかし、孫との会話がどうも機械的なものになっていることに気がつきました。

「元気か」と私が聞くと、

「まあまあね」と孫が答えます。

「学校はどう？」「まあまあだよ」（笑い）といった具合《ぐあい》です。

池田　読者の方々にも、心当《こころあ》たりがある人がいるのではないでしょうか。（笑い）

リハーノフ　会話はあっても、本当の対話ではありません。ある時、イワンと散《さん》歩《ぽ》していて私は、今日《きょう》何があったかを孫《まご》に話して聞かせました。私がだれと会い、どういう話をして、またどういう問題にぶつかったのか、といったことを語《かた》ったのです。するとイワンも、すぐに同じような話を始めました。同級生《どうきゅうせい》にはどういう子がいるのか、孫がどんな問題をかかえているのか、を私は知りました。その時に、私たちは、前よりももっと親《した》しくなりました。

池田　おじいさんとお孫さんのほのぼのとした語らいが目に浮《う》かぶようです。一《いっ》幅《ぷく》の名画《めいが》を見るように……。

子どもには大人《おとな》の精神的支《ささ》えが必要

リハーノフ　ありがとうございます。

精神的な交流についていうならば、創価学会が対話を重視《じゅうし》されていることは、とてもすばらしいことであると思います。大半《たいはん》の宗教は説教《せっきょう》にしても、懺悔《ざんげ》にしてもモノローグ（独白《どくはく》）を中心としています。

池田　このことは仏法に限《かぎ》らず、ほかのこと――たとえば、語《かた》りによる民話《みんわ》やおとぎ話の伝承《でんしょう》についても言えるのではないでしょうか。

かつて、わが国で、民話やおとぎ話のなかの残酷《ざんこく》なシーンを、子どもに悪影響《あくえいきょう》をあたえるからという理由で、カットするかどうか、問題になったことがあります。

この点は他の章でもふれますが、私の記憶《きおく》に強く残《のこ》っているのは、著名《ちょめい》な心理《しんり》学《がく》者《しゃ》、河合隼雄《はやお》氏の言葉です。

氏は、残酷なシーンは、それなりの生きるための意味、自立するための、「内的《ないてき》真実」をもっている。それは、子どもたちの心の中に徐々《じょじょ》にイメージ化《か》されれば何《なん》ら害《がい》はなく、むしろ人生にとって必要なものである。

そのイメージ化の作業は、本（読書）でもなかなかむずかしく、まして、テレビなどで出来合《できあ》いのイメージをあたえても、かえって害をなす場合が多い。そういう「内的真実」は、人から人へ、心から心へと語り継《つ》がれるときにいちばん伝わりやすく、その語り部《べ》が、人生の達人《たつじん》である場合、最大の効果《こうか》を発揮《はっき》すると語っています。（河合隼雄著『日本人とアイデンティティ――心理療法家の眼』創元社、参照）

リハーノフ　これは非常に鋭《するど》く、正しい観察《かんさつ》であると思います。その意味でも、大人《おとな》は愛情と忍耐《にんたい》をもって、もっと長い間、子どものそばにいるべきでしょう。そうした粘《ねば》り強《づよ》い接触《せっしょく》を通してしか、「内的《ないてき》真実」は伝わらないからです。

池田　そうですね。また氏は、次のように述《の》べています。

「それにしても、昔話のなかの残酷《ざんこく》さを真に意味あることとして、子どもに『語りかける』ことのできる語り手は、現在どのくらいいるのだろうか」（前掲『日本人とアイデンティティ——心理療法家の眼』）と。

大切なポイントだと思います。

リハーノフ　示唆《しさ》に富《と》んでいますね。

どこの民族《みんぞく》でも、子どもが少し大きくなって肉体的に独《ひと》り立《だ》ちするようになると、すぐさま大人は、もうそれで子どもに過大《かだい》な信頼感《しんらいかん》をもってしまうという悪い伝統《でんとう》があります。

しかし、子どもは表面的《ひょうめんてき》には、独り立ちしたように見えても、依然《いぜん》として大人のサポート（援助《えんじょ》）を必要としています。とくに、子どもが大変なときにはそうなのです。

心理学《しんりがく》やヒューマニズムの思想が大人《おとな》たちに教えるところは、つねに子どものそばにいて精神的に支《ささ》え、諭《さと》してあげ、慰《なぐさ》めてあげ、試練《しれん》を乗り越《こ》えられるようにしていってあげなければならない、ということです。

祖父母《そふぼ》と孫《まご》との絆《きずな》は、なぜ強いのか

池田　仏典《ぶってん》にも、「植えたての木であっても、強い支柱《しちゅう》で支えておけば、大風が吹《ふ》いても倒《たお》れない」（御書一四六八ページ、趣意）とあるとおりです。子どもを思う親の愛情にまさる支えはありません。

ところで、おとぎ話のもっている真実をなぜ、若い母親よりも、おばあさんがいちばんよく伝えられると思いますか。

リハーノフ　女性は、おばあさんになったときに、心のどこかで、自分が若いお母さんだったころ、息子《むすこ》や娘《むすめ》に対して、必《かなら》ずしも十分《じゅうぶん》手をかけてやれなかった。雑《ざっ》事《じ》に追《お》われて、いつもせかせかしていた——そのころの自分を振《ふ》り返《かえ》って、反省《はんせい》をする気持ちが出てくるのではないでしょうか。

そして、おばあさんになったときに、第二の母親期を迎《むか》えて、白髪《はくはつ》の円熟《えんじゅく》した人間として、過去の過《あやま》ちを償《つぐな》おうとするのではないでしょうか。

フランス語では、おばあさんのことを「グラン・メール」（大きいママ）、おじいさんのことを「グラン・ペール」（大きいパパ）と言いますが、私はこの「大きい」という表現がたいへん気に入っています。

池田　おもしろいですね。

リハーノフ　孫《まご》はちなみに、「プチ・フィス」（小さい息子《むすこ》）、「プチット・フィーユ」（小さい娘《むすめ》）と言います。このようにフランス語には、おばあさん（おじいさん）と孫の関係性がよく表《あらわ》れているように思います。

小さい息子、小さい娘と、大きいママ、大きいパパというのは、もともと強い結《むす》びつきをもっているのではないでしょうか。

だからこそ、孫もおばあさんの語《かた》るお話をじっと聞くのです。また、人生経験のにじみ出たおばあさんの言葉は、穏《おだ》やかに心にしみるように響《ひび》くのです。

池田　悲《かな》しいことに、家庭に限《かぎ》らず現代社会にあっては、こうした生きた対話、魂《たましい》と魂とのふれあいが、本当に少なくなってしまいました。

たしかに、育児書《いくじしょ》や子育《こそだ》て教室を頼《たよ》りに悪戦苦闘《あくせんくとう》している若いお母さんたちに、何もかも望《のぞ》むことはできないでしょう。

しかし、だからといって、河合氏が言うところの「内的真実《ないてき》」が根《ね》こそぎにされてしまえば、それこそ人間社会の崩壊《ほうかい》につながってしまう恐《おそ》れがあります。

善悪《ぜんあく》のけじめ、弱者《じゃくしゃ》へのいたわり、働《はたら》くことの尊《とうと》さ、恩《おん》あるものへの感謝等々、人間を人間たらしめている「内的真実」の伝承《でんしょう》作業だけは、絶対《ぜったい》に絶《た》やしてはならないのです。

リハーノフ　まったくそのとおりです。

池田「おばあちゃんのお話」のように、肉声《にくせい》をともなう聞き語《がた》りとまではいきませんが、せめてその時期に良書を、との思いから、素人《しろうと》ではありますが、私なりに童話《どうわ》を書き、子どもたちと〝メルヘンの世界〟を共有《きょうゆう》したいと、つねづね念《ねん》じています。「自分にできることがあれば、何《なん》でもしてあげたい」との切《せつ》なる願《ねが》いからです。

世界のすべての子どもが「幸福」に

リハーノフ　その思いは、痛《いた》いほどよくわかります。そうした胸《むね》のうちを、私は『けわしい坂』の日本語版に、メッセージとして託《たく》しました。その一部を紹介《しょうかい》させていただきます。

「国から国へ通う船は、鉄でできています。でも、紙の舟もあります。子どもがつくって、春の小川に流す舟です。

民族《みんぞく》から民族へとぶ飛行機《ひこうき》は、金属《きんぞく》でできています。でも、紙の飛行機もあります。子どもがつくって、わらいながらとばしあう飛行機です。

この本は紙でできています。書いたのは、もちろんおとなです。けれど、子どものために書いたのです。

日本の小さいわたしのお友だち。紙の舟のような、紙の飛行機のようなこの本を、きみにおくります」（島原落穂訳、童心社）

池田　慈愛《じあい》にあふれたお言葉です。そのような童心《どうしん》を、いつまでも失《うしな》いたくないものですね。

青年時代、私は、恩師《おんし》戸田先生の経営する出版社で少年雑誌の編集長を務《つと》めていました。

少年のころから、新聞記者か雑誌記者になりたいという夢《ゆめ》をいだいていた私は、大張《おおは》りきりでこの仕事に挑《いど》みました。

何よりも、「未来からの使者《ししゃ》」である少年少女たちのための仕事であることに大きな使命《しめい》と喜《よろこ》びを感じていたのです。

リハーノフ　そこに、あなたの教育活動の原点《げんてん》があるのですね。

池田　ええ。仕事に没頭《ぼっとう》するにつれ、目にする子どもたちが、かわいく思えて仕《し》方《かた》がありませんでした。

路上《ろじょう》で見かける子どもたち、公園で遊《あそ》んでいる子どもたち、ケンカして泣《な》いている子どもたち、黒板《こくばん》とにらめっこして勉強している子どもたち――時に私は、彼らを抱《だ》きしめてあげたい思いにかられることもありました。この子どもたちのためなら、どんなことでもしてあげたい――と。

友人であるトルコの国民的歌手《かしゅ》バルシュ・マンチョ氏が言った、「私はトルコの子どもたちのためなら、この身の最後の血の一滴《いってき》までささげます」との言葉が胸《むね》に焼《や》きついています。

リハーノフ　なるほど。その心情《しんじょう》は、よくわかります。

池田　私はどんな時でも、子どもを立派な一個の人格として尊重《そんちょう》し、尊敬《そんけい》し、紳《しん》士《し》とも淑女《しゅくじょ》とも思ってお付き合いしています。また、作品を書く場合も、その魂《たましい》に語《かた》りかけるつもりで取り組んでいます。

私の童話《どうわ》の絵を手掛《てが》けてくださっている、著名《ちょめい》なイギリスの童画家《どうがか》ブライアン・ワイルドスミス氏に、「子どもが心の奥底《おくそこ》で求めているのは、何だと思いますか」と尋《たず》ねたことがあります。

氏は、即座《そくざ》に答えました。

「『幸福』です」

「もちろん、幸福の内容は年《とし》とともに変わっていきます。だが、生涯変わることのない『幸せ』の源泉とは何か。それは『創造力』です」

人間の一生を決める子ども時代。

世界中のすべての子どもに「幸福」になってもらいたい。すべての子どもの輝《かがや》く笑顔が見たい。すべての子どもの〝心の大地〟に、恵《めぐ》みの雨のごとく、滋養《じよう》を降《ふ》らせたい。

そしてもちろん、〝心の大地〟を豊かにするのに、深い「理解」と「愛情」以上の滋養はありません。

リハーノフ　同感です。子どもの幸福は、慈《いつく》しんでくれる大人《おとな》とのふれあい、愛情あふれる学校の先生や、もっといえば、周囲《しゅうい》の愛情や好意《こうい》につつまれていることだと思います。

そのような環境《かんきょう》を作るのは、たいへんむずかしいことです。そして、大人たちが絶《た》え間《ま》なく労力《ろうりょく》を惜《お》しまないことが要求《ようきゅう》されます。ですから子どもの幸福は、善良《ぜんりょう》な知恵《ちえ》ある大人の努力にかかっているのです。

第三章

教育と文化の花開かせる〝祈《いの》り〟

子どもは「差別《さべつ》なき心」をもつ国際人

リハーノフ　私も、あなたと同様、みずからの人生を子どもたちの成長にささげている人間であると自負《じふ》しています。そのゆえか、先験的《せんけんてき》にとでも言いましょうか、幼年《ようねん》時代というものがたんなる年齢区《ねんれいく》分《ぶん》ではなく、特別な世界であるということがしぜんに理解できるのです。

この〝少年と少女の国〟は、国境《こっきょう》も偏見《へんけん》もない王国であり、もっとも柔和《にゅうわ》で、もっとも信じやすく、もっとも傷《きず》つきやすい「子ども王国」とは言えないでしょうか。

池田　まったく同感です。そして子どもたちは、その「王国」の中で、よいことも悪いことも、海綿《かいめん》が水を吸《す》い込《こ》むように、ぐんぐん吸収《きゅうしゅう》していきます。怖《こわ》いくらいです。

リハーノフ　ええ。その幼年期の思い出という共通項で、民族《みんぞく》を異《こと》にするさまざまな人々も、皆しっかり結《むす》びついていると言えます。なぜなら、幼年期の思い出は、多くの場合、似通《にかよ》っていることが多いからです。

思うに、この「子ども王国」、幼年期《ようねんき》こそが、もっとも国際性豊かな世界なのかもしれません。

そのよい例として、さまざまな民族《みんぞく》の子どもたちを幼稚園《ようちえん》か学校の一つのグループとかクラスにした場合、彼らが、いとも簡単《かんたん》に友だちになることに着目《ちゃくもく》する人は少なくないと思います。

池田　幼児《ようじ》こそ、まさしく国際人の資格《しかく》である「差別《さべつ》なき心」の体現者《たいげんしゃ》と言えるでしょう。人間は長《ちょう》ずるにしたがって、民族や宗教の差異《さい》にこだわったり、富《とみ》や権勢《けんせい》を鼻《はな》にかけたりして、その心が曇《くも》らされ、「差別なき心」の付き合いがむずかしくなってきます。

以前、アメリカのスピルバーグ監督《かんとく》の映画「E.T.」が話題になりました。

E.T.（エクストラ・テレストリアル＝地球外生物）と呼《よ》ばれる奇妙《きみょう》な風体《ふうてい》をした異《い》星人《せいじん》を、地球の子どもたちが何《なん》の抵抗《ていこう》もなく〝かわいい〟と受け入れているのに対し、大人《おとな》たちの反応《はんのう》は、おおむね〝気持ち悪い〟といったものだったようです。

「差別なき心」のお手本《てほん》のようなものであり、もしかすると幼児は、国際人というよりも、宇宙人《うちゅうじん》なのかもしれませんね。（笑い）

リハーノフ　この映画は原作《げんさく》もよく知っています。じつは、ロシア語で初めて出版したのが、私だったのです。（笑い）

幼年期《ようねんき》はこのような共通性をもつとともに、やはり文化の違《ちが》いによって、個性の違いが出てくることも事実でしょう。民族固有《みんぞくこゆう》の表現方法といってもよいかもしれません。

日本の教育論について私はあまり多くを知りませんが、東京の色彩《しきさい》教育研究所の創立者であり所長でもあられる太田昭雄《あきお》氏の美的情緒《びてきじょうちょ》教育とその実践《じっせん》については、くわしく存《ぞん》じ上《あ》げているつもりです。太田氏は、あなたと同じく、「トルストイ国際金メダル」（国際児童基金協会が授与《じゅよ》する最高の栄誉賞《えいよしょう》）の受賞者です。

太田氏は、私が存じ上げるところ、ロシアの心理学《しんりがく》、芸術論に関心を寄せておられ、氏自身の理論にもロシアのものを一部取り入れられているようです。

彼の美術教育システムは、国際的な理論をふまえながらも、真に日本的であり、独創性《どくそうせい》の高いものです。

私は、彼が創立し、学園長を務《つと》めている幼稚園《ようちえん》、学校、色彩教育研究所を訪《たず》ねたことがあり、たいへん感銘《かんめい》を受けたことを覚《おぼ》えています。

たとえば、美《び》についてロシアとは時にまったく違《ちが》う解釈《かいしゃく》がなされていること、また、日本の書道が、日本語のアルファベットや漢字と意味的つながりをもっていること、その漢字の一つ一つが芸術作品であり、独特《どくとく》の絵になっていると知りました。

池田　興味深《きょうみぶか》いお話ですね。残念ながら、太田氏は、私のメダル授与《じゅよ》式《しき》のときに、ご夫妻で列《れっ》席《せき》してくださいました。残念ながら、あいさつを交《か》わす程度《ていど》の時間しかありませんでした。

子どもたちへの日本の伝統《でんとう》の影響《えいきょう》は？

リハーノフ　わずかでも日本の民族的《みんぞくてき》伝統を知ってみると、また一度でも石庭《せきてい》にたたずんでみると、ふと次のような問《と》いかけをしてみたくなります。

日本という伝統を重んずる民族文化のなかで、子どもたちはどのように育《そだ》っていくのだろうか、伝統は子どもの創造性《そうぞうせい》にどう影響しているのだろうか、と。伝統は、子どもの創造性を萎縮《いしゅく》させてしまわないか、それとも反対に子どもの創造性をユニークな形で膨《ふく》らませてくれるのだろうか、と。

美しく賢明《けんめい》に生きる日本人の大人《おとな》の世界が、どのように子どもの創造性《そうぞうせい》、子どもの世界に影響《えいきょう》しているとあなたはお考えですか。年長者《ねんちょうしゃ》を敬《うやま》い、礼儀《れいぎ》作法を尊《とうと》ぶ日本的なものが、子どもの心と行動にどのように発現《はつげん》してくるのでしょうか。

これは、固有《こゆう》の民族的習慣《みんぞくてきしゅうかん》、伝統《でんとう》をかなりの部分で喪失《そうしつ》してしまった私たちロシア人にとって、より広くはロシア語圏《けん》に住む人々にとって、重大な関心事でもあるのです。


池田　リハーノフさんに限《かぎ》らず、ロシアの友人と対話していて、いつも面映《おもは》ゆく感ずるのですが、現代の日本に、民族文化の伝統的美質《びしつ》が、正当《せいとう》に受け継《つ》がれているとは言えないのです。

たしかに、*ボルシェビキが*ロシア正教《せいきょう》を弾圧《だんあつ》し、教会を徹底的《てっていてき》に破壊《はかい》したような野蛮《やばん》な形ではありませんでしたが、明治維新《めいじいしん》にしても、第二次世界大戦後の民主改革《かいかく》にしても、伝統をふまえた上での内的必然性《ないてきひつぜんせい》に突《つ》き動《うご》かされた変革《へんかく》とは言えません。

*ペリーの砲艦《ほうかん》外交といい、*マッカーサー率《ひき》いる進駐軍《しんちゅうぐん》といい、変革の主因《しゅいん》は、いずれも外圧《がいあつ》でした。

外圧《がいあつ》によるものである限《かぎ》り、無理が生《しょう》じ、伝統《でんとう》文化との何《なん》らかの断絶《だんぜつ》がもたらされざるをえません。ゆえに、明治の文豪《ぶんごう》・夏目漱石《そうせき》は、明治維新《いしん》の変革《へんかく》を「外発的《がいはつてき》開化《かいか》」と呼《よ》び、断絶《だんぜつ》に苦《くる》しみぬいたのです。

リハーノフ　とはいっても、日本人はたいへん礼儀《れいぎ》正しい国民で、歳事《さいじ》を大切にすることで知られています。この歳事は、日本では文化的、精神的現象《げんしょう》とすらなっているようです。都市化現象で、必《かなら》ずしも以前のとおりではないにしても、日本の人々は清潔《せいけつ》好《ず》きです。

また、幼稚《ようち》園《えん》から始まって、学校、大学の中で、そして政治その他のあらゆる場面で、さまざまな式典《しきてん》が行われていますね。

そのようなセレモニーに準備《じゅんび》の時間とお金を費《つい》やすことを、日本人は少しももったいないとは考えないようです。

ロシアではこのような行事や式典は軽視《けいし》され、より日常的、実利的《じつりてき》なことが先行《せんこう》されています。ところが日本では、すべてが世代から世代へと、大人《おとな》から子どもたちへと受け継《つ》がれていっているように見えました。

池田　温《あたた》かいご理解に感謝いたします。ただ、近年の日本の祝日《しゅくじつ》の決め方など、すべてが伝統《でんとう》をふまえているとは言えません。

「文化の日」「体育の日」等々、伝統や折節《おりふし》のリズム感など関係ないのです。式典《しきてん》に関して言えば、〝ハレ〟（正式《せいしき》）と〝ケ〟（日常）のリズムを欲《ほっ》する人間の本然的《ほんねんてき》な欲求《よっきゅう》に根《ね》ざすものでしょう。

もっとも、四季《しき》の折々のなかで、生活にリズム感をあたえている歳事《さいじ》、たとえばお正月のための餅《もち》つきや、女の子の成長を祝《いわ》う三月の雛祭《ひなまつ》り、五月の男の子の成長を喜《よろこ》ぶ節句《せっく》など、好《この》ましいものもあります。

子どもたちの瞳《ひとみ》の輝《かがや》きに無限《むげん》の希望が

リハーノフ　一方、日本は、一般的にそのような伝統的、民族的《みんぞくてき》なものの枠外《わくがい》に位置《いち》づけられる技術の分野でも、先端《せんたん》を行く国として、別の側面《そくめん》をもっています。みごとな自動車、テレビ、オーディオ、バイク、コンピューター、エレクトロニクス――この強力《きょうりょく》な技術の創造物《そうぞうぶつ》が、社会全体にどのように影響《えいきょう》しているのでしょうか。

それが本来《ほんらい》の日本的伝統《でんとう》や習慣《しゅうかん》を脇《わき》へ押《お》しやってしまうようなことはありませんか。それとも、逆に、たとえば厳格《げんかく》なしつけといった伝統があるからこそ、驚《おどろ》くべき技術生産が可能《かのう》となっていると理解すべきなのでしょうか。

いずれの場合にしても、伝統と技術は対抗《たいこう》しあっているのですか、それとも対抗関係にはないのですか。そしてそれは、子どもの世界にどのように投影《とうえい》されていますか。

好《この》むと好まざるとによらず、幼児《ようじ》はかなり早い時期から、社会のいたるところに浸透《しんとう》している技術的創造物《そうぞうぶつ》の影響《えいきょう》のなかに生きていくと思われます。テレビに代表されるような技術性が、冒険《ぼうけん》とファンタジー、想像力《そうぞうりょく》をかき立てる良書との出あいなどを特徴《とくちょう》とする幼年期《ようねんき》の本来《ほんらい》の姿《すがた》と、どのように融合《ゆうごう》しているのか考えるべきでしょう。

池田　おっしゃるとおりです。テレビやテクノロジーのことは、日本でも大きな問題です。

ただ重要であるがゆえに、じっくり論《ろん》じる意味でも、次章に大きなテーマとして取り上げたいと思うのですが、よろしいでしょうか。

リハーノフ　おっしゃることはよくわかります。そうしましょう。

池田　先に「差別《さべつ》なき心」と申し上げたように、「〝少年と少女の国〟は、国境《こっきょう》も偏見《へんけん》もない王国である」――私も、あなたとまったく同じ実感をいだいております。

私はこの三十七年間で、五十四カ国を旅してきました。その折々《おりおり》に、さまざまな国の子どもたちと出会ってきました。

子どもたちの瞳《ひとみ》の輝《かがや》きには、民族《みんぞく》や境遇《きょうぐう》を超《こ》えた、ある共通のものを感じます。瞳の奥に宿《やど》る無限《むげん》の希望、とでも言えばいいのでしょうか。こうした実感は、決《けっ》して私だけのものではないはずです。

印象深《いんしょうぶか》かったのは、一九九五年、訪問《ほうもん》したネパールでの「出会い」でした。ヒマラヤを撮《と》るために、宵《よい》やみ迫《せま》るカトマンズ市郊外《こうがい》の丘《おか》にのぼったときのことです。

村の子どもたちが、遠巻《とおま》きに私を見ていました。手まねきすると、私の元《もと》にやってきます。夕陽《ゆうひ》に照《て》らされて、ほんのり赤く染《そ》まったヒマラヤの峰々《みねみね》が、私たちを見つめていました。

私は励《はげ》まさずにいられなかった。

「仏陀《ぶつだ》は、偉大《いだい》なヒマラヤを見て育《そだ》ったんです。あの山々のような人間になろうと頑張ったのです」「みなさんも同じです。すごい所に住んでいるのです。必《かなら》ず、偉《えら》い人になれるんです」と。

リハーノフ　そのほほえましいシーンが、目に浮《う》かぶようですね。

池田　子らの身《み》なりは貧《まず》しかった。しかし、瞳《ひとみ》はきらきらと、まばゆいほど光《ひか》っていました。

おっしゃるとおり、幼年期《ようねんき》の心のカンバスに、差《さ》別《べつ》や偏見《へんけん》という色はありません。そのカンバスに、泥《どろ》を塗《ぬ》りつけるのか、色彩《しきさい》豊かな人間性のハーモニーを描《えが》いていけるのか――大人《おとな》の責任は重大です。

だからこそ私は、大人に対する以上に真剣に、子どものなかの「大人」に語《かた》りかけるように接《せっ》するよう、自分に課《か》してきました。

リハーノフ　子どもというのは、うそを敏感《びんかん》に感じとり、とくに大人が子どもに話すときに大人が子どもっぽいしぐさで話しかけるのをきらうものです。

教育の理想を失《うしな》えば社会は闇《やみ》

池田　たしかに、あなたは、「幼年期《ようねんき》こそがもっとも国際性豊かな世界なのかもしれない」とおっしゃいました。それにつけても私は、大教育者でもあったトルストイの言葉が思い出されてならないのです。

「子供はわれわれよりも、またすべての教師よりも真・善・美に近い。子供を教えるということはむしろ僭越《せんえつ》である。われわれこそ子供より学ぶべき多くのものをもっている」（昇曙夢《のぼりしよむ》「訳者解説」、『国民教育論　西洋の教育思想 15』所収、玉川大学出版部）

世界の大人《おとな》たちは、今こそ、子どもたちから学《まな》ぶという眼をもつべきではないでしょうか。

ただ、こうした子どもを全人格的存在として尊重《そんちょう》していくトルストイ流《りゅう》の、あるいはルソー*流の理想主義的な児童観、教育観をそのまま実践《じっせん》していくことが、口《くち》で言うほど容易《ようい》なことでないことは、前章でも一言《ひとこと》ふれたとおりです。

歴史を振《ふ》り返《かえ》ってみても、性善説的《せいぜんせつてき》な人間観に基《もと》づく世直《よなお》しの運動は、たとえば

「空想的《くうそうてき》社会主義者」ロバート・オーウェン*の〝ニュー・ハーモニー運動〟や、トルストイ主義の強い影響下《えいきょうか》にあったわが国の「白樺派《しらかばは》」*が興《おこ》した〝新しい村〟などに見られるように、失敗《しっぱい》とまではいかないまでも、予期《よき》したものとはほど遠い成果しか得《え》られなかったと言ってよい。

現在でも、トルストイやルソーの児童観、教育観を、そのままのかたちで復興《ふっこう》しうると考えている人は、教育現場の手のつけられない荒廃《こうはい》を知る人であればあるほど、一人《ひとり》もいないのではないでしょうか。

その荒涼《こうりょう》たる精神世界の冬景色《ふゆげしき》には、素朴《そぼく》な楽観《らっかん》主義の介在《かいざい》する余地《よち》など、とうていありそうにありません。しかし、だからこそ、子どもたちの理想的な環境《かんきょう》を思い描《えが》き、働《はたら》く人々が必要なのでしょう。

リハーノフ　たいへん残念なことに、国をあげて、この問題に心を痛《いた》めているようなところはほとんどありません。

あなたがおっしゃるように、学校が徐々《じょじょ》に、しかし確実に荒廃してきており、教師と生徒の関係がむしばまれてきています。それはやがて、子どもが大人《おとな》の世界を拒絶《きょぜつ》するという、破局《はきょく》に行き着きかねません。

トルストイやルソーの理論は理想的すぎると言う人がいるかもしれません。しかし、それらを忘《わす》れてしまえば、親も教師も、そして社会全体としても、多くのものを失《うしな》うことになるでしょう。

成長を見守る「子やらい」の伝統《でんとう》

池田　子どもを全人格的存在として尊重《そんちょう》し、それにふさわしい成長をうながしていくには、それなりの文化的背景《はいけい》が必要のようです。

文化とは生き方の様式《ようしき》ですから、独自《どくじ》の文化に基《もと》づく価値観《かちかん》、風俗《ふうぞく》・習慣《しゅうかん》のなかに、青少年の健全《けんぜん》なる育成《いくせい》のプロセス（過程《かてい》）がきちんと様式化《ようしきか》されていてこそ、子どもの全人格的な成長も可能《かのう》となります。

その点、日本の封建《ほうけん》時代というものが、一つの興味深《きょうみぶか》い事例《じれい》を提示《ていじ》していることは事実です。

一例を挙《あ》げれば、十六世紀の末の天正《てんしょう》十年（一五八二年）、日本の九州のキリシタン大名《だいみょう》が、イエズス会の宣教師《せんきょうし》にすすめられ、ローマ教皇《きょうこう》のもとに四名の少年使節《しせつ》を派遣《はけん》したことがあります。

彼らは、八年あまりにわたって親善使節《しんぜんしせつ》の大役《たいやく》を果《は》たしてきましたが、いずれも出発時には十四、五歳の少年であったにもかかわらず、その振《ふ》る舞《ま》いは武士《ぶし》の息子《むすこ》としての襟度《きんど》をいささかも乱《みだ》すことなく、臆《おく》することなく堂々としていました。

異《こと》なる文明《ぶんめい》に対しては、いささか辛口《からくち》な評《ひょう》をものする当地《とうち》の人々も、少年たちの人柄《ひとがら》や振る舞いに関しては「才智《さいち》がある。高尚《こうしょう》である。答弁《とうべん》は賢明《けんめい》である。礼儀《れいぎ》が正しい」などと、異口同音《いくどうおん》にほめていた、と言われます。

このような史実《しじつ》が、あなたのおっしゃる「年長者《ねんちょうしゃ》を敬《うやま》い、礼儀作法《さほう》を尊《とうと》ぶ日本的なもの」「固有《こゆう》の民族的習慣《みんぞくてきしゅうかん》、伝統《でんとう》」に根《ね》ざしたものであることは確《たし》かです。

そして、その伝統的な美質《びしつ》は、明治の〝開国《かいこく》〟に前後して日本にやってきた多くの欧米《おうべい》の人々に、鮮烈《せんれつ》な印象《いんしょう》をあたえたようです。彼らは一様《いちよう》に、その印象を「文明」(civilised) と表現しています。

リハーノフ　その感触《かんしょく》は、とてもよく理解できるような気がします。

池田　ここでも、代表的なものを一つだけ挙《あ》げれば、伝統的な美質が濃密《のうみつ》に残《のこ》っていた明治初期に来日《らいにち》した、アメリカの動物学者E・S・モース*は、日本が「子ども達の天国だ」として、次のように語《かた》っております。

「この国の子供達は親切に取扱われるばかりでなく、他のいずれの国の子供達よりも多くの自由を持ち、その自由を濫用《らんよう》することはより少く、気持のよい経験の、より多くの変化を持っている。（中略）日本の子供が受ける恩恵と特典とから考えると、彼等は如何《いか》にも甘やかされて増長して了《しま》いそうであるが、而《しか》も世界中で両親を敬愛し老年者を尊敬すること日本の子供に如《し》くものはない」（『日本その日その日 1 東洋文庫 171』石川欣一訳、平凡社）

近代化以前の日本には「子やらい」というよき習慣《しゅうかん》がありました。「子やらい」とは、子どもを前に出し、後《うし》ろから押《お》していくという意味です。

そこには、子どもを「一個の人格」と認《みと》め、共同体《きょうどうたい》の大人《おとな》全員が、その成長を温《あたた》かく見守るという、みずみずしい精神が脈《みゃく》打っていました。

モースらを瞠目《どうもく》させた日本の子どもたちの立ち居振《いふ》る舞《ま》いは、そうした伝統的美《でんとうてきび》風《ふう》のなかでつちかわれていったものでしょう。

リハーノフ「子ども」という時代を、年齢《ねんれい》というものさしではかるのではなく、民族《みんぞく》、モラル（道徳性）といったところから見ており、教育と文化がみごとに調和《ちょうわ》した一例ですね。
子どもを後《うし》ろから押《お》していくという伝統《でんとう》は、偉大《いだい》な民衆の知恵《ちえ》だと思います。すばらしい庶民《しょみん》の教育学です。

池田　残念ながらその美風《びふう》も、最近では〝今は昔《むかし》〟の語《かた》り草《ぐさ》になりつつあると言っても過言《かごん》ではありません。

欧米流《おうべいりゅう》の個人主義の流入《りゅうにゅう》は、そうした伝統的な美風、「忠《ちゅう》」や「孝《こう》」を軸《じく》とする文化のかたちや様式《ようしき》の根底《こんてい》を揺《ゆ》さぶり、古いものとして片隅《かたすみ》に押しやってしまいました。それは、ある意味では抗《こう》しがたい時代の流れでもあったのですが、だからといって、キリスト教と不可分《ふかぶん》に結《むす》びついている欧米流の個人主義が、宗教的伝統を異《こと》にする日本に、そう簡単《かんたん》に移入《いにゅう》できるはずはありません。

リハーノフ　その問題は、いわゆる市民社会というものを経験してこなかったロシアにとっても、決《けっ》して他人事《たにんごと》ではありません。

池田　いじめや暴力《ぼうりょく》、不登校《ふとうこう》といった現代日本の社会や教育の混乱《こんらん》のほとんどは、伝統文化のかたちや様式が崩《くず》れ去《さ》り、なおかつそれに代《か》わりうる秩序感覚《ちつじょかんかく》の形成も手つかずの状態《じょうたい》にある、過渡期《かとき》の混沌《こんとん》に由来《ゆらい》しております。

天正遣欧使節《てんしょうけんおうしせつ》の少年たちとはまったく対照的《たいしょうてき》に、毎年おびただしく海外へと繰《く》り出《だ》していく日本の若者たち――もちろん、若者に限《かぎ》りませんが――のかんばしからぬ行状《ぎょうじょう》、風聞《ふうぶん》の数々は、経済優先《ゆうせん》・文化不在《ふざい》という現代日本の混沌《こんとん》、混迷《こんめい》の悲《かな》しき写《うつ》し絵《え》なのです。

リハーノフ　ソビエト政権《せいけん》時代のわが国はどうかといえば、政治優先と真の文化の不在でした。

今は、経済も政治も文化も不在の状態です。まさに、本当の混沌です。

人間教育の基本に「祈《いの》り」の復権《ふっけん》を

池田　では、どうすればよいのでしょうか。古きよき時代に帰れ、といくら呼号《こごう》しても、叶《かな》わぬ夢《ゆめ》でしょう。また、そうした復古《ふっこ》主義が、さして生産的とも思えません。

唐突《とうとつ》に聞こえるかもしれませんが、私は、ここでは「祈り」ということを、文化のかたち、様式《ようしき》の根底《こんてい》に復権させることから始めてはどうか、と提案《ていあん》したいと思います。

「祈《いの》る」ということは、言葉以前の、またあらゆる価値観《かちかん》の相違《そうい》を超《こ》えた、人間であることの原初的《げんしよてき》な行為《こうい》のかたちであり、美しさではないか、と信ずるからです。ちなみに、総裁《そうさい》は日本語の漢字についてふれられましたが、「躾《しつけ》」という漢字は〝身体《しんたい》〟の〝美しさ〟、つまり、行為のかたちを意味しています。

そして、現代は、何よりも「祈り」を忘《わす》れた時代であり、そこから、現代人の迷《めい》妄《もう》、傲慢《ごうまん》さや思い上がりも生《しよう》じているようにも思います。

リハーノフ　社会主義が失敗《しつぱい》したいちばんの原因も、その傲慢さ、思い上がりにあると思います。

池田　自分が、すべてを思いどおりになしうるのではなく、有限《ゆうげん》な自己《じこ》を超え、自己をつつみ、生かしめている〝永遠《えいえん》なるもの〟〝大《おお》いなるもの〟への感謝、そして敬虔《けいけん》なる「祈り」こそ、古来《こらい》、人間を人間たらしめ、文化を文化たらしめてきた基調音《きちようおん》と言ってよい。

身近《みぢか》に例をとれば、あなたの作品『けわしい坂』で、戦争中、赤貧洗《せきひんあら》うがごとき生活に追《お》いうちをかけるように、泥棒《どろぼう》に家じゅうを荒《あ》らされたとき、主人公《しゆじんこう》の少年に「おばあちゃん」が語《かた》るすばらしいセリフがあります。

「背広《せびろ》はまたかせげばいいんだよ！」「肝心《かんじん》なことは、（＝父さんが）生きていてくれること。背広はまたつくればいいんだよ。一着だって二着だってつくれるよ。たいしたことじゃないじゃないか。そのならず者たちは、ひどい目に会うがいい。神さまがこらしめてくださるよ。神さまは、なんでも見ておいでだよ！」（島原落穂訳、童心社）

リハーノフ　『けわしい坂』は、子どもの生きていく人生の道に、どんなけわしい坂があるか、そのけわしい坂を乗り越《こ》えようとして、自分の弱点《じゃくてん》を乗り越えることを覚《おぼ》える。それがどんなに大切なことかを描《えが》いたものです。その中で、「おばあちゃん」は「父さん」とならんで、重要なキャスト（登場人物《とうじょう》）を構成しています。

池田　まさに「祈《いの》り」を背景《はいけい》にしなければ、ありえない言葉です。トルストイの理想主義、透徹《とうてつ》した児童観、教育観も、人間を人間たらしめる祈りを根底《こんてい》にした宗教的信念《しんねん》に裏打《うらう》ちされていたにちがいないと思うのですが、どうお考えですか。

リハーノフ　ご存《ぞん》じのとおりトルストイは晩年《ばんねん》、教会から破門《はもん》されていますが、彼は、本当の信仰者であったと思います。トルストイの偉大《いだい》なる著作《ちょさく》やエネルギッシュな教育活動は、本質的に見て彼が子どものころからやめることのなかった人間のためのたゆまぬ祈り《いの》、そのものであったと言えるでしょう。

アナーキスト（無政府主義者《むせいふ》）を除《のぞ》いたあらゆる派閥《はばつ》のロシア・インテリゲンチア*にとって、トルストイは世代を超《こ》えて、到達不可能《とうたつふかのう》な頂《いただき》でありました。

この偉大《いだい》なる賢人《けんじん》は、文学工場《こうじょう》とも呼《よ》べるほどの仕事ぶりで、九十巻もの本を著《あらわ》しています。

それはどれも、人間の心に宿《やど》る〝神〟を求めて苦《くる》しみぬいた祈りであり、人間そのもの、人間の心、人間の行動、愛情、清《きよ》らかさ、それらすべてを含《ふく》めた祈りなのです。

池田　よくわかります。フランスの作家シャルル・ペギー*の「教育の危機は教育の危機ならず。そは、生命の危機なり」（『半月手帖』平野威馬雄訳、昭森社。新字体に改めた）という言葉を想《おも》い起《お》こすならば、「祈り」こそ、広く人間教育という営《いとな》みの基本のところに据《す》えられるべきであり、そこに、民族固有《みんぞくこゆう》の文化の差異《さい》を止揚《しよう》した人類文化、地球文明構築《ぶんめいこうちく》への第一歩が開けていくと思うのです。

第四章

テレビ時代を生きる子らへの願《ねが》い

「できあがった」ものだけを受け取る危険性《きけんせい》

リハーノフ　あなたは有名な思想家であり、哲学者であり、また詩人でもいらっしゃいますが、今や本や文学といったものが、テレビなどの他の影響力《えいきょうりょく》のあるものに追《お》いやられているというふうには思いませんか。

池田　そう思います。私たちが子どものころは、箱入《はこい》りの世界名作全集が、宝物《たからもの》のように本棚《ほんだな》を飾《かざ》っていました。今は、テレビゲームや塾《じゅく》に席巻《せっけん》され、すっかり影《かげ》が薄《うす》くなってしまっています。

日本でも、この十年ほど、小中学生向けの名作全集は、あまり出版されず、寂《さび》しいかぎりです。やはり、古典《こてん》や名作といわれる〝歯ごたえ〟のある書物《しょもつ》に挑戦《ちょうせん》していこうという意欲《いよく》が、若い人たちには大切と思います。

読書に限《かぎ》らず、〝労《ろう》せずして〟何かを手に入れようとする易《やす》きに流されがちな傾向《けいこう》は、現代の文明病《ぶんめいびょう》とも言えますが……。

リハーノフ　同感です。たとえば、大衆《たいしゅう》音楽が大音量《だいおんりょう》でけたたましいほどに、いたるところで、家の中でさえ絶《た》えず流れているという状況《じょうきょう》があります。まがいものの音楽は麻薬《まやく》のようなもので、慣《な》れてしまうと、静寂《せいじゃく》や鳥の鳴《な》き声などのよさがわからなくなってしまうのではないでしょうか。

同じことがテレビにも言えます。テレビは読書から人を遠ざけ、「すでにできあがった」作り話を見せてくれます。画面《がめん》に何《なん》でも映《うつ》しだされるのですから、人間はもう自分で考え出したり、想像《そうぞう》したりする必要もなくなってしまうわけです。

池田　そうですね。たしかに今の子どもたちは、少なからずそういう環境《かんきょう》のなかで、初めから育《そだ》っていくわけです。

リハーノフ　人間としての成長過程《かてい》にある子どものゆりかごのそばにテレビがあると、世界を画一化《かくいつか》し、「すでにできあがった」現実を見せて、子どもの成長を止めてしまうのです。その結果、子どもはテレビという怪物《かいぶつ》の犠牲《ぎせい》となってしまいます。

このようなマス・テクノロジー（大衆技術《たいしゅう》）は、表面的《ひょうめんてき》には文明性《ぶんめいせい》をよそおいながら、実際には人間の人格を貧困《ひんこん》にし、画一的な意識を植えつけています。さらには、子どもたちが周《まわ》りの世界について想像力をたくましくしたり、洗練《せんれん》された美的《びてき》感覚《かんかく》をもてるような環境《かんきょう》を壊《こわ》してしまっているのではないでしょうか。

池田「すでにできあがった」ものがもたらすいちばんの弊害《へいがい》は、おっしゃるとおり、それが子どもたちの精神の内発的《ないはってき》な働《はたら》きを弱めて、想像力《そうぞうりょく》の健全《けんぜん》なる発達の芽《め》をつみとってしまう点にあります。

古い民話《みんわ》やおとぎ話などは、想像力を育《はぐく》むものですが、「あかずきんちゃん」にしても「白雪姫」にしても、必《かなら》ずと言ってよいほど、殺《ころ》しやいじめなどの残酷《ざんこく》なシーンが出てきますね。

前にもお話ししたとおり、日本で、一時、それが、子どもたちの感情を刺激《しげき》して、すこやかな成長を妨《さまた》げるので、その部分を削除《さくじょ》したり、マイルドにあらためようというような論議《ろんぎ》がありました。

何《なん》とも安直《あんちょく》で、軽はずみな発想《はっそう》と言わざるをえません。

リハーノフ　そうですね。これは大切な問題です。

池田　少しでも自身を振《ふ》り返《かえ》ってみればわかるように、いじめや悪《あく》への衝動《しょうどう》は、もともと人間生命の働《はたら》きのなかに、本然的《ほんねんてき》に具《そな》わっているものです。それを完全に取り除《のぞ》いてしまうことなどできはしません。

仏法ではそれを「本有《ほんぬ》」（本来《ほんらい》ありのままに存在すること）と呼《よ》んでおります。大切なことは、自己《じこ》の内面を陶冶《とうや》することです。換言《かんげん》すれば、暴《あば》れ馬《うま》のような暗《くら》い衝動《しょうどう》に引きずられず、どう自分をコントロールするか、ということです。ゆえに、仏典《ぶってん》には「おのれ自らをととのえよ。――御者《ぎょしゃ》が良い馬をととのえるように」（『ブッダの真理のことば　感興のことば』中村元訳、岩波文庫）といった言葉が、しばしば語《かた》られているのです。

リハーノフ　それが、とりもなおさず、子どもが成長していくということですからね。真の意味で大人《おとな》になっていくという。

池田　ええ。その点をはきちがえて、〝消毒《しょうどく》ずみ〟のものさえ与えておけば、暗い衝動を根絶《こんぜつ》することが可能《かのう》であるというのは、錯覚《さっかく》と言えましょう。子どもをそのように外発的《がいはってき》に教育しようとすること、またそれが可能であるかのごとく思い込《こ》むことは、ある意味では、子どもへの残酷《ざんこく》な仕打《しう》ちであり、度《ど》しがたい大人のエゴイズムであることに気がつかない場合が多いのです。

リハーノフ　さらに付け加《くわ》えて言えば、そういった親や教師は、予防注射《よぼうちゅうしゃ》は痛《いた》いから子どもにやってはいけない、と言うでしょう。つまり原因と結果が逆になってしまっているのです。

このような「無菌性《むきんせい》」という特徴《とくちょう》は、わが国の一九三〇年代から六〇年代の文学、また文化全般《ぜんぱん》において顕著《けんちょ》でした。

児童文学にあってはとくにそうでした。しかし、私はいたるところで子どもと「真実」の言葉で話そうとしてきましたし、何も隠《かく》そうとはしませんでした。

池田　そうした総裁《そうさい》の尊《とうと》いご努力は、よく存《ぞん》じ上《あ》げています。

リハーノフ　そのことに対して、規範《きはん》主義派の批評家《ひひょうか》から一度ならず批判《ひはん》を受けました。

これまでにも私たちが話してきたように、文学であろうと教育であろうと、タブーのテーマというのはありません。どんなに苦《くる》しいことでも、恐《おそ》ろしいことでも話していいのです。

ただし、それは二つの条件があります。第一にそれは、子どもによく説明し、第二に、子どもたちに希望をあたえていかなくてはいけないということです。

池田　よくわかります。にもかかわらず、エゴイズムをエゴイズムとして直視《ちょくし》しようとしない大人《おとな》の〝後《うし》ろ姿《すがた》〟に、子どもたちは偽善《ぎぜん》や自己欺瞞《じこぎまん》を、じつに敏感《びんかん》に感じとっていくのです。

現代の日本で大きな社会問題となっている、いじめや家庭内暴力《ぼうりょく》は、そのような「すでにできあがった」〝消毒《しょうどく》ずみ〟の、一見《いっけん》するところ恵《めぐ》まれた環境《かんきょう》に育《そだ》った〝よい子〟が暗《くら》い衝動《しょうどう》への*免疫機《めんえきき》能《のう》をもたないため、思春期《ししゅんき》を迎《むか》えるころになると、突《とつ》如《じょ》として暴発《ぼうはつ》してしまうケースが大半《たいはん》のようです。

テレビの場合は、内発性《ないはつせい》よりも、外発的《がいはつてき》な働《はたら》きに偏《へん》する傾向《けいこう》は、より顕著《けんちょ》でしょう。テレビというメディアが、現代社会におよぼす絶大《ぜつだい》な影響《えいきょう》を考えれば、「すでにできあがった」ものが、子どもたちの内発的にして、健全《けんぜん》なる想像力《そうぞうりょく》や美意識《びいしき》の発達を、いかに損《そこ》なっているか――どんなに警告《けいこく》してもしすぎることはないと思います。

リハーノフ　もしそうであるならば、文化は、文学は、どうやって技術文化の侵《しん》略《りゃく》に対抗《たいこう》できるのでしょうか。これもやはり「文化」の一部にはちがいないわけですが。

どうやって子どもを守り、善《ぜん》と悪《あく》を区別《くべつ》し、そしていちばん大事な「節度《せつど》」という感覚《かんかく》を育てていけばよいのでしょうか。

池田　かれこれ四十年近く前のことですが、日本でも、テレビの普及《ふきゅう》にともない、そのもたらす悪影響《あくえいきょう》が論議《ろんぎ》され始めるようになったころ、ある識者《しきしゃ》が「テレビにはスウィッチがある」という、意表《いひょう》をついた小文《しょうぶん》をものしたことがあります（以下、「天邪鬼《あまのじゃく》」、『福田恆存《つねあり》全集　第5巻』所収、文藝春秋、参照）。

――低俗《ていぞく》なテレビ番組《ばんぐみ》や映画、雑誌などの悪影響が憂慮《ゆうりょ》されているが、誘惑《ゆうわく》の度《ど》合《あ》いから言えば、よりひどいものがたくさんあるにもかかわらず、テレビ番組が問題視される最大の理由は、スイッチ一つで茶《ちゃ》の間《ま》でも簡単《かんたん》に見られ、身《み》をまかせてしまえる受動的《じゅどうてき》な気楽《きらく》さにある。低俗番組がよくないのなら、早い話が見なければよい。すなわち「テレビにはスイッチがある」のである。みずからスイッチを切るだけの意志力、主体性《しゅたいせい》、能動性《のうどうせい》を身《み》につけようとせず、ブラウン管《かん》の前での受動的な気楽さにひたっていては、テレビ文明《ぶんめい》の圧倒的《あっとうてき》な力《ちから》に抗《こう》しうるはずがない。

――たしか、そのような趣旨《しゅし》だったと記憶《きおく》しております。

リハーノフ　よくわかります。

池田　私は、これは本質論であり正論《せいろん》だと思います。たしかに、一面から見れば、これが極論《きょくろん》、理想論であることは、十分《じゅうぶん》に承知《しょうち》しております。

意志力といったところで、人間は誘惑《ゆうわく》には弱いものです。ともすれば楽《らく》をしよう、易《やす》きにつこうとするのは、古今《ここん》変わらざる人間の性向《せいこう》といってよいでしょう。

とくに子どもたちの場合、そうした諸悪《しょあく》に対して無防備《むぼうび》で、かつ免疫性《めんえきせい》もないわけですから、家庭や社会の環境面《かんきょうめん》からの対応《たいおう》、配慮《はいりょ》が必要なことは、指摘《してき》するまでもありません。ブラウン管《かん》に、暴力《ぼうりょく》や低俗《ていぞく》な場面がしばしば登場《とうじょう》するようなケースには、何《なん》らかの対応が必要なことは当然です。

リハーノフ　大人《おとな》でさえ、テレビのスイッチを切る意志力がないのに、子どもはさらに好奇心《こうきしん》が旺盛《おうせい》です。怖《こわ》いけれども興味津々《きょうみしんしん》なのです。

いちばん大切なものは人間のふれあいから

池田　さらに総裁《そうさい》は、そうした低俗番組《ばんぐみ》に限《かぎ》らず、一般の教養《きょうよう》番組や教育的効果《こうか》をねらったものであっても、テレビなどマス・テクノロジーのおよぼす効果について、深く憂慮《ゆうりょ》されています。
その点には、私もまったく同感です。したがって、視聴覚《しちょうかく》教育などにテレビ等の器機《きき》を利用するのはよいが、それらに頼《たよ》りすぎるのは考えものであり、危険《きけん》であるとさえ思っております。

なぜなら、教育でいちばん大切なものは、教師と生徒との直接的なふれあいのなかでしか育《はぐく》まれないからです。

*プラトンが、ある書簡《しょかん》で精妙《せいみょう》に語《かた》っています。

「それ(=肝心《かんじん》の事柄《ことがら》)は、ほかの学問のようには、言葉で表現されえないものであって、むしろ、(教える者と学ぶ者とが)生活を共同しながら、その問題の事柄を直接に取り上げて、数多く話し合いを重ねてゆくうちに、そこから、いわば飛び火によって点ぜられた燈火《とうか》のように、突発的《とつぱつてき》に、学ぶ者の魂《たましい》のうちに生じ、以後は、生じたそれ自体が、それみずからを養い育ててゆくという、そういう性質のもの」(「書簡集」長坂公一訳、『プラトン Ⅱ 世界古典文学全集 第15巻』所収、筑摩書房)である――。

そうした魂と魂との打ち合いによる人間教育の成果は、テレビ等の器機に期待できるはずもありません。

総裁《そうさい》が警鐘《けいしょう》を鳴《な》らしておられるのも、マス・テクノロジーを通じて形成される擬《ぎ》似《じ》体験が、真の体験――生身《なまみ》の人間の〝汗《あせ》〟と〝体温《たいおん》〟を通してしか身《み》につかないいちばん大切なもの、プラトン言うところの「肝心《かんじん》の事柄《ことがら》」――をおおい隠《かく》し、生きることのすばらしさ、喜《よろこ》びや悲《かな》しみを鋭《するど》く感じとっていく現実感覚《かんかく》を磨滅《まめつ》させてしまうことですね。

リハーノフ　どんな機械《きかい》も一方通行の働《はたら》きしかしません。ということは、ともすれば、圧倒的《あっとうてき》な力《ちから》をもつことになってしまうのです。

テレビを見ながら、画面《がめん》に向かって反対を唱《とな》えることも抵抗《ていこう》することもできない。あるいは、テレビに対して聞き返すことも論争《ろんそう》することもできません。好《この》むと好まざるとにかかわらず、こういった最新《さいしん》の通信《つうしん》手段は全体主義的なものであると、私は言いたいのです。

ドイツに見られたようなファシスト軍事《ぐんじ》政権《せいけん》による長期的な支配《しはい》であるとか、弾《だん》圧《あつ》による人心《じんしん》の操作《そうさ》などと、これでは同じようなものです。

毎日、金槌《かなづち》で釘《くぎ》を打っていけば、どんなに固《かた》い木でも釘を打ちつけることができる。同じように、一方的にネガティブ（否定的《ひていてき》）な思想を繰《く》り返《かえ》し植えつけていくことによって、それが意識の一部となり、習慣《しゅうかん》となり、あきらめと従順《じゅうじゅん》さを植えつけてしまうのです。

池田　そうした恐《おそ》れと可能性《かのうせい》は、たしかにあると思います。ともあれ、若者が無《む》気力《きりょく》、無関心、無《む》感動《かんどう》になっていると言われるような社会は、健全《けんぜん》ではありません。悪化《あっか》していく一方です。

リハーノフ　まったく同感です。あなたへの「トルストイ国際金メダル」の授賞《じゅしょう》のために日本を訪問《ほうもん》した折《おり》、楽しい、貴重《きちょう》な思い出の数々を刻《きざ》ませていただきました。一切を終え、まさにモスクワへ帰国のその当日（一九九五年三月二十日）、あの忌《い》まわしい地下鉄サリン事件が起《お》きたことは忘《わす》れられません。

池田　そうでしたね。人々を震撼《しんかん》させたのは、あの凄惨《せいさん》な事件を起こした若者たちが、人の生命を奪《うば》うことを、いとも簡単《かんたん》に考えていたことです。

何《なん》とも、人間としてのリアリティー（現実感）が稀薄《きはく》というか、欠落《けつらく》している点で、あなたのおっしゃる「すでにできあがった」世界そのものです。それは、幼少《ようしょう》のころからテレビなどを通《つう》じて接《せっ》してきたバーチャル・リアリティー（仮想《かそう》現実）と、決《けっ》して無関係ではないはずです。

人間同士が殺《ころ》し、殺されることの痛《いた》みや苦《くる》しみ、悲《かな》しみなどをまったく共有《きょうゆう》できない彼らは、生きた現実から遮断《しやだん》されたところで、想像力《そうぞうりよく》ならぬ空想力《くうそうりよく》を膨《ふく》らませているのです。その意味では、テレビ世代が生み落《お》とした〝申《もう》し子《ご》〟なのかもしれません。

テレビを見て、体を動かさない子ども

池田　そこで、テレビ時代の象徴的《しようちようてき》なことは、ひと時代前までは、青春時代の必《ひつ》読書《どくしよ》といわれた名作ものの読書体験が、少なくなっていることです。言うまでもなく、古典《こてん》に取り組むのは、気楽《きらく》にブラウン管《かん》を前にするのとは違《ちが》います。

難解《なんかい》にあえて挑戦《ちようせん》する勇気や努力、とぎすまされた意識の集中《しゆうちゆう》、再読三読《さいどくさんどく》をいとわぬ忍耐力《にんたいりよく》……一つ一つが、人生の戦いそのものです。真実の充足感《じゆうそくかん》というものは、そうした苦《くる》しい戦いをくぐりぬけた末《すえ》に得《え》られるものとされてきました。

「見ること」は刹那的《せつなてき》であり、「読むこと」は永続性《えいぞくせい》があります。

リハーノフ　かつて、私も訴《うつた》えたことがあります。

「悲しいことが一つある。図書館から人がいなくなっていることである。人々が大勢集まってくるのは、学生の試験期間中と入学試験の時だ。多くの賢明《けんめい》なる思想が、本棚で、受け取ってくれる人もなく、読まれずにほこりをかぶっているのだ」（A・リハーノフ著『若ものたちの告白』岩原紘子訳、新読書社）と。この傾向《けいこう》は、近年、ますますひどいようです。

池田　日本も同じです。利便《りべん》と効率《こうりつ》、快適《かいてき》さを追《お》うことにもっぱらであった近代の技術文明《ぶんめい》は、易《やす》きにつこう、楽《らく》をしようという人間の劣性《れっせい》におもねり、困難《こんなん》や労《ろう》苦《く》を避《さ》けることばかりに目を向けてきました。

その結果、「善《よ》く生きる」というソクラテス*以来の命題《めいだい》は、「快《こころよ》く生きる」という快楽《かいらく》主義のなかへと矮小化《わいしょうか》され、ダイジェスト（要約《ようやく》）本の横行《おうこう》するなか、〝読書百《ひゃっ》遍《ぺん》、意《い》おのずから通《つう》ず〟などという格言《かくげん》は、ほとんど死語《しご》と化《か》しつつあります。

リハーノフ　おっしゃるように対話のない説教《せっきょう》、これも大衆操作《たいしゅうそうさ》の武器の一つです。もしも聞き返すことも許《ゆる》されず、厳格《げんかく》に教義《きょうぎ》として唯一《ゆいいつ》正しい思想として受け入れることを要求《ようきゅう》されるならば、人間は足枷《あしかせ》をはめられた状態《じょうたい》となってしまいます。そのような抑圧《よくあつ》に対してどのように抵抗《ていこう》していけばいいのでしょうか。

池田　しかし、だからこそ私は、小細工《こざいく》を弄《ろう》さずに、その風潮《ふうちょう》に対して「テレビにはスイッチがある」と言いきっていかなければならないと思います。すべてはそこから始まり、そこに、マス・テクノロジーの弊害《へいがい》を克服《こくふく》しゆく王道があると思うからです。

テレビを前に漫然《まんぜん》と流されていくだけの気楽《きらく》な受動性《じゅどうせい》や怠惰《たいだ》と訣別《けつべつ》していく意志力、主体性《しゅたいせい》、能動性《のうどうせい》をみずから示《しめ》し、人々、とくに若い人たちや子どもたちに求めていかなければなりません。

仏典《ぶってん》に「浅《あさ》きを去つて深きに就《つ》くは丈夫《じょうぶ》の心」（御書三二〇ジペー）とあります。その意志的、主体的、能動的な生き方のなかにしか、本当の意味での生《せい》の手応《てごた》え、喜《よろこ》びや充足感《じゅうそくかん》は得《え》られないのだということを、誠実《せいじつ》に訴《うった》え続けていくことこそ、何十年か早くこの世に生を享《う》けたわれわれの責務《せきむ》ではないでしょうか。

リハーノフ　ロシアに〝自分自身が、自分の幸福のかじ屋である〟という言葉があります。

われわれは、子どもたちを信じ、それこそ率直《そっちょく》にメッセージを送り続けていくべきです。

——成熟《せいじゅく》のもつエネルギーは大きなもので、それは、行動に責任をとること、人格を形成する仕事を意味する。事《こと》は、一歩から始まるのだ。小さな一歩から、しかし、意味のある一歩から。君よ、歩き出さなければいけない。出口に向かって。少年時代から、人生に向かって歩きだすのだ——と。

池田　「幸福のかじ屋」の格言《かくげん》は、貴国《きこく》の文豪《ぶんごう》＊ショーロホフ氏とお会いした折《おり》、氏が強調していた忘《わす》れ得《え》ぬ一言です。

私の恩師《おんし》も「若いうちの苦労《くろう》は、買《か》ってでもせよ」「苦難《くなん》を避《さ》けるな」と、青年を薫陶《くんとう》されました。

青年は積極的《せっきょくてき》に何かに貢献《こうけん》し、また強く正義の心をもって建設していくのが、そのすばらしき権利であり、特質《とくしつ》です。

リハーノフ　まったく同感です。

もう一点申し上げれば、子どものすばらしい資質《ししつ》の一つに、「旅へのあこがれ」があります。

その旅は隣《となり》の森でも近所の川でもいいわけです。しかし、今や川には濁《にご》った汚《きたな》い水が流れており、森も汚《よご》れている。一方、テレビでは青々《あおあお》とした波やまぶしい緑《みどり》が映《うつ》しだされる。つまり、ニセの世界はいつでも現実よりきれいで快適《かいてき》で、画面上《がめんじょう》の旅は現実より何千倍も魅力的《みりょくてき》というわけです。

運動能力というのは、子どもが歩いたり、走ったりする動きそのものに、茂《しげ》みを通りぬけてみたいとか、流れの急《きゅう》な川を泳《およ》いで渡《わた》ってみたいという欲求《よっきゅう》が加《くわ》わって、「能力」となっていくものです。ところが、それよりもテレビの前に座《すわ》ってからだを動かさず、「行動」が感覚的《かんかくてき》体験だけに限られてしまう場合のほうが、多くなっているようです。

早い話が、心が刺激《しげき》されて心臓《しんぞう》の鼓動《こどう》は激《はげ》しくなるけれども、手足やからだは動いていないのです。ここからはもう純粋《じゅんすい》に医学の分野になりますが、そのような子どもはバランスのとれた健康な人間には成長しません。これはたんなる想像《そうぞう》で言っているのではありません。世界的な技術という圧力《あつりょく》によって、押《お》しつぶされてしまうのです。

日本は、子どもが手足を動かさず、頭も想像力を働《はたら》かせる必要のないさまざまな新技術がどこよりも豊富《ほうふ》にありますから、このような落差《らくさ》はとくに大きいのではないでしょうか。

それとも私は間違《まちが》っているでしょうか。行動と思考《しこう》のバランスがとれるようなものが、日本ではすでに発見されたのでしょうか。

池田　「発見」どころか「思考と行動」とのアンバランスは、すでに危機的《ききてき》なラインに近づきつつあるといっても、決《けっ》して過言《かごん》ではありません。

ロシアなどは、かの広大な国土《こくど》に、大自然の原風景《げんふうけい》がいたるところに存在しているでしょうが、日本には、自然が本当に少なくなりました。

あっても、開発された人工《じんこう》の自然である場合が多く、*トム・ソーヤーや、*ハックルベリー・フィンの「冒険《ぼうけん》」などに胸躍《むねおど》らせることも、今は昔の夢物語《ゆめものがたり》にすぎません。伝統《でんとう》を否定《ひてい》し、利便《りべん》と効率《こうりつ》、快適《かいてき》さのみを追《お》い続けてきたことのしっぺ返しを、いちばん強烈《きょうれつ》に受けているのは、おそらく日本でしょう。

それを端的《たんてき》に示《しめ》しているのが、子どもたちの基礎《きそ》体力の低下《ていか》です。

一九九六年、文部省が発表《はっぴょう》した「体力・運動能力調査《ちょうさ》」によると、十代の青少年の測定値《そくていち》が、ほとんどの部門《ぶもん》で十年前を下回るという結果が出ていました。都市化、核《かく》家族化、少子化《しょうしか》、受験地獄《じゅけんじごく》など、多くの要因《よういん》が考えられます。

物質的繁栄《ぶっしつてきはんえい》とは裏腹《うらはら》に、人類が五百万年かけて作り上げてきた生きる力《ちから》——噛《か》む力《ちから》、視《み》る力、歩く力等が、等《ひと》しなみに弱まっているおかしな時代、危機的《ききてき》な状況《じょうきょう》にあると指摘《してき》する学者もいます。

文明《ぶんめい》の危機を警告《けいこく》する「生きる力」の衰弱《すいじゃく》

リハーノフ　進歩《しんぽ》はしばしば退化《たいか》と堕《だ》してしまうことがあります。たとえば、モスクワでは、学校生徒のほぼ四人に三人が、標準体重《ひょうじゅん》よりもかなり下回っています。これは、食事の摂取量《せっしゅりょう》が足《た》りないために起《お》こったものです。また、九〇パーセントの子どもが何《なん》らかの病気にかかっています。これはすべて、国の改革《かいかく》が行われている時期に起こっていることなのです。いったいだれのための改革なんでしょうか。わかりません。わかっているのは、この改革が子どものためのものではないということです。

池田　もしかすると、こうした子どもたちの「生きる力」の衰弱は、現代文明の危機を知らせる〝*坑道《こうどう》のカナリア〟であると言えるかもしれません。子どもたちの生きる力を、どうつちかっていくか。たとえば、卓越《たくえつ》した教育者であった牧口会長は、〝半日学《まな》び、半日働《はたら》く〟「半日学校制度」*を提唱《ていしょう》しました。この学習生活を半日とすることは、創価教育学で説《と》く合理的《ごうりてき》な教育方法によれば可能《かのう》だというのが、牧口会長の主張でした。そして残《のこ》りの半日、子どもたちが自主《じしゅ》的《てき》に生産や社会活動に汗《あせ》を流すのです。いわば、〝学び、働く〟ことによって、全《ぜん》人的《じんてき》な、生きる力《ちから》の旺盛《おうせい》な成長発達を図《はか》ろうとされたのです。

それゆえ、当時のいたずらに知識を詰《つ》め込《こ》むだけの、子ども不在《ふざい》の教育制度を厳《きび》しく批判《ひはん》し、それに起因《きいん》する子どもたちの「心身の不均衡《ふきんこう》」「運動神経《しんけい》の萎縮《いしゅく》」といった弊害《へいがい》は、現実社会に積極的《せっきょくてき》に参加し、実地《じっち》の経験を積《つ》むなかで解消《かいしょう》できると訴《うった》えたのです。

どこまでも、子どもたちが心身ともに健全《けんぜん》に育《そだ》ち、幸福に生きぬく力、希望の社会を切り開いていく力を育《はぐく》んでいく教育を、私どもはめざしていかなければなりません。

リハーノフ　同感です。私も同じように警鐘《けいしょう》を乱打《らんだ》し、教育のあるべき責任と使《し》命《めい》を訴えていかなければならないと思っています。

第五章

生活環境《かんきょう》の保障《ほしょう》こそ健全《けんぜん》な社会

子どもと老人──社会の二つの翼《つばさ》

リハーノフ　どこの国でも社会でも、他に頼《たよ》らなければならない階層《かいそう》が二つあります。それは、もっとも傷《きず》つきやすくて無力《むりょく》な層で、社会の中心的な階層しだいで状況《じょうきょう》が左右されてしまう人々です。

その人々とは、子どもと老人のことです。子どもは「まだ」無力で、老人は「すでに」無力です。ですから、どこの社会でも子どもと老人を守り、すこやかな生活環境《かんきょう》を保障《ほしょう》する義務《ぎむ》があります。

この子どもと老人の依存性《いそんせい》について、もっと話したいとは思いますが、また後ほど戻《もど》ることにして、ここで逆に社会もまた、子どもと老人に左右されていることに目を向けてみたいと思います。

この年少者《ねんしょうしゃ》と年長者《ねんちょうしゃ》は、強い大きな鳥の両翼《りょうよく》に譬《たと》えられるのではないでしょうか。たとえ鳥の体のつくりがしっかりしていて、健康で力《ちから》がみなぎっていたとしても、翼も同じように力強くて健康でなければ、空を長く飛《と》んでいることなどできないでしょう。

社会も同じです。体だけでなく、翼《つばさ》も健康でなければなりません。鳥が高く飛《と》べるのは翼があるからであり、翼こそ鳥の誇《ほこ》りであり、強さなのです。

社会や国家も、調和《ちょうわ》をめざすには、まず子どもと老人の地位《ちい》向上のために最善《さいぜん》を尽《つ》くすことが、最重要の社会的義務《ぎむ》ではありませんか。

池田　社会の健全《けんぜん》なあり方を、鳥の飛翔《ひしょう》に譬《たと》えられたのは、たいへんわかりやすく、美しい形容《けいよう》であると思います。

私は、子どもと老人に、もう一つ、母を加《くわ》えたいと思います。いずれも、社会的には弱い立場に置《お》かれている人たちであり、そこにどうスポットが当てられているかが、鳥が高く飛べるかどうか、すなわちその社会の健全さの度合《どあ》いがどうであるかを測《はか》るバロメーター（物差《ものさ》し、目印《めじるし》）と言えるでしょう。

ゆえに、私はかつて、フランスの作家アンドレ・モーロア*の「政治の役割は母と子を救うことである」（『初めに行動があった』大塚幸男訳、岩波書店）という言葉を取り上げ、ともすれば弱肉強食《じゃくにくきょうしょく》のエゴイズムや権力欲におぼれがちな政治に、警告《けいこく》を発《はっ》したことがあります。

みずからの栄達《えいたつ》を追《お》うのではなく、国や社会の未来を案《あん》ずるなら、何をおいても母と子（老人を含《ふく》めて）を手厚《てあつ》く遇《ぐう》することこそ、政治の本質であるからです。政治の矛盾《むじゅん》や欠陥《けっかん》を、もっとも迅速《じんそく》かつ的確《てきかく》に写《うつ》し取《と》るのは、そうした弱い立場の人たちであり、政治家たるもの、その点への目配《めくば》りを片時《かたとき》も怠《おこた》ってはなりません。

リハーノフ　おっしゃるとおりです。世界では、とくにイスラム圏《けん》やアフリカの一部の国では、子どもという翼《つばさ》が大きくなりすぎているところがあります。もっとも、子どもが多すぎるだなんてとんでもない言い方かもしれませんが。ただ私は統《とう》計上《けいじょう》の事実を確認しておきたいのです。

世帯《せたい》当たりの子どもの数が多いこれらの国では、子どもの人口が、養《やしな》い手である大人《おとな》の二倍、三倍、四倍にもなっています。こういった国は経済でつまずいていて、子どもたちに必要な分《ぶん》だけの食糧《しょくりょう》生産が追いつかない状況《じょうきょう》です。

しかもこれらの国は、エチオピアなどがいい例ですが、不安定な自然環境《かんきょう》に囲《かこ》まれている場合が多く、旱魃《かんばつ》などの自然災害《さいがい》に襲《おそ》われることがたびたびあり、その結果、疫病《えきびょう》が発生《はっせい》するといった具合《ぐあい》なのです。

たとえそういう状況がなかったとしても、つまり子どもの人口の膨張《ぼうちょう》は、国家という「鳥」の、子どもという「翼《つばさ》」があまりにも大きくなってしまった状態《じょうたい》で、そうなると当然飛《と》び方《かた》も変則的《へんそくてき》になり、ちゃんと飛べなくなってしまいます。

池田　古来《こらい》、〝子宝《こだから》〟などと言われ、子どもは多ければ多いほどよいとされてきましたが、グローバル（地球的）に人口問題を考えた場合、おっしゃるとおりの現実ですね。

このままでは、二十一世紀に必《かなら》ずやってくるであろう人類の危機《きき》は、ジレンマならぬトリレンマ（三方塞《さんぽうふさ》がり）と言われています。

人口爆発《ばくはつ》を背景《はいけい》に、①それを養《やしな》うための経済発展、②それを可能《かのう》ならしむる資源《しげん》、エネルギーの大量消費《たいりょうしょうひ》、③それが不可避的《ふかひてき》にもたらす環境破壊《かんきょうはかい》――こうした閉塞状《へいそくじょう》況《きょう》は、まさに人類史的な大問題であり、すでにわれわれは、引き返し不能《ふのう》の点を超《こ》えたという、悲観論《ひかんろん》をものする識者《しきしゃ》もいるほどです。

私は、基本的には楽観《らっかん》主義でいきたいと思っていますが、事態《じたい》がそこまで深刻化《しんこくか》してきているという、厳《きび》しい現状認識《げんじょうにんしき》だけはもたなければならないと思います。

先ほどの政治のあり方になぞらえて言えば、さしあたり、そうしたトリレンマの苦痛《くつう》をもっとも受けているのが第三世界*の人たちです。

大量生産《たいりょう》・大量消費《しょうひ》・大量廃棄《はいき》を軸《じく》にする、二十世紀型の工業文明《ぶんめい》のあり方の転《てん》換《かん》を図《はか》る責任は、いつに、その〝恩恵《おんけい》〟を独《ひと》り占《じ》めにし、つかの間の快適《かいてき》さに酔《よ》いしれているアメリカや日本、ヨーロッパなどの先進《せんしん》工業国にかかってきます。

日本とロシアの〝少子化《しょうしか》〟の現状《げんじょう》は

リハーノフ　逆に、「子ども」という社会の翼《つばさ》が、あまりにも小さい場合もあります。

この傾向《けいこう》は、たいてい豊かな国に見られます。そこでは出生率《しゅっしょうりつ》を高めるために、国をあげての努力がなされています。たとえば、スウェーデンや中央ヨーロッパの一部では、子どもを産《う》むように奨励《しょうれい》するための手当《てあて》が出されるようになりました。

池田　日本でも〝少子化〟は、進んでいます。一九九〇年六月、一人《ひとり》の女性が一生に出産《しゅっさん》するであろう子どもの数が一・五七人という統計《とうけい》が発表《はっぴょう》され、「一・五七ショック」という言葉さえ生まれました。

高齢化《こうれいか》社会の到来《とうらい》と相俟《あいま》って、国の前途《ぜんと》を憂慮《ゆうりょ》する声も多々ありましたが、その傾向《けいこう》は強まるばかりで、一九九五年度では一・四二人まで、落《お》ち込《こ》んでいます。このままいけば、百年後には、日本の人口は半減《はんげん》してしまう、とさえ言われております。

国の側《がわ》でも、一定水準《すいじゅん》以下の収入《しゅうにゅう》の家庭には「児童手当《てあて》」を支給《しきゅう》していますが、漸減《ぜんげん》傾向に歯止《はど》めはかからないようです。

ロシアでも、似《に》たような現象《げんしょう》があるのではないですか。

リハーノフ　背景《はいけい》は異《こと》なるかもしれませんが、〝少子化《しょうしか》〟という点では、ロシアも同じです。人口の再生産の法則《ほうそく》では、各家庭に三人の子どもが必要で、そのうち、二人《ふたり》は両親の人数を補《おぎな》い、三人目が人口の増加《ぞうか》を確保《かくほ》します。

今、社会的事情により、一人《ひとり》しか子どものいない家庭が大半《たいはん》です。これは、国全体として人口の減少《げんしょう》を意味しています。そのおかげで、現在ロシアでは、年間百万人、人口が減《へ》っています。

日本はどうかわかりませんが、ロシアでは現在、子どもを産《う》み、育《そだ》て、教育していくというのは、非常にお金のかかる楽しみとなってしまいました。国を襲《おそ》っている経済の不安定が、社会を豊かな者と貧《まず》しい者に分けてしまいました。

多くの子どもが――こんなことは戦時中からなかったことですが――ごみ箱《ばこ》をあさって食べ物を探《さが》しています。その一方、ベンツで学校に送ってもらう子どもがいます。

子どもを産《う》まないわけにはいかないんだから、困難《こんなん》を克服《こくふく》しなければいけない、いつかはよくなるんだから、と言葉で言うことは簡単《かんたん》です。

多くの人が、今、政府《せいふ》を信じておらず、困窮《こんきゅう》し、飢《う》えています。こうしたすべてのことが、出生率《しゅっしょうりつ》や子どもの健康や教育に影響《えいきょう》をおよぼしています。

池田　痛《いた》ましいお話です。日本の〝少子化《しょうしか》〟をもたらした要因《よういん》は、そうした経済面というよりも、むしろ精神的な面にあるような気がしてなりません。

そしてその背景《はいけい》には、家族像、家庭像というものの、崩壊《ほうかい》とまではいかずとも、揺《ゆ》らぎという現象《げんしょう》が横《よこ》たわっています。この問題は、章をあらためて論《ろん》じたいと思います。

リハーノフ　そこから派生《はせい》してくる問題点は、はっきりしています。子どもが少ないということは、労働人口が減《へ》るということで、そうすると国家は移民《いみん》を受け入れざるをえなくなるわけですが、それで事《こと》が解決するわけではありません。当然、社会的、倫理的《りんりてき》な論議《ろんぎ》をかもしだすことになってしまうでしょう。

というのも、移民《いみん》も新たに祖国《そこく》となったその国の発展に貢献《こうけん》するわけですから、移民の人々にも豊かさを分けあたえていかなくてはならなくなるのです。

ドイツで騒《さわ》がれた*トルコ移民殺人《さつじん》事件も、結局はこの国の「子ども」という翼《つばさ》が小さくなってきたことが、引き起《お》こした事件と言えるでしょう。こういう状況《じょうきょう》は、民族《みんぞく》エゴや社会的不平等からくる紛争《ふんそう》を誘発《ゆうはつ》してしまい、そこにはファシズム的要《よう》素《そ》さえ出てきます。

このような状況は、人口という観点《かんてん》から見た子どもの試練《しれん》とも言えるものではないかと思います。

子どもの出生《しゅっしょう》の権利をめぐる課題

池田　人口爆発《ばくはつ》を避《さ》けるという点から見れば、〝少子化《しょうしか》〟は必《かなら》ずしも憂《うれ》うべき現《げん》象《しょう》ではないかもしれませんが、私は、そうは思いません。
なぜなら、現在の〝少子化〟をもたらしているのが、人類の未来を見据《みす》えて、などという大局的《たいきょくてき》な観点《かんてん》からの前向きの選択《せんたく》であるとは、とうてい言えないからです。日本でも、よく〝ウサギ小屋《ごや》〟などと酷評《こくひょう》される住宅事情などの物的要因《ぶってきよういん》もありますが、それとならんで無視《むし》できないのは、現代文明《ぶんめい》のもたらした豊かさ――モノや時間をもっともっと享受《きょうじゅ》したいという、いわゆる安楽志向《あんらくしこう》です。

そこからは、家庭での子育《こそだ》てにまつわる苦労《くろう》、わずらわしさなども、なるべく忌避《きひ》されていくでしょう。

そして私は、こうした傾向《けいこう》が、あのローマ時代の末期《まっき》の衰亡《すいぼう》を招《まね》いた精神的な要因と、多くの点で共通しているように思えてならないのです。周知《しゅうち》のように、ローマ帝国《ていこく》の末期である二世紀ごろからの数百年は、人口の減少《げんしょう》を民族《みんぞく》の移動《いどう》――今でいえば移民《いみん》です――で補《おぎな》っていた時期です。

リハーノフ　なるほど、興味深《きょうみぶか》いご指摘《してき》だと思います。

国は平和なのに、子どもたちは死んでいく。あるいはそもそも生まれてこない……。

人口政策《せいさく》というのは――人口の実態《じったい》もそうですが――何百年、少なくとも何十年もの間にこんがらがってしまった結《むす》び目のようなもので、それをほどくのは途方《とほう》もなくたいへんなことです。うまく解決された例など、私は聞いたことがありません。中国《ちゅうごく》は上からの指令《しれい》によって出生率《しゅっしょうりつ》を規制《きせい》した結果、子どもの数は減《へ》らすことができましたが、それが中国社会にどのような精神的な傷跡《きずあと》を残《のこ》したか、だれも正確にはわからないでしょう。

池田　一人《ひとり》っ子《こ》をかわいがるのは、人情《にんじょう》の常《つね》です。それが過保護《かほご》となり、将来《しょうらい》どのような形で社会に跳《は》ね返《かえ》ってくるか――たしかに、予断《よだん》を許《ゆる》しません。

リハーノフ　人口政策《せいさく》が、世界的に見て、グローバリズム（地球主義）や地政学《ちせいがく》（地理的《ちりてき》条件と政治との関係を研究する学問）のもっとも重要な部分をなしているのは明らかです。

またそれは、もっとも解決のむずかしい部分でもあります。このことは私たちに、産《う》むべきか産まざるべきか、という中絶《ちゅうぜつ》問題に対する倫理的《りんりてき》結論をいやおうなく迫《せま》ります。

国連《こくれん》で採択《さいたく》された「子どもの権利条約《じょうやく》」には、生きる権利がうたわれていますが、しかしこれは、すでにこの世に生まれ出た生命を対象《たいしょう》としています。一方、ローマ法王《ほうおう》ヨハネ・パウロ二世は、ロシア正教《せいきょう》も同じですが、まだ子どもの姿《すがた》をしていない受精卵《じゅせいらん》の生存権《せいぞんけん》を主張しています。

こうなると、はっきりと対立する社会勢力《せいりょく》ができていくことになります。フェミニズム（女権拡張論《じょけんかくちょうろん》）は母親の選択権《せんたくけん》を主張します。中絶《ちゅうぜつ》反対運動は、宗教の説《と》くところを是《ぜ》とした、きわめて人道的《じんどうてき》なものではありますが、市民権のかなりの部分を否定《ひてい》してしまっています。

子どもの出生《しゅっしょう》の権利というのは、まったくむずかしいテーマだと慨嘆《がいたん》したくなるのですが、いかがですか。

池田　私も、基本的には人工《じんこう》中絶には反対であり、受精卵の生存権を主張したいと思います。

仏教医学の観点《かんてん》からは、受精の瞬間《しゅんかん》を、生命誕生《たんじょう》の時ととらえています。したがって、母体《ぼたい》が危機《きき》にさらされるときなど特殊《とくしゅ》な例外を除《のぞ》いて、安易《あんい》な中絶行為《こうい》は慎《つつし》まなければなりません。

とはいえ、人口爆発《ばくはつ》は避《さ》けなければなりません。おっしゃるとおり、子どもの出生の権利というものは、むずかしいテーマですね。やはり、内面的な、内発的《ないはってき》な倫《りん》理性《せい》を磨《みが》いていく以外に王道はないのでしょう。

戦争に巻《ま》き込《こ》まれる子どもたち

リハーノフ　同感です。次に子どもが受けるもう一つの厳《きび》しい試練《しれん》をあげるならば、それは戦争でありましょう。

私たちは同じ戦争を、私は幼年《ようねん》時代に、あなたは少年時代に経験していますが、この戦争は私たちの世代に消《け》しがたい影《かげ》を落《お》としていますね。

私について言うならば、あの第二次世界大戦は幼心《おさなごころ》に日々克明《こくめい》に刻《きざ》まれていきました。その細目《さいもく》はしばらく措《お》き、私たちは撃《う》たれることもなく、病気や飢餓《きが》の犠牲《ぎせい》者《しゃ》にもならずに、何《なん》とか生き残《のこ》りました。というより、生き残れるように家族が守ってくれたわけですが。

しかし、どれほど多くの子どもたちが、砲弾《ほうだん》の炸裂《さくれつ》や弾丸《だんがん》、飢餓によって死んでいったことでしょうか。大人《おとな》がどんなにわが身《み》を投《な》げ出《だ》してファシズムから子どもを守ろうとしても、どうしようもありませんでした。

たとえば、ポーランドの教師で作家でもあるヤヌシュ・コルチャックを思い出してみましょう。コルチャックはドイツ・ファシスト軍に、自分一人《ひとり》、自由の身《み》になるか、それともユダヤゲットーに収容《しゅうよう》されている子どもたちとともに、火葬場《かそうば》に行くかの選択《せんたく》を迫《せま》られました。彼は自分がそばにいる限り、子どもたちは最後の瞬間《しゅんかん》まで希望を失《うしな》うことはないことをよくわかっていました。そうして、死して子どもたちを守りぬいたのです。

池田　コルチャックについては、私もスピーチの中でふれたことがあります。

私がお会いした卓越《たくえつ》した識見《しきけん》の持ち主《ぬし》の一人に、ドイツのヴァイツゼッカー*前大《ぜんだい》統領《とうりょう》がいます。彼は大統領在任《ざいにん》当時、ドイツの有名な新聞のインタビューを受けたときに、「あなたにとって現代の英雄《えいゆう》はだれか」との問《と》いに、「小児科医《しょうにかい》J・コルチャック」と答えているのです。

ナチス*の行った数々の蛮行《ばんこう》の歴史を、決《けっ》して忘《わす》れてはならない——良心《りょうしん》の叫《さけ》びを放《はな》った、ヴァイツゼッカー前大統領ならではのノミネート（名指《なざ》し）だと思います。

私は、そのエピソードを紹介《しょうかい》したあと、「ひとたび決めた人間としての『信念《しんねん》』を、あらゆる苦《くる》しみを乗り越《こ》えて、最後の最後まで貫《つらぬ》き通せる人。その人こそ真正《しんせい》の『英雄』である」と訴《うった》えました。

コルチャックは、人間としての崇高《すうこう》な生き方を、文字どおり、身《み》をもって子どもたちと後世《こうせい》に残《のこ》していってくれました。

リハーノフ　偉大《いだい》な生涯《しょうがい》ですね。

第二次世界大戦が終わったのは半世紀以上も前ですが、平和は、本当の平和は、残念ながらいまだに訪《おとず》れてはいません。武力紛争《ぶりょくふんそう》があちこちで勃発《ぼっぱつ》しています。大人《おとな》たちが撃《う》ちあいをし、その弾《たま》が子どもたちに当たっています。

*ロシアでもまた戦争が起《お》こりました。国内戦争です。なぜ、そもそもこんなことになったのか、なぜ平和的手段《しゅだん》で問題解決ができなかったのか、今では覚《おぼ》えている人もあまりいません。

ロシアから離脱《りだつ》したいというチェチェン人の願《ねが》いをこめた「分離《ぶんり》主義」という言葉が、際限《さいげん》もなく飛《と》び交《か》っています。しかし、ここでは政治的な分析《ぶんせき》は避《さ》けて、子どもの被害《ひがい》という観点《かんてん》から見てみましょう。学校も幼稚園《ようちえん》も、ほとんど崩壊《ほうかい》してしまいました。子どもたちの勉強は、もう何年も中断《ちゅうだん》したままです。完璧《かんぺき》な統計《とうけい》ではありませんが、二千人の子どもたちが完全に孤児《こじ》（お父さんもお母さんも亡《な》くなった子どもたち）となり、七千五百人が父または母を失《うしな》っています。現地では、ポリオ（脊《せき》髄性小児《ずいせいしょうに》まひ）が流行してもワクチンがありません。

わがロシア児童基金は、「チェチェン前線《ぜんせん》の子どもたち」という慈善《じぜん》プログラムを発表《はっぴょう》しました。これは、狙撃兵《そげきへい》に狙《ねら》い撃《う》ちされた子どもや、仕掛《しか》け地雷《じらい》の破片《はへん》や砲弾《ほうだん》で負傷《ふしょう》した五十人の子どものファイルを作るというものです。

弾丸《だんがん》にも地雷にも、国旗《こっき》はついていませんから、だれが撃ったかはわかりませんが、わかったところでどうなるものでもありません。つまり、非政府《ひせいふ》団体である私どもの基金が、子どもたちの写真と医師の診断書《しんだんしょ》、勧告《かんこく》を集めてファイルを作り、一人一人《ひとり》に個人の銀行口座《こうざ》を開設《かいせつ》し、義援金《ぎえんきん》を集めているのです。

池田　本来《ほんらい》なら、政府がやらなければならないことですね、加害者《かがいしゃ》なのですから。

リハーノフ　ええ。国から「児童身障者《しんしょうしゃ》」に出る手当《てあて》はほんのわずかなのです。「児童身障者」というのもおかしなもので、子どもたちは戦争で障がい者になったのですから、司令官《しれいかん》によって戦闘《せんとう》に放《ほう》り出《だ》された負傷兵《ふしょうへい》と同じ扱《あつか》いを国から受けるべきです。

事実上、子どもたちはいやおうなしに戦争に巻《ま》き込《こ》まれ、二度と元《もと》に戻《もど》らぬ障がい者にされてしまったのですから、まさに兵隊《へいたい》と同じ目にあっているのです。

具体的には、私たちは子どもを病院に入院させたり、リハビリや整形手術《せいけい》を受けさせたり、むずかしい治療《ちりょう》を外国で受けさせる、あるいは国内のサナトリウム（療《りよう》養所《ようじょ》）で療養させる、といったことをやっています。

それにしても、民主主義がご自慢《じまん》のロシアで、これほどまでに子どもたちのことが忘《わす》れ去《さ》られ、しかも山ほどある法律《ほうりつ》も、チェチェンで負傷《ふしょう》した子どもたち――チェチェン人だけでなく、混血《こんけつ》のロシア人、ドイツ人などの子どもたちもいます――には何《なん》の役にも立っていないとは、まさに心が凍《こお》る思いです。

子どもを不幸にする行為《こうい》に正義はない

池田　チェチェン共和国《きょうわこく》の首都《しゅと》グロズヌイの廃墟同然《はいきょどうぜん》の姿《すがた》は、私もテレビなどで見て、人知れず心を痛《いた》めている一人《ひとり》です。ともかく戦争は絶対《ぜったい》あってはならないし、まして子どもを巻《ま》き込《こ》むなど、許《ゆる》されてはなりません。

私には、忘《わす》れられない一枚の写真があります。ベトナム戦争のさい、アメリカ軍の爆撃《ばくげき》で村を焼《や》かれ、戦場《せんじょう》の川を懸命《けんめい》に泳《およ》ぎながら逃《のが》れようとするベトナム人母子五人の姿《すがた》を、対岸《たいがん》から撮《と》ったものです。

『安全への逃避』と名づけられたもので、「世界報道写真展」のグランプリに輝《かがや》き、「アメリカ海外記者クラブ賞《しょう》」や「ピュリッツァー賞」を受賞《じゅしょう》したもので、総裁《そうさい》もご覧《らん》になったことがあるかもしれません。

撮影者《さつえいしゃ》は沢田教一という日本人の青年で、UPI通信《つうしん》サイゴン支局《しきょく》の報道カメラマンとして活躍《かつやく》していました。のちに、カンボジア内戦《ないせん》を取材中《しゅざいちゅう》、プノンペン近郊《きんこう》で狙撃《そげき》され、三十四歳の若さで殉職《じゅんしょく》してしまうのですが、後年《こうねん》、彼の写真集が発刊《はっかん》されたさい、夫人の強い要望《ようぼう》もあって、私は序文《じょぶん》を寄せました。

その冒頭《ぼうとう》に、戦争の暴虐《ぼうぎゃく》への思いのたけを綴《つづ》りました。少々長くなりますが、紹《しょう》介《かい》させていただきます。

「一瞬、私の心は止まった。

私の心は泣いた。私の心は炎となった。

沢田教一氏の数々の写真、なかでも『安全への逃避』と出会った刹那《せつな》の感動を、私は決して忘れることはできない。

ナパーム弾の猛焰に包まれた村から逃れ、戦場の川を懸命に渡っていく二組の母と子――。弱冠二十九歳の沢田青年が世界に送ったこの一葉の写真は、ほぼ四半世紀を隔てた今なお、いやまして鮮烈に、また切々と、戦争の残酷さ、悲惨さを語りかけてやまない」（沢田サタ著『沢田教一　ベトナム戦争』くれせんと）と。

リハーノフ　よくわかります。

私はチェチェンの子どもたちの庇護《ひご》者となり、国家や戦争と対峙《たいじ》する弁護者《べんごしゃ》でありたいと願《ねが》っていますが、それにしても痛《いた》みに対する感覚《かんかく》が鈍《にぶ》っている社会では、ヒューマニズムや慈悲《*じひ》を叫《さけ》んでも、共感を呼《よ》ばないということをますます強く感じます。

たとえば、無慈悲という名の、強力な砲弾《ほうだん》の破片《はへん》に腹《はら》も胸《むね》も頭もやられてしまえば、負傷《ふしょう》した足の痛みなどはとるにたらないものとなってしまいます。

しかし、それにしてもです。どんなに混乱《こんらん》を呈《てい》した戦争でも、局地《きょくち》戦争でも、いちばん消《け》しがたい苦《くる》しみを味わうのは子どもです。

チェチェンでも何千人もの子どもが孤児《こじ》になり、お父さんやお母さんを失《うしな》いました。人生はこれから、という時に、父や母の支《ささ》えが本当に必要な時にです。

にもかかわらず、両親とも亡《な》くしてしまった、あるいはお父さんだけ、お母さんだけ亡《な》くしてしまった……。

片方《かたほう》「だけ」と言っても、どれほど大切な存在を失《うしな》ったのか。それは人間を精神的な高みへと育《そだ》ててくれる、唯一無二《ゆいいつむに》とも言えるものであり、喜《よろこ》び、愛情であり、人間をつつみ込《こ》み、守ってくれるものなのです。

その親を失ってしまうと、喜びも成功もどこかが欠《か》けていて、日常生活、家庭生活の見えない部分で何《なん》となくつねにどこか違《ちが》う、何かが足《た》りない、という思いを味わうことになってしまいます。

一人《ひとり》の子どもの不幸が個人的にはどんなに大きなものであっても、全体の一部ではないか、という考えは誤《あやま》りです。

一人の不幸もそれがあちこちにあれば、社会全体の雰囲気《ふんいき》が変わり、倫理的《りんりてき》な伝統《でんとう》も崩《くず》れて、国家そのものをむしばむことになります。

池田　アンドレ・マルロー氏*と私は、対談集（『人間革命と人間の条件』、『池田大作全集　第4巻』収録）を編《あ》んでいますが、彼は、みずから仕《つか》えたド・ゴール将軍*を回想《かいそう》しながら、印象的《いんしょうてき》な言葉を語《かた》っています。

「私は、ここでまた、ヴァイオリンを腕にかかえたアインシュタイン*を思い出す。

彼はこう言った。《不幸な子供たちがいる限りは、進歩などという言葉はなんの意味も持たないであろう》そのことを、ドストエフスキー*はもっと悲劇的に表現した。《もしも世界が、人でなしによる無邪気《むじゃき》な子供に対する迫害を許すなら、私は未来の調和の入場券などお返しする》」（『倒《たお》された樫《かし》の木《き》』新庄嘉章訳、新潮選書）と。

ドストエフスキーの言葉は『カラマーゾフの兄弟』*の中で、イワン・カラマーゾフが、いたいけな子どもの虐待《ぎゃくたい》という事実を見逃《みのが》しておいて、神の国での、和解《わかい》や調《しら》べを説《と》いたところで何になるのかと、舌鋒鋭《ぜっぽうするど》く、キリスト教を弾劾《だんがい》するくだりの有名な言葉ですね。

リハーノフ　それは有名な一節《いっせつ》ですが、残念ながらこの告発《こくはつ》も、新しい世代の支《し》配層《はいそう》にとって教訓《きょうくん》とはなっていません。

ロシア、チェチェンの為政者《いせいしゃ》が何《なん》と言おうと――戦争が行われている国はすべてそうですが――大人《おとな》たちがどんなにもっともらしい理由づけをしようとも、言い訳《わけ》をすることはできませんし、それらの言葉に耳をかたむける余地《よち》もありません。大人たちはだれが正しくて、だれが悪いかを争《あらそ》う前に、事前《じぜん》に流血《りゅうけつ》と悲《かな》しみを起《お》こさせないために、子どもたちを疎開《そかい》させておくべきです。老人も同じです。

大人《おとな》たちは――男性も女性も――自分の責任感と自己保存本能《じこほぞんほんのう》に応《おう》じて、自分が正しいと思う真実に基《もと》づいて、自分の居場所《いばしょ》を選ぶことができます。

しかし、分別《ふんべつ》のない子どもや無力《むりょく》な老人は、戦争が始まる前に、安全な地に避難《ひなん》させてあげなければなりません。

それこそ責任ある政治の表《あらわ》れであり、そうでないなら無責任というものです。

池田　ところが、戦争の狂気《きょうき》は、そうした責任感など吹《ふ》き飛《と》ばしてしまいます。

第二次世界大戦で、日本がアメリカと唯一《ゆいいつ》の地上戦を戦ったのが沖縄《おきなわ》です。そこでは〝鉄の暴風《ぼうふう》〟と言われるほど、アメリカ軍の近代兵器《へいき》が猛威《もうい》を振《ふ》るったのですが、なかでも、住民の心に消《け》しがたい傷跡《きずあと》を残《のこ》しているのが、敗色濃厚《はいしょくのうこう》ななか、日本軍が行った蛮行《ばんこう》です。

人々が戦火《せんか》を逃《のが》れて集結《しゅうけつ》している洞窟《どうくつ》に、日本兵が押《お》しかけ、兵隊《へいたい》がいなくて島が守れるか、という〝理由〟で、子どもや老人、女性を追《お》い払《はら》った、などという例が数多くあります。あなたのおっしゃった責任感とは、まったく逆の無慈悲《むじひ》そのものの行為《こうい》です。

なかには、洞窟内《どうくつない》の人の気配《けはい》に気づかれて、アメリカ兵に火《か》焔放射器《えんほうしゃき》やガス弾《だん》を撃《う》ち込《こ》まれるのを恐《おそ》れ、兵隊《へいたい》が、泣《な》きわめいている子どもを、母親の見ている目の前で水たまりに頭を押《お》さえつけて窒息死《ちっそくし》させたなどという、目を背《そむ》けたくなるような行動も報《ほう》ぜられています。

ともかく、戦争というものは、人間の狂気《きょうき》を狂気と感じさせない、異常《いじょう》な精神状《じょう》態《たい》に追《お》い込《こ》むことを忘《わす》れてはなりません。

慈悲《じひ》の行動は言葉を超《こ》えて通《つう》じあう

リハーノフ　まったく同感です。

私は重傷《じゅうしょう》を負《お》った子ども、病《や》んでいる子、助けを必要としている子の占《し》めるべき位置《いち》を、自分なりに定義《ていぎ》してみました。それは、不幸に見舞《みま》われた子どもは、民族《みんぞく》の枠《わく》を超え、主権《しゅけん》を超越《ちょうえつ》した存在だ、ということです。

これはどういうことかを説明いたします。子どもを助けなければならないときに、「うちの」子どもも「よその」子どももない、ということです。

私がわざとカッコでこの二つの言葉をくったのも、助けられようとする子どもにとって、よそであろうが、うちであろうがそんなものは関係なく、時として「よその」人のほうが「うちの」人よりもはるかにしっかりと助け、守ってくれる場合があります。いずれにしても、救《すく》い手がだれであろうと、子どもが待《ま》っているのは、ひとえに助けるという価値《かち》行動なのです。

子どもに当たった弾丸《だんがん》を取り出す医師が何語《なにご》でしゃべろうと関係ないし、看護師《かんごし》さんあるいはふつうの女性が、わけのわからない言葉だけれども慰《なぐさ》めの言葉をかけてくれている、運転手さんが自分の綿入《わたい》れでくるんで寒《さむ》さから守ってくれているときに、言語《げんご》の別など関係ないのです。

救いの手を差《さ》しのべてくれる人そのものが、確《たし》かな守りと善意《ぜんい》の象徴《しょうちょう》であって、そこには精神的な主義やスローガンもアピールも、信仰さえも云々《うんぬん》する余地《よち》はありません。ですから、不幸に見舞《みま》われた子どもは民族《みんぞく》を超《こ》え、主権《しゅけん》を超越《ちょうえつ》しているとは思いませんか。

池田　そうしたセンスというか、共感能力《のうりょく》を身《み》につけるということは、人間であることの不可欠《ふかけつ》の条件と言ってよいでしょう。

先ほど、現代人の安楽志向《あんらくしこう》にふれましたが、安楽のみを追《お》い求《もと》め、苦《くる》しいことや悲《かな》しいことを避《さ》け続けていくと、本当の意味の喜《よろこ》びさえ味わえなくなってしまいます。なぜなら、真の喜びや充足感《じゅうそくかん》は、苦《くる》しみ、悲しみを正面《しょうめん》から受けとめ、それを乗り越《こ》えたところにのみ開けてくるものだからです。

安楽志向《あんらくしこう》が手にすることのできる喜びは、はかない幻《まぼろし》のようなものです。その意味からも、現代人が、洋《よう》の東西を問《と》わず、おしなべて共感能力《のうりょく》の衰弱《すいじゃく》におちいっていることは、まことにゆゆしき問題であると、私は憂慮《ゆうりょ》しています。

有名な仏典《ぶってん》（『涅槃経《ねはんきょう》』）には、「一切衆生《しゅじょう》の異《い》の苦を受《く》くるは悉《ことごと》く是《こ》れ如来《にょらい》一人の苦」（大正十二巻）とあり、これを受けて、私どもの宗祖《しゅうそ》は「日蓮が云《い》わく一切衆生の異の苦を受くるは悉く是れ日蓮一人の苦なるべし」（御書七五八ジペー）と仰《おお》せになっています。

ここから明らかなように、共感能力の衰弱という現代病は、まさに仏教の精神と対極《たいきょく》にあります。ゆえに、私どもの仏法運動は、苦しみや悲しみ、喜びをともにする生命力をよみがえらせながら、生きて生きぬいていく、共生《きょうせい》運動でもあるのです。

リハーノフ　本物の宗教というのはいずれも、善《ぜん》と愛、同苦《どうく》を説《と》いていると思います。そういう意味では、異《こと》なる信仰をもつ人々にも、多くの全人類的な共通点があると言えるでしょう。

私たちはグルジア人やタジク人、ロシア人、モルダビア人、チェチェン人の子どもたちを、治療《ちりょう》のために世界各国に送り出していますが、言葉がわからなくても、子どもたちと救助員《きゅうじょいん》の心がいかに通《かよ》いあうかを自身の経験から知っています。

その心のふれあいを助けてくれるのは、笑顔やジェスチャーであり、また泣《な》き声《ごえ》であります。残酷《ざんこく》な暴力《ぼうりょく》、戦争とは違《ちが》って、慈悲《じひ》には国境《こっきょう》も民族《みんぞく》の違いも、民族的野心《やしん》もないのです。

第六章

いじめ――小さな暴力《ぼうりょく》

「犬の群《む》れの論理」を砕《くだ》く正義と善《ぜん》の結集《けっしゅう》

池田　戦争とは、国家が主役《しゅやく》となって引き起《お》こす〝大暴力《だいぼうりょく》〟であるとすれば、子どもたちを取り巻《ま》く校内暴力や家庭内暴力は、いわば〝小暴力〟と言ってよいでしょう。前章で話しあったように、戦争はたしかに悲惨《ひさん》でむごたらしいものですが、私たちの青少年時のような状況《じょうきょう》が、いつも続いていたわけではありません。それに比べて〝小暴力〟のほうは、子どもたちにとって、日常的かつ恒常的《こうじょうてき》な出来事《できごと》ですので、より切実《せつじつ》な問題として、スポットが当てられるべきではないでしょうか。

リハーノフ　そのとおりです。この〝小暴力〟の嵐《あらし》から、子どもたちをどう守るか、これはもはや、学校や家庭だけで対処《たいしょ》できるものではなく、社会をあげて取り組むべき重要な問題です。

池田　とくに、日本などで今、目立っているのが、〝いじめ〟です。もちろん、子どもたちの世界での争《あらそ》い、たとえば、男の子たちの少々の取っ組みあいやケンカなどは、エネルギーの発露《はつろ》として、ある意味ではしぜんな現象《げんしょう》とさえ言えるでしょう。

しかし、〝いじめ〟は対等《たいとう》の立場での争《あらそ》いではなく、数の力《ちから》などを借《か》りて、相手より有利《ゆうり》な立場に立ち、一方的に（暴）力で相手を痛《いた》めつけて快感《かいかん》を得《え》るという点で、きわめて卑劣《ひれつ》で、陰湿《いんしつ》な性格を持っています。

日本では、その結果、小中学生が、いじめた生徒仲間を告発《こくはつ》する遺書《いしょ》を残《のこ》して自《じ》殺《さつ》するなどの例がいくつも出て、大きな社会問題となっております。ケンカには、おのずと「相手を徹底的《てっていてき》に痛めつけたりしない」といったルールがありますが、〝いじめ〟は、ノン・ルール（ルール無用《むよう》）なのです。

これは、日本だけの現象ではなく、程度《ていど》や性質に多少の違《ちが》いこそあれ、いわゆる「豊かな社会」を作り上げてきた先進諸国《せんしんしょこく》に共通する課題のようです。その意味では、あふれ返る〝モノ〟のなかで、〝こころ〟の空洞化《くうどうか》を象徴《しょうちょう》する病理《びょうり》と言っても過言《かごん》ではないでしょう。

リハーノフ　深刻《しんこく》な問題ですね。

暴力《ぼうりょく》は、学校のように毎日通《かよ》う場所で行使《こうし》される場合、それは、もっとも嫌悪《けんお》すべき圧力《あつりょく》の形の一つとなります。皆で一人《ひとり》を攻撃《こうげき》し、また、よってたかって別の一人を攻撃するというのは、犬の群《む》れと同じ論理であり、習性《しゅうせい》です。

また、今までいじめられていた子どもが、別の子どもが皆にいじめられるようになると、今度は自分もいじめる側《がわ》にまわるようになります。これは、足《た》し算《ざん》で足す数字の順番《じゅんばん》を（A＋BをB＋Aとするように）逆にしても、出る答えは同じになるように、ただもう、暴力《ぼうりょく》の悪循環《あくじゅんかん》にはまってしまうのです。だから、なかなかいじめがなくならないのでしょう。

もし、いじめられている者同士が、二人《ふたり》、三人、四人と団結していけば、いじめっ子たちに対し立ち上がり、対抗《たいこう》できるはずです。

池田　じつは、今、おっしゃったことを中学生のころに実行したのが、中国の周《*しゅう》恩来総理《おんらいそうり》なのです。一九七四年十二月、私の二回目の中国訪問《ほうもん》のさい、病《やまい》に侵《おか》された身《み》にもかかわらず、北京《ペキン》市内の病院で温《あたた》かく迎《むか》えてくださり、忘《わす》れ得《え》ぬ印象《いんしょう》を刻《きざ》んでおります。夫人の鄧穎超《とうえいちょう》さんとも、親《した》しく交《まじ》わりを重《かさ》ねてきました。

かつて、創価学園のフェスティバルでのスピーチでふれたのですが、周総理は少年時代、体も弱く、恥《は》ずかしがりやであった。おまけに、言葉に〝なまり〟があったため、何度《なんど》となく上級生《じようきゆうせい》になぐられたり、いやがらせをされた。いわゆる〝いじめ〟です。

しかし、周《しゆう》少年は、それに屈《くつ》することなく、自分と同じようにいじめられている子どもたちを糾合《きゆうごう》していった。そして、登下校時《とうげこうじ》など、仲間と一緒《いつしよ》に行動しながら、〝いじめ〟に立ち向かっていったというのです。その団結ぶりにたじろいだのか、いじめっ子たちもしだいに手を出さなくなっていったという。

のちに、＊紅衛兵騒《こうえいへいさわ》ぎのさい、国務院《こくむいん》（中国の内閣《ないかく》、最高行政機関《ぎようせいきかん》）が、五十万におよぶ紅衛兵に二昼夜《ちゆうや》にわたって取り囲《かこ》まれても、一歩も退《ひ》かず、粘《ねば》り強い説得《せつとく》を続けた周総理《そうり》の胆力《たんりよく》を彷彿《ほうふつ》させるようなエピソードです。

リハーノフ　名宰相《めいさいしよう》の少年時代の面目《めんぼく》が躍如《やくじよ》としていますね。
とともに、もっとも望《のぞ》ましいのは、いじめっ子が、「犬の群《む》れの論理」を捨《す》てて、集団のいじめに加担《かたん》しないことです。集団の群れの力《ちから》に反対していくという勇気こそが、こうしたいじめを打ち壊《こわ》し、粉砕《ふんさい》し、なくしていく唯一《ゆいいつ》の道です。否定的《ひていてき》な力に対しては、「正義と善《ぜん》の力」で立ち向かわなければなりません。

一人《ひとり》立つ「善《ぜん》」⟷徒党《ととう》を組む「悪《あく》」

池田　「犬の群《む》れの論理」に対して、「正義と善の力《ちから》」に裏打《うら う》ちされた「勇気」をもって立ち向かっていく――イメージ喚起力《かんきりょく》に富《と》んだすばらしい言葉です。その対《たい》比《ひ》は、古来《こらい》さまざまに論議《ろんぎ》を呼《よ》んできた「善」と「悪」との道徳的な内実《ないじつ》を、ひときわ鮮《あざ》やかなコントラスト（対照《たいしょう》）で浮《う》かび上《あ》がらせています。そこで、やや抽象《ちゅうしょう》的《てき》になりますが、暴力《ぼうりょく》やいじめの背景《はいけい》にある「善悪」の本質論に少々言及《げんきゅう》させていただきたいと思うのですが、よろしいでしょうか。

リハーノフ　どうぞ、ぞんぶんに論じてください。

池田　私は、悪の本質は、総裁《そうさい》がいみじくも「群れ」と表現されたように、何かにつけ、すぐ「徒党を組む、組みたがる」点にあると思います。大人《おとな》の世界でも、子どもの世界でも、この傾向《けいこう》に変わりありません。

悪の生命というものは、どんなに強がり、偉《えら》ぶって見せても、本質的には臆病《おくびょう》ですから、一人でいることに耐《た》えられません。必《かなら》ず何《なん》らかの徒党を組み、数の力に頼《たよ》ることによって虚勢《きよせい》を張《は》るしかない。虚勢を自信らしきものと錯覚《さっかく》して、たがいにもたれあい、威《い》を張るしか生きようがないのです。

まさに「犬の群《む》れの論理」そのものであり、大人《おとな》の悪《あく》の集団も、子どもの悪の集団も、よく調《しら》べてみると、例外なく、この論理に絡《から》みとられ、〝長いものに巻《ま》かれろ〟式の大勢順応《たいせいじゅんのう》主義に支配《しはい》されているものです。

リハーノフ　このような結合《けつごう》が、力《ちから》の論理によることは明白《めいはく》です。

池田　仏法では、人間の――人間には限《かぎ》りませんが――生命状態《じょうたい》を、基本的に十の範疇《はんちゅう》に分類《ぶんるい》します。

悪いほうから言いますと、第一に「地獄界《じごくかい》」とは、怒《いか》りや憎《にく》しみにとらわれ、苦《くる》しみに押《お》しつぶされて身動《みうご》きのとれない、最悪《さいあく》の苦悩《くのう》、煩悶《はんもん》の境地《きょうち》。

第二に「餓鬼界《がきかい》」とは、とどまるところを知らない激《はげ》しい欲望《よくぼう》にがんじがらめにされている境地。

第三に「畜生界《ちくしょうかい》」とは、理性も意志も働《はたら》かず、動物的本能《ほんのう》のみにつき動かされている愚《おろ》かな境地。

第四に「修羅界《しゅらかい》」とは、強い者にへつらい、他人に勝《まさ》ろうとする自己《じこ》中心的な境地《きようち》。

第五に「人界《にんかい》」とは、平静《へいせい》に物事《ものごと》を判断《はんだん》できる生命状態《じようたい》。

第六に「天界《てんかい》」とは、喜《よろこ》びに満《み》ちた生命状態。

第七に「声聞界《しようもんかい》」とは、世の無常《むじよう》の理を知り、煩悩《ぼんのう》を断尽《だんじん》していこうとする境地。

第八に「縁覚界《えんかくかい》」とは、自然現象《げんしよう》などを縁《えん》として、真理に目覚《めざ》め、覚《さと》りに入る境地。

第九に「菩*《ぼ》薩界《さつかい》」とは、民衆を救済《きゆうさい》しようと利他《りた》の実践《じつせん》に出ていく境地。

そして十番目の「仏界《ぶつかい》」とは、万法《ばんぽう》に通達《つうたつ》した覚者《かくしや》の円満自在《えんまんじざい》な境地、を言います。

簡単《かんたん》に申し上げましたが、この序列《じよれつ》の最初のほうであればあるほど〝極悪《ごくあく》〟に近く、最後の「仏界」に近づくほどに〝極善《ごくぜん》〟に接近《せつきん》してきます。

もとより、この十の範疇《はんちゆう》は固定的《こていてき》なものではなく、瞬間瞬間《しゆんかん》、千変万化《せんぺんばんか》して揺《ゆ》れ動《うご》くのが、人間の心というものです。大切なことは、その揺れ動く心の基底部《きていぶ》が、どこに置《お》かれているかです。

リハーノフ　ロシア正教《せいきよう》の世界観を持つ私のような人間にとっては、この基本原理を知ることは、きわめて大切なことのように思われます。

池田　私たちが検討《けんとう》してきた「徒党《ととう》を組む」生命状態《じょうたい》は、この範疇《はんちゅう》の三番目の「畜生界《ちくしょうかい》」に当たります。あなたのおっしゃる「犬」は、まさしく「畜生」の代表格であり、ゆえに日蓮大聖人は「畜生の心は弱きをおどし強きをおそる」（御書九五七ページ）、つまり、弱い者には威張《いば》りちらし、強い者の前では、犬のように尾《お》を振《ふ》ってこび、へつらうと、喝破《かっぱ》されております。

要《よう》するに、毅然《きぜん》とした「自分」というものがない。だから、すぐに「徒党」を組みたがる。そこに悪《あく》の本質があるわけです。

リハーノフ　興味深《きょうみぶか》いお話です。

池田　それとは逆に、善《ぜん》の本質は「一人《ひとり》立つ」ところにあると言えましょう。われに「正義と善」の旗印《はたじるし》あり、との信念《しんねん》と確信の人は、決《けっ》して衆《しゅう》を頼《たの》まず、そして衆の力《ちから》を恐《おそ》れることもありません。

与《くみ》する人が皆無《かいむ》であっても失望《しつぼう》や絶望《ぜつぼう》もせず、多いからといって、いい気になって居丈高《いたけだか》になることもなく、信ずる道を、一人、まっすぐに進んでいく。「*千萬人《せんまんにん》と雖《いえど》も吾往《われゆ》かん」（『孟子《もうし》』）といった賛辞《さんじ》は、こうした信念の勇者《ゆうしゃ》にのみふさわしいと言えましょう。「一人《ひとり》立てる時に強き者は真正《しんせい》の勇者《ゆうしゃ》なり」というシラー*の言葉とともに——。

牧口会長も、「悪人《あくにん》の敵《てき》になりうる勇者でなければ、善人《ぜんにん》の友とはなり得《え》ない」「羊千匹《ひつじせんびき》よりも獅子《しし》一匹《いっぴき》」等と、一人立つ勇者の道を宣揚《せんよう》され、みずからもその道を踏破《とうは》されました。

リハーノフ　それらの考え方は、ロシア文化のなかにも見られるものです。

池田　もちろん、私は、そうした自覚的《じかくてき》な勇気ある決断《けつだん》や行動が、子どもたちに、すぐさま可能《かのう》であるといっているのではありません。そうした信念は、人生経験を積《つ》み、幾多《いくた》の風雪《ふうせつ》のなかで鍛《きた》え上《あ》げられていく以外になく、まずもって、大人《おとな》が範《はん》を示《しめ》していくべき性質のものでしょう。

しかし、善と悪とのコントラストという構図《こうず》は、より素朴《そぼく》で粗《あら》けずりなかたちで、子どもたちの世界にあっても、姿《すがた》を現《げん》じていることは否定《ひてい》できません。

「犬の群《む》れの論理」と「正義と善の力《ちから》」「勇気」との対峙《たいじ》にしても、たとえば、いじめに遭《あ》い、怒《いか》り心頭《しんとう》に発《はっ》したいじめられっ子が、必死《ひっし》になって、いじめっ子にくらいつき、挑《いど》んでいったところ、意外《いがい》なかたちで事態《じたい》が好転《こうてん》していく突破口《とっぱこう》になった、などという話を耳にすると、善《ぜん》の力《ちから》と悪《あく》の力が対峙《たいじ》し、火花《ひばな》を散《ち》らしゆくドラマは、子どもたちの世界ならではの、粗《あら》けずりであるだけ、いっそう輝《かがや》かしい光彩《こうさい》を放《はな》っているのではないか、という気さえします。

たしかに、そういう話は、例外的なもので、実際のいじめは、もっと陰湿《いんしつ》で、暗《くら》いやりきれなさを感じさせるものが、大部分であることは、十分承知《じゅうぶんしょうち》していますが……。

教え子への献身《けんしん》を貫《つらぬ》いたロシアの教師

リハーノフ　残念ながら、おっしゃるとおりです。日本でもそうでしょうが、ロシアの現状《げんじょう》を見ると、実際にはなかなかそのようにドラマチックにはいっていません。

子どもたちは、いじめられる側《がわ》からいじめる側に移《うつ》ることによって、まるで問題が解決したかのように思い込《こ》んでいます。それは間違《まちが》いで、本当は、ただ、打ちのめされて弱くなっているだけなのです。いじめの力に負け、同じような人間になってしまったのです。
ロシアでは、こうした問題が過去にもあり、現在も存在しています。とくにこの問題が目立っていたのは、戦後の時代ではないでしょうか。私は、そのテーマを取り上げ、二冊の長編《ちょうへん》小説『清らかな石』と『男子学校』を書きました。
池田　そうした作品も、われわれが論《ろん》じているテーマに関係があるわけですね。
リハーノフ　とくに『男子学校』は、自叙伝《じじょでん》に近い作品です。もちろん小説なのでフィクションの部分はありますが、基本的には自分自身について書きました。
ただ、小説としていったん出版されると、今度は、自分の作品を、第三者の目で見られるようになります。この作品を読み返してみて驚《おどろ》いたのは、私自身をモデルにした主人公《しゅじんこう》が、ちょうど今、私たちがこの対談で取り上げているテーマにとって、恰好《かっこう》の例を見せていることです。
池田　なるほど。もう少しくわしく紹介《しょうかい》してください。
リハーノフ　私が小学校に入ったのは、戦争が始まってまもなくのことでした。当時はまだ、男女共学制《きょうがくせい》がとられていましたので、私は共学の学校で勉強を始めましたが、この時期は、スターリン*の命令で、男女別の学校が組織され始めていた時でもありました。このため、共学校と別学校の違《ちが》いに苦《くる》しんだ子どもは少なくなかったと思います。私も、そのような子どもの一人《ひとり》でした。

私の場合は、初等《しょとう》学校の四年間を共学で勉強しました。その時の先生チェプリャシナは、すばらしい人でした。彼女は、そのころ、もうかなり年配《ねんぱい》で、私たちの学校がまだ教会付属《ふぞく》小学校と呼《よ》ばれていた革命前から、教鞭《きょうべん》を執《と》っているとのことでした。

革命ののち、学校が公立になったのにともなって、おそらく、私たちの先生は、教育方針《ほうしん》やカリキュラムなどを変えるよう迫《せま》られ、どれほどか悩《なや》んだだろうと思います。それでも彼女は、子どもにいかに接《せっ》するかという最重要の問題については、教育者としての自分の信条《しんじょう》を貫《つらぬ》いていたようでした。

当時のロシアの教師のなかには、教え子たちに献身《けんしん》するというナロードニキ的遺《い》訓《くん》にしたがって、みずからは、家庭や子どもを持たない者が多くいました。*

池田　〝ヴ・ナロード〟（民衆のなかへ）をスローガンにしていたナロードニキ運動のもっとも良質《りょうしつ》な部分ですね。

リハーノフ　そのとおりです。私たちのチェプリャシナも、そんな先生の一人でした。彼女は、国語、算数、社会、書き方と全教科《ぜんきょうか》を一人《ひとり》で教えてくれました。なかでも、彼女が私たちにいちばん力《ちから》を入れて教えてくれたのは、心根《こころね》のよい人になること、自分を大事にするのと同じように他の人を尊敬《そんけい》すること、読書を愛すること、そして、とくに潔癖《けっぺき》を重んじることでした。

戦争の飢餓《きが》で人の心がすさんでしまっていた学窓《がくそう》の外の濁《にご》った空気は、なぜか、私たちの小さな学舎《まなびや》の中には入り込《こ》んできませんでした。そのせいか、私たちは四年生の終わりまで、汚《きたな》い言葉を使うのを恥《は》ずかしく思い、乱暴《らんぼう》はできず、およそ、何かから自分を守らなければならないというふうに考えたことがなかったのです。

池田　小さい時であればあるほど、そうした先生の影響力《えいきょうりょく》は強いものです。たしかに、教師は「聖職《せいしょく》」という側面《そくめん》を持っています。

ケンカが下手《へた》というだけで〝いじめ〟に

リハーノフ　ええ。ところが、それが突然《とつぜん》、一度にガラガラと崩《くず》れてしまいました。四年で初等《しょとう》学校を卒業し、今度は男子中等学校に進むことになりました。この男子校で、学校教育の最後までを受けましたが、そこの校風《こうふう》は、今までとまったく違《ちが》っていました。

昨日《きのう》までよいと思っていたことが悪いことになり、長所は短所になってしまいました。たとえば、私は下品《げひん》な言葉を使《つか》ってケンカをすることができませんでした。それまでは、だれからもそういうことを要求《ようきゅう》されなかったからです。反対に、そんなことをしたら叱《しか》られるのがふつうでした。ところが今度は、ケンカが下手《へた》だということで、新しい友だちの笑い物にされたのです。

以前は、成績がよいことが評価《ひょうか》されたのに、今は黒板《こくばん》の前に出てしっかりした解《かい》答《とう》をしたりすると、かえって馬鹿《ばか》にされてしまい、優等生《ゆうとうせい》という言葉は、今度の学校では一種《いっしゅ》のさげすみに近い意味で使われました。

周《まわ》りの友だちはなぜか、私がケンカが下手なのをすぐに感づいたようで、放課後《ほうかご》いつも「コサルカ」（一対一のケンカ、愚鈍《ぐどん》な二人《ふたり》の暴《あば》れん坊《ぼう》が周囲《しゅうい》にはやし立てられながら行う対決《たいけつ》、観衆《かんしゅう》が解説《かいせつ》をくわえたりする）に呼《よ》び出《だ》されるようになりました。

そしてついには、自分が思った本当のことを言ったために、裏切《うらぎ》り者《もの》にされてしまいました。私は、集団の掟《おきて》とか真実というものが、どれほど本当の真実とは違《ちが》うものなのかを思い知らされることになったのです。

以来、私は仲間外《はず》れにされるようになりました。冷《ひ》やかしとからかいが絶《た》えず、いつもいじめの対象《たいしょう》にされるようになりました。

池田　そうでしたか。その時、教師やご両親は知っていましたか。周囲《しゅうい》の人たちは、何《なん》らかの応援《おうえん》なり、救《すく》いの手を差《さ》しのべることはありましたか。

リハーノフ　母親とか先生とか、大人《おとな》に助けを求めたり相談したりすることは、仲間に対する冒涜《ぼうとく》以外の何ものでもありませんでした。父は戦争に行っていて、いませんでした。

このようなわけで、私はある意味で、はっきり心理学《しんりがく》でいうデプリベイション（欠乏状態《けつぼうじょうたい》、喪失感《そうしつかん》）をかかえていました。たとえば、ケンカが下手《へた》なことです。自分を拳骨《げんこつ》で守ることができませんでした。それが私の欠点であり、デプリベイションだったのです。

さらには、悪態《あくたい》をつくことができませんでした。当然、そういう悪い言葉は知っていました。子どもならだれでも汚《きたな》い言葉を聞き知っているわけですが、だからといって使《つか》うかどうかは別です。ところが、私の新しい仲間たちは、公用語《こうようご》では使ってはいけない巷《ちまた》の汚《きたな》い言葉、スラング（俗語《ぞくご》）を連発《れんぱつ》して自分の感情を表現するのでした。

池田　偽《ぎ》悪者《あくしゃ》ぶって得意《とくい》になっているというのは、子どもの世界によく見られる傾向《けいこう》です。反抗期《はんこうき》の一つの表れ《あらわ》として——。

リハーノフ　そこで問《と》われるのは、欠乏状態《デプリベイション》をかかえているのはどちらだったのか、ということです。私なのか、それとも私のクラスの仲間たちなのか。

教養《きょうよう》のある人には、ふつうの口語《こうご》を話せることで事足《ことた》りるはずです。でも、私も、私の〝ダチ〟たちも、およそ教養というものをよいことだとは考えていませんでした。むしろ、その逆だったのです。

言葉が汚ければ汚いほど、親密《しんみつ》な仲間だということで、仲間内《うち》で通用《つうよう》する資格《しかく》があるだけでなく、大人《おとな》の世界、つまり、周囲《しゅうい》からの監視《かんし》のない世界にも、通《つう》じているということでした。つまり、スラングで話すことが一種《いっしゅ》の通行証《つうこうしょう》のようなもので、そうすれば、仲間と認《みと》めてもらえるわけです。

そういう基準《きじゅん》で見ると、私は明らかに言語障《げんごしょう》がい者《しゃ》だったわけで、言葉の欠乏状態をかかえていたことがわかります。それと同時に、まったく別の視点《してん》から見れば、何《なん》の制約《せいやく》も受け入れられず、また罵《のの》り言葉なしだと会話ができないというのも、一種《いっしゅ》の心理的欠乏状態《しんりてきけつぼうじょうたい》の症状《しょうじょう》で、こちらのほうは、私の仲間たちが持っていた問題でした。

ところで私は、これまでに初等《しょとう》学校で受けたしつけを意識的に踏《ふ》みつけて、街《まち》のごろつきが使《つか》っている言葉を覚《おぼ》えることにしました。それがよかったかどうかは別として、ともかく、そのおかげで、少しは友だちの中に入るチャンスを手にすることができたのは、事実でした。

池田　見当外《けんとうはず》れの質問かもしれませんが、その時、いじめられていたのは、総裁《そうさい》一人《ひとり》だったのでしょうか。周恩来《しゅうおんらい》少年のように、仲間を糾合《きゅうごう》して、対抗《たいこう》していくという方法は、考えられませんでしたか。学校全体が、そういうことのできる雰囲気《ふんいき》ではなかったかもしれませんが……。

リハーノフ　私の場合は、他校から来た新参者《しんざんもの》は私一人だけ、という状況《じょうきょう》だったのです。

十二歳、十三歳、十四歳という多感《たかん》な時期に、私の場合、何度《なんど》も文化的に低いほうに、下《お》りていかなくてはならなかったのです。友だちの中で、何とか自分という存在を守るためには、みんなと同じでなければだめだったからです。そして、のちにそこからふたたび上《うえ》に上《のぼ》るのは、たいへんなことでした。

池田　今の日本の学校にも、似《に》たような状況《じょうきょう》が見受けられます。

リハーノフ　私は、初等《しょとう》学校では成績はよいほうでしたが、中等科では目立たないように、いつも皆とならんで、五段階《だんかい》で「3」ぐらいにいることを覚《おぼ》えました。ところが、クラスの仲間たちは、底《そこ》なし沼《ぬま》のような深みから、いつしか這《は》い上《あ》がり始めていて、学年が上がるにつれて、顕著《けんちょ》に成績を伸《の》ばすようになりました。私のほうは、いい学校から移《うつ》ってきたあと、高いところから宙返《ちゅうがえ》りして低いほうに下《お》りて、みんなと交《ま》ざろうと努力した果《は》てに、ふたたび飛翔《ひしょう》することにとまどいました。

この〝飛《と》び立《た》ち〟はもう、仲間と集団でというわけにはいきませんでした。それぞれが、人知れず準備《じゅんび》を進めているという具合《ぐあい》でした。八年生（中等教育の最終学年）に近づくと、進路《しんろ》を決めなければならないという切実《せつじつ》な課題に迫《せま》られました。

多くの級友《きゅうゆう》たちは、いつのまにか羽目《はめ》を外《はず》すのを控《ひか》えるようになり、実地《じっち》で役立つ代数《だいすう》や幾何学《きかがく》、製図《せいず》に取り組み始めていました。将来《しょうらい》の職業としてエンジニア、機械屋《きかいや》を選び、それにあった科目《かもく》に力《ちから》を入れだしていたのです。

ところが、私のほうはというと、あまり理数系《りすうけい》が得意《とくい》ではなく、おまけに、すっかりのんびりするのに慣《な》れてしまっていたせいか、今度はみんなに追いつくのに一苦労《ひとくろう》しなくてはならなくなりました。

池田　おっしゃることはよくわかります。子どもは、どんどん変化していくものです。

リハーノフ　そういった転換期《てんかんき》には、その子どもがどういう友人を持っているか、また、どんな大人《おとな》がそばにいて、本当の励《はげ》ましの一言をかけてあげられるかが、何よりも大事になってきます。

なぜなら、たとえ一つのことで劣《おと》っている子も、必《かなら》ず、別の何かで優《すぐ》れているものを持っていて、挽回《ばんかい》できるからです。しかし、子どもを取り巻《ま》いている環境《かんきょう》は、彼と同じような子どもたちです。その幼稚《ようち》な考え方で、いったんある種《しゅ》のレッテルを貼《は》ってしまうと、それは張《は》り替《か》えるのは容易《ようい》ではないのです。

でも、本人が本気になれば、決《けっ》して不可能《ふかのう》ではないし、人の考えは変わるものです。それを助けてあげる役目《やくめ》を大人は果《は》たしていくべきでしょう。

父を処刑《しょけい》された少年を励《はげ》まし支《ささ》えた教師

池田　アイトマートフ氏も、私との対談の中で、そのことにふれていました。氏の父君《ちちぎみ》トレクル・アイトマートフ氏は、一九三七年、当時吹《ふ》き荒《あ》れていたスターリンによる粛清旋風《しゅくせいせんぷう》に巻《ま》き込《こ》まれ、処刑されてしまいます。三十五歳の若さでした。

ちなみに、世界を震撼《しんかん》させた九一年のソ連保守派《ほしゅは》のクーデターの直前、粛清の犠《ぎ》牲者《せいしゃ》を葬《ほうむ》った、ある秘密《ひみつ》の場所が発見され、その中からトレクル・アイトマートフの名が入った紙《かみ》が発見されて、五四年ぶりに、不明だった父君の埋葬地《まいそうち》が判明《はんめい》したという、衝撃的《しょうげきてき》なエピソードもありました。

父が処刑されたとき、アイトマートフ氏は小学生で、筆舌《ひつぜつ》に尽《つ》くせないほどの苦《く》労《ろう》とつらい思いを味わったそうです。なにしろ、父親を政治的に疑《うたが》わしい人物であると公的機関《こうてききかん》に密告《みっこく》し、銃殺《じゅうさつ》に追《お》いやった少年の行為《こうい》が、公式《こうしき》に称賛《しょうさん》されていた時代ですから。

リハーノフ　氏の苦《くる》しみが、痛《いた》いほどよくわかります。

池田　そうしたなか、アイトマートフ少年を支《ささ》えてくれたのは、そうした全体主義的イデオロギーに染《そ》まらぬ大人《おとな》たちだったそうです。

ある村の小学校の先生は、「君は自分の父親の名前を言うとき、決して眼をふせるな！」と励《はげ》ましてくれたそうです。氏は、その言葉を「絶対に忘れません」と、こう語《かた》っています。

「今となっては想像《そうぞう》することも困難ですが、その先生は、考えることすら空恐《そらおそ》ろしいことを口《くち》にするのを恐れなかったばかりか、私が父親を誇《ほこ》ることができるということを——今は彼の言葉の意味が理解できますが、当時はただ言葉の温《ぬく》もりが感じられただけでした——、私に言うことを恐れなかったのです」と。

アイトマートフ少年は、この先生の短い言葉が伝えてくる「善《ぜん》」や「正義」、そして「勇気」のメッセージを、鋭《するど》く、誤《あやま》たず感じとっていたにちがいない。そして、幼心《おさなごころ》に焼《や》きついたその一言が、その後の彼の人格形成に、どれほど大きな力《ちから》になっていったことでしょうか。もし、その先生の存在がなかったとしたら、彼は「犬の群《む》れの論理」に飲《の》み込《こ》まれてしまったかもしれません。

君でなければできない使命《しめい》がある！

リハーノフ　私の場合、何がきっかけになって、この群《む》れの力《ちから》に抵抗《ていこう》できるようになったかをお話ししてみたいと思います。

ある日、ふらっと競技場《きょうぎじょう》に出かけてみたとき、そこでたまたま先輩に出くわし、彼は私をスキークラブに連《つ》れていってくれました。

それがきっかけとなり、その後、私は彼と一緒《いっしょ》に陸上競技《りくじょうきょうぎ》を始めることにしました。コーチをしてくれたのは彼のお父さんで、陸上の教え方も上手《じょうず》でしたが、それ以上にすばらしい人であり、教育者でした。彼は、私たちに自己《じこ》を確立《かくりつ》すること、そう、男子として自立することをうながしてくれました。

自分が、より粘《ねば》り強《づよ》く、より頑強《がんきょう》になったと感じることは、男子にとって、とくに大事なことです。コーチは陸上の練習を通《つう》じて、私が以前には夢《ゆめ》にも考えられなかったことを可能《かのう》にしてくれました。

その冬、学校でクロスカントリー（原野《げんや》や森林《しんりん》などを横断《おうだん》するコースでの競走《きょうそう》）が行われたとき、私は、いじめっ子の級友《きゅうゆう》たちを次々にぬかして、先頭《せんとう》に出ることができたのです。それで、拳骨《げんこつ》をふるわずして、一挙《いっきょ》に自分の強さを証明《しょうめい》することができたわけです。

やはり、うるわしきは青春時代です。ともかく、いつの世も、いずこの国でも、青少年の友だちづきあいにあっては、何かで力《ちから》をつけることが、自分の存在を認《みと》めさせる絶対《ぜったい》条件のようですね。

ある部分での私の欠点、他の人より劣《おと》っている点、ある一つの基準《きじゅん》で見たときの欠乏状態《デプリベイション》は、ほかの何かで長所を引きだすことで、しだいに埋《う》められるようになっていきました。ちょうどシーソーのように、一つダメだったら、別のことで挽回《ばんかい》すればよい、と。

池田　欠点を指摘《してき》するよりも、長所を見つけ出してほめてあげること――これは、人を育《そだ》てるさいの鉄則《てっそく》ですね。

どんな子どもでも、その子ならではの個性と何《なん》らかの長所を必《かなら》ず持っているものです。そこに〝追《お》い風《かぜ》〟を送ってあげると、才能《さいのう》の芽《め》は急速《きゅうそく》に開花《かいか》し、人格的な面でも、驚《おどろ》くほどの成長を見せる例がしばしばあります。

かのチャーチル*にしても、パブリック・スクールに入学したときは、ラテン語は零点《れいてん》、最下位《さいかい》で合格した、いわゆる劣等生《れっとうせい》であった。しかし、国語である英語を猛《もう》烈《れつ》に勉強し、のちに、ノーベル文学賞《しょう》に輝《かがや》くような名文《めいぶん》と、戦時下のイギリス国民を奮《ふる》い立《た》たせる雄弁《ゆうべん》の基礎《きそ》を築《きず》いています。

また、アポロ打ち上げの立役者《たてやくしゃ》の一人《ひとり》であるドイツのフォン・ブラウン博士*にしても、勉強が好きでなく、成績も決《けっ》してよくなかった。その彼が、母親が折《おり》にふれて語《かた》ってくれた星《ほし》の話に触発《しょくはつ》されて、天文学《てんもんがく》が好きになり、苦手《にがて》の数学も克服《こくふく》して、ロケット研究の第一人者になっています。

日本では、標準的《ひょうじゅんてき》な〝秀才《しゅうさい》〟をつくりだすことに使《つか》われた「偏差値《へんさち》」などというものが、いまだに幅《はば》をきかせていますが、チャーチルにしてもブラウンにしても、その基準《きじゅん》に照《て》らせば〝落《お》ちこぼれ〟の部類《ぶるい》だったわけです。

子どもたちの可能性《かのうせい》は、もっともっと幅広く見ていくべきであり、あたら才能《さいのう》の芽《め》をつむようなことがあってはならない。ゆえに、私は若者たちに、こう訴《うった》えています。

われには　われのみの使命がある
君にも
君でなければ　出来ない使命がある
（「青年の譜」、『池田大作全集　第39巻』収録）

第七章

「触発《しょくはつ》」のドラマが結《むす》ぶ絆《きずな》

「シビレエイ」の力《ちから》の秘密《ひみつ》

リハーノフ　引き続き、いじめや不登校《ふとうこう》、人間の暴力性《ぼうりょくせい》や残酷性《ざんこくせい》の由来《ゆらい》などに、スポットを当ててみたいと思います。

そのさい、決《けっ》して忘《わす》れてならないことは、個性をつぶし、弱い者いじめをするというのは、大人《おとな》の世界の残酷さの反映《はんえい》だ、という点です。

たとえば、モスクワの初等《しょとう》・中等学校や職業専門学校の子どもたちの中には、麻《ま》薬《やく》を使《つか》っている者がいます。そして、麻薬に誘《さそ》い込《こ》むさい、よく暴力が使われています。そうやって、残酷さがどんどん蔓延《まんえん》していくのです。

根拠《こんきょ》もなく、残酷な行為《こうい》がとられることもあります。しかし、大人が自分自身に問《と》いかけたとき、大人の世界のリーダーが、一般の庶民《しょみん》を圧迫《あっぱく》していないと言えるのでしょうか？　不公平《ふこうへい》な法律《ほうりつ》、主観的《しゅかんてき》な取り調《しら》べや裁判《さいばん》——こんな例が少ないと言えるでしょうか？

大人の残酷さが、子どもの世界にどんどん侵入《しんにゅう》していますが、子どもの世界では、大人《おとな》の言葉や主義主張といった飾《かざ》りを取り去った、むき出しの暴力《ぼうりょく》が横行《おうこう》していま す。だから、子どもの世界は残酷《ざんこく》で、不公平《ふこうへい》なのです。

池田　大切な視点《してん》ですね。日本でも、地域によって差《さ》はありますが、中学生や高校生の間に、麻薬汚染《まやくおせん》が広がってきています。これなど、確実に大人社会の悪《あく》の反映《はんえい》です。子どもは、大人社会の〝鏡《かがみ》〟であるとの視点《してん》を欠《か》いたまま、いろいろな対応策《たいおうさく》を考えても、さしたる効果《こうか》は期待できないでしょう。弥縫策《びほうさく》（一時しのぎの取り繕《つくろ》い）か、せいぜい対症療法《たいしょうりょうほう》にとどまり、とうてい根本《こんぽん》療法たりえません。

根本的な対応策は、どんなに迂遠《うえん》のように見えても、子どもたちに信頼《しんらい》される大人社会であること、それによって、子どもたちとの信頼関係を築《きず》き上《あ》げることです。

リハーノフ　私の小学校時代の教師との間柄《あいだがら》が、まさにそのような信頼関係でした。

池田　古典的《こてんてき》な話になりますが、古代ギリシャで、アテナイの青年たちに対する信頼関係がなければ、何をやっても、うまくいくはずがありません。

ソクラテスの絶大《ぜつだい》な感化力《かんかりょく》を、人々が「シビレエイ」に譬《たと》えると、ソクラテスが、「シビレエイが、自分自身がしびれているからこそ、他人もしびれさせる」（「メノン」

藤沢令夫訳、『プラトンⅠ　世界古典文学全集　第14巻』所収、筑摩書房）と答えた、有名なエピソードがありますね。

親や教師は、まず、ソクラテスのように、自分が「正義」や「勇気」に〝シビレ〟ていなければいけません。もし、大人《おとな》たちが、そのように生きていれば、たんに口《くち》先《さき》だけではなく、「全身《ぜんしん》」で、「後《うし》ろ姿《すがた》」で、子どもたちへの励《はげ》ましのメッセージを送っていけるのです。〝シビレ〟ていない人に限《かぎ》って、かえって、子どもたちの成長を止めているものです。

もっとも、現在の日本の政治家の無《む》定見《ていけん》や、目をおおうばかりの官僚《かんりょう》の堕落《だらく》を見ていると、教育の場で「善《ぜん》」や「正義」を教えるのが、さぞかし難儀《なんぎ》であろうと、思わざるをえませんが……。

リハーノフ　しかし、「シビレエイ」のような感化力《かんかりょく》をもつ教師は、最近、とみに少なくなってきているように思えてなりません。

そうでなければ、不登校《ふとうこう》などという現象《げんしょう》がふえるはずがありません。それは、学校や先生に魅力《みりょく》がなくなっている証拠《しょうこ》です。

学校に対する恐怖心《きょうふしん》は、教師や仲間に対する恐怖心なのです。教師のことに関して言えば、教師は、子どもの運命《うんめい》を左右する大きな役割《やくわり》をもっています。

もし、教師が使命感《しめいかん》や子どもに対する愛情から教師になったのであれば、最高です。そのような教師は、ただたんに数学といった知識を教えるだけでなく、子どもの友だちとなり、保護者《ほごしゃ》となり、真の意味での人生の教師となるでしょう。

しかしながら、教師が、ただ機械的《きかいてき》に教えるだけの人間になっているケースが、あまりにも多すぎます。決まった項目《こうもく》を教えて、そのあとは教え子に質問をする。時には、尋問《じんもん》するかのように。悪い成績というのは、いわば父母に当てて書いた、子どもについての「密告《みっこく》」のようなものです。

池田　「密告」とは、思いきった表現ですね。しかし、教師という存在が、どれほど重要か。

私の恩師《おんし》である戸田先生は、偉大《いだい》な教育者でした。戸田先生は、牧口先生の教育理念《りねん》、精神の衣鉢《いはつ》を継いでおられたわけですが、その恩師の信念《しんねん》が、どんな劣等生《れっとうせい》でも優等生《ゆうとうせい》にしてみせる、というものでした。

恩師は、一九二三年、二十三歳の時に、小学校の訓導《くんどう》（正教員《せいきょういん》）をやめ、「時習学館《じしゅうがっかん》」という私塾《しじゅく》を開きました。そこで、夜間《やかん》、独自《どくじ》の教育方針《ほうしん》のもと、子どもたちを教えたのですが、そこで学《まな》んだ小学生たちは、ぐんぐん成長し、一流《いちりゅう》の志望校《しぼうこう》へ、どんどん進学《しんがく》していきました。その地域一帯《いったい》に、昼間《ひるま》の学校はダメで、夜の学校（時《じ》習学館《しゅうがつかん》）でなければダメだ、という評判《ひょうばん》がたち、市立の小学校の教師から、たいへんやっかみの目で見られたそうです。

事実、小学校の教育が、子どもを一定の鋳型《いがた》にはめこもうとする、型どおりの、無味乾燥《むみかんそう》なものであったのに対し、＊恩師《おんし》の教育方法は、子どもたちの好奇心《こうきしん》を刺激《しげき》し、学問の楽しさのなかから、一人一人《ひとりひとり》の創造性《そうぞうせい》を引きだす、水際《みずぎわ》だったものでした。

その一端《いったん》は、のちに創価学会の会長としての、絶妙《ぜつみょう》な会員指導のふしぶしからも、うかがい知ることができました。牧口先生といい、戸田先生といい、じつに偉大《いだい》な教育者でした。

おもしろさから学ぶことへ導入《どうにゅう》

リハーノフ　そのように子どもに奉仕《ほうし》する教師の姿《すがた》は、おそらくいずこの国にも見いだすことができるのではないでしょうか。そして、残念なことですが、悪い教師というものも万国共通《ばんこく》ですね。

教え子に悪い点数をつけるとき、はたしてそれは、たんに教え子だけにあたえられる評価《ひょうか》なのでしょうか。

それは、教師としての失敗《しっぱい》の証《あかし》でもあります。

つまり、教師の説明の仕方《しかた》が悪かったのです。教師が、繰《く》り返《かえ》して教えることを怠《おこた》ったということなのです。また、一人《ひとり》一人の子どもを見てあげるという責任を、感じていないということなのです。

こうした例は、あまりにも多すぎます。

教師を信頼《しんらい》するのではなく、敵《てき》として恐《おそ》れ、自分の存在を脅《おびや》かす脅威《きょうい》として感じてしまう子ども――やはり、子どもは子どもです！　――は、ダチョウ*のような現実逃避《とうひ》の行動をとり、砂《すな》に頭を隠《かく》すように、自分の殻《から》に閉《と》じこもってしまうか、学校をさぼってしまいます。

これは、教師と子どもの関係が、危機的《ききてき》になっていることを物語《ものがた》っています。悪い成績は、子どもが怠《なま》けずにもっと努力し、頑張るためのものだ、と言ってしまえばそれまでです。ただ、現実は、そう容易《ようい》に理想どおりにはいかないものです。

池田　それに加《くわ》えて、とくに日本では、不登校《ふとうこう》の原因として、学校や勉強が〝つまらないからだ〟という指摘《してき》もあります。

「一流《いちりゅう》」校、「一流」大学を出て、「一流」企業に就職《しゅうしょく》することを最高のコースとする、一元的《いちげんてき》な価値観《かちかん》が支配的《しはいてき》なため、すべてが、そこに集約《しゅうやく》されてしまいがちです。そのコースを歩《あゆ》むために、直接必要とはされないもの——たとえばスポーツや良書と親《した》しむこと、遊《あそ》びや友だちづきあいなど、青少年の健全《けんぜん》な成長に欠《か》かすことのできないものも、二の次、三の次にされてしまいます。

また、勉強にしても、試験に合格することが第一義とされているため、戸田先生が行ったような、おもしろさから学《まな》ぶことへ導入《どうにゅう》していくのではなく、どうしても、受験《じゅけん》のための〝ノウハウ〟（技術）にかたよってしまう。〝つまらない〟はずです。

なかには、生徒の想像力《そうぞうりょく》や創造性《そうぞうせい》をつちかうために、ユニークな方法を試《こころ》みる教師もいるのですが、今度は、親のほうが、押《お》しなべて歓迎《かんげい》しません。受験に役立つもの以外は無駄《むだ》だ、というわけです。

これでは、そのコースから外《はず》れた子どもは、全人格的価値まで傷《きず》つけられたように感じ、また、友情を育《はぐく》むべき友も、競争《きょうそう》相手として、蹴落《けお》とすべき存在となってしまいます。学校がつまらなくなって落《お》ちこぼれていってしまうのは、半ば当然《なか》でしょう。そこから、いじめや非行《ひこう》などの問題行動までは、一歩を余《あま》すのみです。

また、いわゆる〝優等生《ゆうとうせい》〟にしても、こうした一元的《いちげんてき》な価値観《かちかん》が支配的《しはいてき》ななかでは、無意味な優越感《ゆうえつかん》のとりこになりやすく、エリート意識の強い欠陥《けっかん》人間が、形成されがちです。

豊かさのなかの精神的な貧困《ひんこん》と飢餓《きが》

リハーノフ　そう。問題はまさにそこなのです。

前章で論じた「群《む》れ」は、アウトサイダー（部外者《ぶがいしゃ》）や落ちこぼれたちを集めるだけでなく、見せかけの優等生たちをも糾合《きゅうごう》していきます。それは、「群れ」をなす最大の目的が、他人を排除《はいじょ》することで感じる優越感にほかならないからです。

さて、こう考えてくると、「平和な時代」イコール「個々人の平和」とは言えません。社会が、一見平穏《いっけんへいおん》で豊かに見えるからといって、それがそのまま、自動的に人間関係を穏《おだ》やかにしてくれるわけではないからです。

むしろ物質的《ぶっしつてき》豊かさが増《ま》すにつれて、人間関係の複雑《ふくざつ》さ、むずかしさが増すことはあっても、減《へ》ることはないと言えるのではないでしょうか。

池田　そのとおりです。豊かさのなかの精神的な「貧困《ひんこん》」「飢餓《きが》」の問題は、先《せん》進国《しんこく》社会が共通してかかえている問題です。

一九九六年六月、アメリカの大統領選《だいとうりょうせん》を前に「ニューズ・ウィーク」誌が「アメリカの夢《ゆめ》——理想の社会はどこに」という企画《きかく》を載《の》せていました。その書き出しが、「うまくいっているのに、だれもが不満を持っている。それが私たちの時代のパラドックス（＝逆説《ぎゃくせつ》）だ」というのです。

経済的繁栄《はんえい》と個人の自由、労働条件、衛生状態《えいせいじょうたい》、社会保障《ほしょう》制度、人権、性《せい》、宗教などの差《さ》別《べつ》の改善《かいぜん》等、「一言でいえば、アメリカは非常に住みやすい国になった。にもかかわらず、国民は指導者をののしり、将来《しょうらい》を悲観《ひかん》している。政治家や経営者などの『知的《ちてき》エリート』に対しては、侮蔑《ぶべつ》と不信感《ふしんかん》をむき出しにしている」と。

リハーノフ　政治家には見えてこない新たな問題を、庶民《しょみん》は敏感《びんかん》に察知《さっち》していると、私も思います。

ところで、どうも物質的《ぶっしつてき》に豊かになっても、人間関係の残酷性《ざんこくせい》は薄《うす》らいでいかないようです。便利《べんり》さ、豊かさ、生活水準《すいじゅん》が、もし善良《ぜんりよう》さとか優《やさ》しさ、他人への思いやりといった資質《ししつ》に影響《えいきよう》をあたえ、人間関係をより穏《おだ》やかなものにしている場合でも、それは、むしろ間接的作用であって、もし直接的影響が認《みと》められる場合には、好《この》ましくない影響がほとんどです。

その一例として、残酷性について考えてみたいと思います。残酷性は、どこから生まれてくるのでしょうか。何《なん》のささやきなのでしょうか。一般に教養人《きようようじん》と見なされている人々が、家庭という社会から閉《と》ざされた空間《くうかん》で、かわいいはずのわが子に、突如《とつじよ》としてみせる野蛮《やばん》な態度《たいど》を、どのように説明すればよいのでしょうか。

池田　ドストエフスキーの小説（『カラマーゾフの兄弟』）の中で、イワン・カラマーゾフは、教養ある紳士《しんし》、淑女《しゆくじよ》と言われている人々が、いかに子どもに対して残虐《ざんぎやく》な行為《こうい》を働《はたら》くかを列挙《れつきよ》し、こんな台詞《せりふ》を口《くち》にします。

「じっさい、よく人間の残忍《ざんにん》な行為を『野獣のようだ』と言うが、それは野獣にとって不公平でもあり、かつ侮辱《ぶじよく》でもあるのだ。なぜって、野獣は決して人間のように残忍《ざんにん》なことはできやしない。あんなに技巧的に、芸術的に残酷《ざんこく》なことはできやしない」（『カラマーゾフの兄弟 上』、『ドストエーフスキイ全集 12』〈米川正夫訳〉所収、河出書房新社）と。

最初はこれを、人間の残酷さを表《あらわ》すレトリック（修辞《しゅうじ》）かと思っていたのですが、よく考えてみると、レトリックでも何《なん》でもありませんね。他の動物の場合は、同一種《どういっしゅ》のうちでは、ケンカなども一定の歯止《はど》めがかかっていて、殺《ころ》しあいまではいきません。狼《おおかみ》などのような凶暴《きょうぼう》な野獣《やじゅう》でも、負けたほうはスゴスゴと退散《たいさん》していくだけで、命《いのち》まではとられないでしょう。

ところが、人間は、この歯止めがかかっていないので、戦争のような大暴力《だいぼうりょく》から、いじめのような小暴力まで、平気《へいき》で殺しあいにまでいたってしまいます。たしかに「野獣のようだ」というのは、不公平《ふこうへい》であり、野獣に対する侮辱《ぶじょく》かもしれません。

文化を律《りっ》するのは〝内発的《ないはってき》な精神性〟

リハーノフ　動物の残忍性は、そのほとんどが本能的《ほんのうてき》で、瞬間的《しゅんかんてき》な激発《げきはつ》なのでしょう。人間の場合は、残忍《ざんにん》な感情が継続《けいぞく》し、執拗《しつよう》に凝《こ》り固《かた》まっていくので、動物よりも手に負《お》えません。

ここで、フロイトの＊「ある幻想《げんそう》の未来」という論文《ろんぶん》を引用《いんよう》させてください。曰《いわ》く、

「殺人とか近親相姦《そうかん》などはとてもできそうもないくせに、別に罰せられはしないということが分かれば、自分の物欲《ぶつよく》、攻撃衝動《こうげきしょうどう》、性欲などを満足させてはばからず、嘘や詐欺《さぎ》や中傷で他人を傷つけることを平気でする文化人種はそれこそ数えきれないし、おそらくこれは、人類が文化を持つようになっていらいずっと長くつづいてきた状態なのだ」（『フロイト著作集　第三巻』〈高橋義孝他訳〉所収、人文書院）と。

これを裏付《うらづ》けるかのような、もう一つの思索《しさく》がここにあります。

「すなわちわれわれは、大多数の人々が外的な強制を加えられてはじめて――つまり、外的な強制が実効を持ち、ほんとうに外的な強制が加えられる心配がある場合にだけ――文化の側からのこの種の禁令に服従していることを知って、意外の感に打たれ、また憂慮に満たされるのだ」（同）

しかし、人間を、そして文化、文明《ぶんめい》、道徳を律《りつ》しているのは、本当に恐怖《きょうふ》だけなのでしょうか？

池田　「ある幻想《げんそう》」とは、宗教のことですが、それにしてもフロイトらしいというか、いかにも陰鬱《いんうつ》で、ペシミスチック（悲観的《ひかんてき》）な断定《だんてい》ですね。
私は、文化や文明《ぶんめい》、道徳――それに宗教を加《くわ》えたいと思います――を律《りつ》しているいちばん大切な要因《よういん》は、〝内発性《ないはっせい》〟〝内発的な精神性〟にあると信じています。だから、フロイトのように、「外的《がいてき》な強制《きょうせい》」に対する恐怖《きょうふ》、すなわち他律的《たりつてき》な規範《きはん》にのみ、それを求めるのには、反対です。
たしかに、そうした側面《そくめん》もあり、たとえば、青春期以降《いこう》の暴力《ぼうりょく》に対しては、刑法《けいほう》による対応《たいおう》を余儀《よぎ》なくされる場合もあるでしょう。しかし、あくまでも、必要悪《ひつようあく》にすぎず、その場合も「刑は刑無《な》きに帰《き》す」という理念《りねん》だけは、忘《わす》れてはならないと思います。
リハーノフ　おっしゃることの趣旨《しゅし》は、よくわかります。
池田　私は、この精神分析《ぶんせき》の創始《そうし》者《しゃ》が残《のこ》した巨大《きょだい》な業績《ぎょうせき》を、いささかも軽視《けいし》するつもりはありません。とくに「無意識」という広大な世界の発見などは、ここでは論及《ろんきゅう》しませんが、仏教の唯識《ゆいしき》＊哲学と多くの点で通《つう》じており、画期的《かっきてき》な意義《いぎ》をもつと言えるでしょう。

しかし、それが、今まで神聖視《しんせいし》されてきた意識や理性の仮面《かめん》をはぎ、相対化《そうたいか》しようとするあまり、人間の〝内発的《ないはってき》な精神性〟が身《み》にまとってきた意志や理想、さまざまな道徳的価値《かち》などを矮小化《わいしょうか》、無力化《むりょくか》しがちな点については、端的《たんてき》に言って、フロイト本人というよりも、フロイディズム（フロイト学説《がくせつ》）の弊害《へいがい》であると思っています。

リハーノフ　その傾向《けいこう》はいなめませんね。

もう少し、フロイトについて続けたいと思います。周知《しゅうち》のようにフロイトは、外《そと》から加《くわ》えられる強制力《きょうせいりょく》とか、社会的規範《きはん》を犯《おか》すことに対する恐怖心《きょうふしん》は、しだいに人格の内部に浸透《しんとう》し、「超自我《ちょうじが》」＊の一部を構成すると主張しています。外的《がいてき》強制力だと思っていたものが、いつのまにか、個人の道徳観とか信念《しんねん》、社会性になっていくというのです。

そうなれば、これはもう、罰《ばつ》を受けることや人に知られることに対する恐《おそ》れではなく、内的信念に昇華《しょうか》したことになります。

池田　そうですね。そこに、信念という微妙《びみょう》な言葉を使ってよいかどうか、多少の逡巡《しゅんじゅん》を感じます。

リハーノフ　ところが、フロイトも立証《りっしょう》しているように、このような道徳性は、だれでも、どこでも、そして、いつでも達成《たっせい》できるわけではありません。道徳的人間が、道徳的に生きるのは簡単《かんたん》です。なぜなら、彼の「超自我《ちょうじが》」は、彼の道徳的行動と調和《ちょうわ》しているからです。道徳的人間にとっては、非道徳的に生きるのは苦《くる》しいのです。ここが肝心《かんじん》な点です。

同様のことが、非道徳的人間についても言えます。ただし、裏返《うらがえ》しでです。彼は、「道徳的」というベールをかぶって行動しますが、真実の彼、つまり「自我」は、そのベールとは調和していません。だから、彼は、卑屈《ひくつ》にまた卑劣《ひれつ》に振《ふ》る舞《ま》うし、彼にとっては、道徳的に生きるのが苦しいのです。いろいろな規則《きそく》が、どうしても「超自我」に刷《す》り込《こ》まれないからです。外見《がいけん》は、十分《じゅうぶん》、教養人《きょうようじん》として振る舞えても、文化を「超自我」に内在化《ないざいか》できないでいる状態《じょうたい》です。

池田　いわゆる二重人格《にじゅうじんかく》ですね。イワン・カラマーゾフがやり玉《だま》にあげている例――五つになる女の子がちょっとした粗相《そそう》をしたのをとがめ、死ぬほどの折檻《せっかん》を加《くわ》え、嗜虐的《しぎゃくてき》な快感《かいかん》にひたっているような、「教養ある紳士《しんし》、淑女《しゅくじょ》」である両親など、その典型《てんけい》かもしれません。

教師の人間的敗北《はいぼく》は、子の命《いのち》にかかわる

リハーノフ　新聞にこんな記事が掲載《けいさい》されました。教室で、ある女の先生が、教え子である十二歳の男の子を何かの理由でとがめ、みんなの見ている前で、その子の顔を叩《たた》きました。その子には、お父さんもお母さんもいるのですが、両親に助けを求めようとすることをしないで、森で首《くび》を吊《つ》って自殺《じさつ》してしまいました。

ジャーナリストたちは、事情を究明《きゆうめい》しようとして、このクラスの子どもたちに、この教師のふだんの振《ふ》る舞《ま》いについて尋《たず》ねたところ、それまでは知られていなかった事実が、明るみに出ました。

子どもたちによると、この先生はしょっちゅう怒鳴《どな》るし、えこひいきして、一部の教え子たちを、露骨《ろこつ》にきらっていたというのです。両親は、行政的《ぎようせいてき》な処分《しよぶん》を求め、この教師は解雇《かいこ》されました。

池田　日本では、体罰《たいばつ》は学校教育法によって禁止《きんし》されているのですが、しばしば、新聞だねになります。

もっともよくない点は、教師の側《がわ》の人間的未熟《みじゅく》、こらえ性《しょう》のなさから起《お》きた、衝《しょう》動的《どうてき》な場合であり、教育的効果《こうか》などとは裏腹《うらはら》の〝弱い者いじめ〟のたぐいであるときです。これらは、人間の敗北《はいぼく》以外のなにものでもありません。

リハーノフ　教師が、人間として敗北したときの対価《たいか》は、あまりにも高価《こうか》です。子どもの命《いのち》を代償《だいしょう》にしてしまうのですから。

先ほどの事例《じれい》では、一応《いちおう》これで、問題は解決したことになったのですが、根《ね》っこは残《のこ》されたままです。まず、事件に立ち入るまでもなく、教師は罰《ばっ》せられるべきだというのは、疑《うたが》う余地《よち》がありませんが、解雇《かいこ》という行政処分《ぎょうせいしょぶん》だけでよかったのでしょうか。行政的な処分にしても、他の学校でふたたび教壇《きょうだん》に立つことのないよう、教師の資格《しかく》を剥奪《はくだつ》することが最低限必要ですし、さらに言えば、刑事《けいじ》事件として法《ほう》廷《てい》で裁《さば》かれるべきです。

いずれにしても、この事件をめぐる心理《しんり》鑑定《かんてい》を行うべきだったと考えます。この少年は、なぜ両親に助けを求めなかったのか？　わかってもらえないと思ったのか？　両親が子どもにとって、十分《じゅうぶん》な理解者、そして、弁護者《べんごしゃ》、擁護者《ようごしゃ》になりえていなかったのか。

少しくらい子どもの理解ができていなかったからといって、そんな些細《ささい》なことで、責任を問《と》うわけにはいかない、と人は言うかもしれません。しかし、まさにこのために、子どもたちが死んでいくことを忘《わす》れてはなりません。

池田　まさに、現実の問題です。

リハーノフ　ええ。また、この女性教師のほうですが、彼女は大人《おとな》であり、仮《かり》にも子どもたちを教育する責務《せきむ》を、みずから引き受けた人間なのだから、えこひいきなど、もってのほかです。

ともかく、教室という閉《と》ざされた場所での、彼女の長年《ながねん》の振《ふ》る舞《ま》いは、完全にフロイトの方程式《ほうていしき》に合致《がっち》しています。

つまり、外側《そとがわ》は教養《きょうよう》をまとっているが、中身《なかみ》は自堕落《じだらく》な人格で、一定の心理《しんり》テストをやってみると、まったく学校で働《はたら》くのには不適当《ふてきとう》というタイプです。

池田　フロイトの理論のもつ決定論的性格を、私はあまり好《この》みませんが、それが、かなりの部分で妥当性《だとうせい》をもっていることは、実証的《じっしょうてき》に明らかにされているようですね。

人間は善性《ぜんせい》と悪魔性《あくませい》をあわせもつ存在

リハーノフ　なぜ、ある人は卑劣《ひれつ》に振《ふ》る舞《ま》い、ある人はそうではないのでしょうか。教育だけの問題でしょうか。なぜ人は、とくに子どもには、善人《ぜんにん》と悪人《あくにん》を見分《みわ》けられないのでしょうか。

また、一見《いっけん》、礼儀《れいぎ》をわきまえているような大人《おとな》たちが、社会の目の届《とど》かない自分の家の中だと、ずいぶん傍若無人《ぼうじゃくぶじん》になり、自分の子どもに対して、家長《かちょう》の特権《とっけん》を振りかざしたりするのでしょうか。

教師が、他の大人たちの目の届かない閉《と》ざされた教室で、生徒に向かって同様に傍若無人ぶりを発揮《はっき》して、何《なん》とも思わないのは、なぜなのでしょうか。

残酷性《ざんこくせい》の根《ね》っこは、デプリベイション（欠乏状態《けつぼうじょうたい》）とか、「超自我《ちょうじが》」とかの領域《りょういき》での分析《ぶんせき》をまたざるをえない問題のように思われます。

池田さん、あなたはこれについてどのようにお考えでしょうか？

池田　先ほど、道徳的人間、非道徳的人間ということを言われましたが、私は、先天的《せんてんてき》、あるいは先験的《せんけんてき》に、人間をそのように区分《くわ》けすることは、できないと思います。

人間は、善性《ぜんせい》と悪魔性《あくませい》をあわせもつ存在であって、「縁《えん》」によって善性が顕在化《けんざいか》してくる場合もあれば、逆に悪魔性が、わがもの顔に跳梁跋扈《ちょうりょうばつこ》する場合もあります。

そのさい、仏教的な観点《かんてん》からいちばん大事なことは、この「縁」が、外《そと》からばかりあたえられるのではない、ということです。

この対談の冒頭《ぼうとう》で、「縁起《えんぎ》」について若干《じゃっかん》ふれましたが、「縁起」を正確にいうと、「因縁生起《いんねんせいき》」を意味します。

たとえば、先生を「因」とすれば、生徒は、「縁」であり、両者が和合《わごう》すれば、当然そこに善性が生起してくるでしょう。

しかし、経験からも明らかなように、和合がすんなりとなることは、むしろまれで、「因」が善《よ》くても、「縁」が悪い場合もあるし、逆に「因」のほうに問題がある場合もある。それゆえ、和合を実現するには、たがいに忍耐強《にんたいづよ》い努力や、勇気ある挑戦《ちょうせん》が不可欠《ふかけつ》であり、その結果、和合、すなわち真の信頼《しんらい》関係という善性が生起してくるわけです。

その過程《かてい》では、幾多《いくた》の「触発《しょくはつ》」のドラマが、展開《てんかい》されるにちがいありません。そして、そこから生起《せいき》してくる善性《ぜんせい》が、優《すぐ》れて〝内発的《ないはつてき》〟なものであることは、論《ろん》をまちません。

リハーノフ　興味深《きょうみぶか》いですね。

池田　精神分析学《ぶんせきがく》や心理学《しんりがく》が勝ちとってきた成果に十分敬意《じゅうぶんけいい》を表しつつも、私が、ただ一点、気にかかると同時に、要望《ようぼう》したいことは、人間精神の探究《たんきゅう》は、この〝内発的《ないはつてき》な精神性〟を育《はぐく》み、薫発《くんぱつ》させる方向での働《はたら》きかけであってほしい、ということです。

「入魂《にゅうこん》」と「和気《わき》」と「触発」

池田　文学作品に範《はん》をとれば「因縁生起《いんねん》」をいろどる「触発」のドラマが、もっともドラマチックに展開されているのが『レ・ミゼラブル』*の中の、ジャン・ヴァルジャンと警視《けいし》ジャヴェルの葛藤《かっとう》でしょう。

私は、少年のころ、「善」の道を必死《ひっし》に生きようとするジャン・ヴァルジャンを、蛇《へび》のように執念深《しゅうねんぶか》く追《お》い回《まわ》すこの冷酷《れいこく》な警視《けいし》が、憎《にく》らしくてたまりませんでした。その分、ジャン・ヴァルジャンの「善《ぜん》」の心が、ついに残酷無比《ざんこくむひ》なジャヴェルの心を打ち負かすくだりは、まばゆいばかりの光彩《こうさい》を放《はな》っていました。

ジャヴェルの心境《しんきょう》を、ユゴーは、こう綴《つづ》ります。

「彼の最大の苦悶は、この世に、確実なものがなくなったということだった。彼は自分という人間が根こそぎにされたのを感じた。（中略）彼は暗黒のなかに、まだ知らなかった道徳の太陽が恐ろしくのぼってゆくのを見た。それは彼をおびえさせ、彼を眩惑《げんわく》させた。彼はまさしく、鷲《わし》の目をもつことをしいられた梟《ふくろう》だった」（齋藤正直訳、潮出版社）と。

リハーノフ　そのとおりです。

池田　さて、あなたが引用されたフロイトの論文《ろんぶん》「ある幻想《げんそう》の未来」は、「ある幻想」、つまり宗教の未来を論じ、その幻想性をはぎとることを、趣旨《しゅし》としたものでした。

その中で、彼は、自分以外のものに頼《たよ》らず、自分の力《ちから》を正しく使《つか》うべきだと強調します。そして、「氷河時代いらい科学は、人類に多くのことを教えてくれたし、今後とも人類の力《ちから》をいっそう増大してくれることだろう」（『フロイト著作集 第三巻』〈高橋義孝他訳〉所収、人文書院）と述《の》べ、宗教に代《か》わる支《ささ》えを、科学に求めていました。

周知《しゅうち》のように、その後の近代科学の歩《あゆ》みは、フロイトの言う意味での人間の支《ささ》えには、とうていなりえないことを明らかにしたと言っても、過言《かごん》ではないでしょう。

ゆえに、私は、真実の宗教こそ、善《よ》く生きようとする人々の「入魂《にゅうこん》」と「和気《わき》」と「触発《しょくはつ》」のドラマの、よき演出者《えんしゅつしゃ》とならねばならないと、深く期《き》しています。

リハーノフ　じつは無神論的《むしんろんてき》世界観は、わが国には、もう生きていないのです。

ですから、池田さん！　私にとっては、博識《はくしき》の方であり、偉大《いだい》な仏法の実践者《じっせんしゃ》であるあなたの世界観、人間観がとても大事なのです。

第八章

傷《きず》ついた心を癒《いや》す

〝励《はげ》ましの社会〟へ

子《こ》どもの暴力《ぼうりょく》が引《ひ》き起《お》こす悲劇《ひげき》

リハーノフ　幼《おさな》いころの体験というものは、その後の人格形成に、意外《いがい》と深く根《ね》を下《お》ろすものです。

たとえばある時、何《なん》らかの状況《じょうきょう》で、両親が小さい子どもに意地《いじ》悪いことをしていたとします。子どもは時間がたつにつれて、しだいにそのことの記憶《きおく》が薄《うす》れ、やがては忘《わす》れてしまいますが、その子の心の中にある天秤《てんびん》が、両親に対する負《ふ》の目盛《めも》りに振《ふ》れているとでも表現すればいいでしょうか、ある種《しゅ》の恨《うら》みが、意識下に残《のこ》ってしまいます。

それが、いずれ子どもが大きくなって成人《せいじん》するころに、乱暴《らんぼう》さとなって、時折《ときおり》、顔をのぞかせるようになります。両親のちょっとした言葉とか、笑い方が気に入らないといった理由で、またはまったく理由もなく、突然《とつぜん》、攻撃的《こうげきてき》になったりします。

池田　一九九六年、日本でも悲惨《ひさん》な事件が起きました。最高学府《がくふ》を出た、まじめで温厚《おんこう》な人柄《ひとがら》の父親が、十四歳の息子《むすこ》の暴力に耐《た》えかねて、金属《きんぞく》バットでなぐり殺《ころ》してしまった事件です。

不登校《ふとうこう》から始まった家庭内暴力《ぼうりょく》は、しだいに激《はげ》しさを増《ま》し、カウンセラーとも相談して、母親と長女は別居《べっきょ》、父と子だけの生活をしていました。息子《むすこ》の言うことを受け入れ、趣味《しゅみ》を共有《きょうゆう》しようとエレキギターを習《なら》うなど、あらゆる手だてを講《こう》じましたが、暴力はエスカレートするばかり。とうとう思いあまって、殺人《さつじん》におよんでしまったのです。

もちろん、報道からうかがい知るだけで、その一家の過去に何があったのか、くわしいことはわかりませんが、少なくとも、〝鬼《おに》のような〟両親ではなかったことで、大きな波紋《はもん》を呼《よ》びました。

リハーノフ　そのような悲劇《ひげき》は、ロシアでも現実に起《お》こっていますが、この種《しゅ》の事件の心理分析《しんりぶんせき》はあまり行われておりません。このような分析は、教師や医師が取り組む専門的なものでよいと思います。

あなたが今語《かた》られたような殺人は、すでに進行《しんこう》した事態《じたい》の結果です。最初の兆候《ちょうこう》は、悲劇的結末《ひげきてきけつまつ》を迎《むか》えるずっと以前に、日常のなかで、行き過《す》ぎた言葉や行動として表《あらわ》れているはずです。

そういう乱暴《らんぼう》な行動は、きまって理屈《りくつ》に合っていないものです。心の底《そこ》に沈澱《ちんでん》したアンバランスが原因だからです。両親に暴言《ぼうげん》を吐《は》くことで逆に安心し、また、後《こう》悔《かい》したりさえします。

この暴発《ぼうはつ》のような行動は、理解しがたい、説明しがたいと感じる人が大半《たいはん》でしょう。ところが、じつは説明がつくばかりか、生《お》い立《た》ちのなかで、どのような人間関係を経験してきたかを知ることによって、ある程度《ていど》、予測《よそく》も可能《かのう》です。

池田　この父親の場合、カウンセラーに相談したところ、抵抗《ていこう》すると、それ以上の暴力《ぼうりょく》を誘発《ゆうはつ》するので、子どもの言うことは受け入れ、逆《さか》らってはいけない、と指《し》示《じ》されていたというのです。この点が、日本でもさまざまに論議《ろんぎ》を呼《よ》びました。

子どもの理不尽《りふじん》な暴力には、体を張《は》ってでも対決すべきだ、いやそれは小さい時なら可能だが、十四、五歳になってからの暴発では不可能だ、また家庭内の対応《たいおう》では限界《げんかい》があり、社会的な救済《きゅうさい》システムを考えるべきだ、等々です。もちろん、このカウンセラーも、生い立ちに何《なん》らかの分析《ぶんせき》を加《くわ》えて対応策を案出《あんしゅつ》したのでしょうが、実際は、暴力の火に油《あぶら》を注《そそ》ぐ結果にしかならなかった。現実には、いろいろと対応策を講《こう》じても、〝小さな暴力〟は、ふえる一方です。じつに複雑《ふくざつ》でやっかいな問題です。

大人《おとな》の悪い手本《てほん》が子どもの残酷性《ざんこくせい》の源《みなもと》に

リハーノフ　どの悲劇《ひげき》をとっても、ほとんどが親子関係に端《たん》を発《はっ》しています。親の子どもに対する、また自分自身に対するほんのささいな過《あやま》ちも、その家庭の歴史となって残《のこ》っていくものです。

たいていの場合、子どもの残酷性の源は、親にあります。子どもは、良いことも悪いことも、大人のまねをして育《そだ》っていきます。たとえ、大人の見せた悪い手本が、ほんのわずかなものだったとしても、安心はできません。悪い手本とよい手本が、同じ比率《ひりつ》で、子どもに伝わるとは限《かぎ》らないからです。一粒《ひとつぶ》の悪《あく》でも、子どもの中で巨大《きょだい》にふくれあがるのには十分《じゅうぶん》です。そして、ある日突然《とつぜん》、肥大化《ひだいか》した悪が周囲《しゅうい》を驚《おどろ》かせたりします。

この不意《ふい》の落《お》とし穴《あな》はまた、文学の永遠《えいえん》のテーマでもありますね。この解《と》けない謎《なぞ》を解こうとして、なんと数多くの名作が誕生《たんじょう》したことでしょうか。

池田　ジャン・コクトー*の『恐るべき子供たち』*などはその書名《しょめい》からして、すぐに思い起《お》こされます。姉《あね》と弟《おとうと》が、愛と憎《にく》しみが交錯《こうさく》するなか、悪魔的《あくまてき》な力《ちから》に吸引《きゅういん》されるように破局《はきょく》へと誘《いざな》われていく様《さま》は、古典的《こてんてき》な悲劇《ひげき》を思わせるような彫琢《ちょうたく》された人間群像《ぐんぞう》を、鮮《あざ》やかに抽出《ちゅうしゅつ》しています。

もう一つ忘《わす》れられないのが、ヘルマン・ヘッセ*の『デミアン』*です。その冒頭《ぼうとう》は、両親と姉たちに囲《かこ》まれて、何一つ不自由のない良家《りょうけ》の男の子が、年長《ねんちょう》の悪友《あくゆう》のたくらみにはまって、悪の道へ引きこまれていくシーンで始まります。弱味《よわみ》をにぎった悪友から金を強要《きょうよう》され、両親に隠《かく》れて持ち出そうとする秘密《ひみつ》、その秘密を抱《いだ》き続ける戦慄《せんりつ》——。ヘッセは続けます。

「ぼくが歩み入ったとき、父がぼくのぬれた靴のことにこだわったのは、ぼくにとって好都合だった。そのために話がそれた。父はそれよりもっと悪いほうのことに、気がつかなかった。そしてぼくは内心、小言《こごと》をあのもうひとつのことに関係させながら、それをがまんすることができたのである。同時に、ある妙に新らしい感情が、心のなかにきらめいた。さかばり〔逆針〕をいくつもふくんだ、たちの悪い、しんらつな感情である。つまり、ぼくは父に対して優越感をいだいたのだ。ぼくはほんの一瞬、父の無知に対して、一種のけいべつを感じた。（中略）それはいやな、うとましい気持だった。しかし強いうえに、深い魅力《みりょく》をもっていた。そしてぼくを、あらゆるほかの想念よりもかたく、ぼくのひみつ、ぼくの罪過にしばりつけてしまった」（実吉捷郎《さねよしはやお》訳、岩波文庫）

子どもたちの世界にも、いかに悪《あく》が深く根《ね》を張《は》り、暗《くら》い闇《やみ》の境域《きょういき》が広がっているかということが、強い説得力《せっとくりょく》をもって迫《せま》ってきます。フロイトならきっと、〝エディプス・コンプレックス〟*論《ろん》の素材《そざい》として、メスを振《ふ》るうことでしょう。

リハーノフ　フロイトが必《かなら》ずしも間違《まちが》っているわけではありません。無意識は時に、故意《こい》の否定的行為《ひていてきこうい》の背景《はいけい》となっている場合があります。

池田　前章にて、私は、フロイトならびにフロイディズム（フロイト学説《がくせつ》）のあり方について、少々注文《ちゅうもん》をつけました。それは、フロイディズムには、無意識の世界を重視《じゅうし》するあまり、意識の働《はたら》きを軽視《けいし》する傾向《けいこう》、すなわち、理性や意志力を働かせるのは徒労《とろう》であり、物事《ものごと》は、それ以前のどろどろした得体《えたい》の知れない力《ちから》によって、ほとんど決定されてしまっているかのような考え方を生む傾向があるのではないか、ということです。

とはいえ、私は、無意識の広大な世界を発見し、計《はか》り知《し》れない影響《えいきょう》をあたえたフロイトの功績《こうせき》を、軽視《けいし》するつもりはありません。

われわれのテーマに即《そく》して言えば、子どもといえども、生まれつき、天使《てんし》のように純粋無垢《じゅんすいむく》なわけでは決《けっ》してなく、それぞれが、とくに両親との性愛的《せいあいてき》関係にまつわる「過去」を背負《せお》っていることを解明《かいめい》しました。子どもを、〝神聖視《しんせいし》〟する、いわゆる「子ども神話《しんわ》」のベールをはぎとったことの画期的《かっきてき》意義《いぎ》は、否定《ひてい》しようがないでしょう。

仏教では、その「過去」を、出生《しゅつしょう》以前にまでさかのぼり、三世《さんぜ》にわたる「宿業論《しゅくごうろん》」として展開《てんかい》しています。ともあれ、親子関係といっても、「子ども神話」を絵に描《か》いたような、愛情につつまれたものはむしろまれです。現実には、たがいにさまざまな宿業を背負っているとしか言いようのない、愛憎《あいぞう》のドラマが繰《く》り返《かえ》されています。

リハーノフ　マーク・トウェイン*が、おもしろいことを言っています。「おじいさんよ！　おばあさんよ！　孫《まご》を愛しなさい。なぜなら、孫だけが、あなた方の子

どもに対して復讐《ふくしゅう》することができるからだ」と。（笑い）

池田　痛烈《つうれつ》な皮肉《ひにく》ですね。『トム・ソーヤーの冒険』や『ハックルベリー・フィンの冒険』を書いていた時代ではなく、暗《くら》く、悲観的《ひかんてき》な人生観におちいっていた、文豪《ぶんごう》の晩年《ばんねん》の言葉でしょう。

リハーノフ　冗談《じょうだん》はともかく、復讐心というものは、往々《おうおう》にして説明のつかない意識下の性質を帯《お》びているようです。これが残酷性《ざんこくせい》の、もう一つの背景《はいけい》です。

池田　そうですね。さらに言えば、仏教の「宿業論《しゅくごうろん》」は、「無意識」や「集合的《しゅうごうてき》＊無意識」の深みをふまえたうえで、どう善性《ぜんせい》を掘《ほ》り起《お》こしていくかに焦点《しょうてん》を当てているのです。

虐待《ぎゃくたい》され捨《す》てられる子どもたち

リハーノフ　ここでもう一点、子どもたちの正常な成長のために、ぜひ直視《ちょくし》しなければならない、ある特殊《とくしゅ》な状況《じょうきょう》が存在します。譬《たと》えるならば、〝残酷性〟という名のコウモリが、そのかたい羽《はね》を広げて、暗《くら》い、人目《ひとめ》のない隠《かく》れた場所で、人の心を支配《しはい》しているかのような状況《じょうきょう》です。

その典型《てんけい》が、また最悪《さいあく》の形が、家庭内の子どもに対する性的虐待《せいてきぎゃくたい》です。そのほとんどのケースは、義父《ぎふ》によるものです。このような性的攻撃《こうげき》は、あたかも母親が自分の安心の場を持つことの――それもかなり疑《うたが》わしいものなのですが――、まがりなりにも家庭を持つことの代償《だいしょう》として、子どもたちに加《くわ》えられます。

ロシアでは、このような犯罪的《はんざいてき》児童虐待が、ますますふえています。その背景《はいけい》には、家庭の崩壊《ほうかい》を恐《おそ》れるあまり、こうした問題が、隠《かく》されたままになっているからなのです。

ここ数年のロシアで特筆《とくひつ》すべきは、暴力《ぼうりょく》と犯罪のいまだかつてない増加《ぞうか》です。わが国を表面的《ひょうめんてき》にしか知らない人々は、民主主義の兆候《ちょうこう》を歓迎《かんげい》したりしていますが、はっきり言って、ロシアは、偽《いつわ》りの民主主義です。

犯罪で、いちばん取りざたされるのが、実業家《じつぎょうか》を狙《ねら》ったビジネスマン殺《ごろ》しです。もっとも、殺されたほうも、どこかで汚《きたな》いことに手を染《そ》めていたり、みずから犯罪とか、汚職構造《おしょくこうぞう》の一翼《いちよく》を担《にな》っていたりすることも、多いようなのですが。

池田　ペレストロイカで脚光《きゃっこう》を浴《あ》びた、*ルイバコフの名著《めいちょ》『アルバート街の子供たち』で、主人公《しゅじんこう》が、流刑地《るけいち》で自問《じもん》する言葉は印象的《いんしょうてき》です。「そもそも道徳とはなんなのだろうか？　レーニンは、プロレタリアートの利益にかなうものが、道徳的なのだと述べている。しかし、プロレタリアも人間であり、プロレタリアのモラルも人間のモラルであることには変わりない。雪のなかの子供を見捨てることは、非人間的な行為であり、つまり非倫理的な行為ということになる。他人の生命を犠牲にして、自分の生命を救うことも、非倫理的なことなのだ」（『アルバート街の子供たち 2』長島七穂訳、みすず書房）と。

たとえば、「雪のなかの子どもを見捨てる」という、だれが見ても非人間的行為《こうい》であっても、プロレタリアート（労働者階級《かいきゅう》）の利益になるものなら、それが「善《ぜん》」であるとされてきた。こんな極論《きょくろん》というか不条理《ふじょうり》が、大手《おおで》を振《ふ》ってまかり通ってきたのですから、それを強制《きょうせい》していた力《ちから》（暴力《ぼうりょく》）が取り除《のぞ》かれてしまえば、価値観《かちかん》は混乱《こんらん》し、収拾《しゅうしゅう》のつかない混乱を招《まね》いてしまうでしょう。

リハーノフ　ええ。ところが、子どもの人身売買《じんしんばいばい》など、民主主義どころか野蛮《やばん》としか言いようのない事件には、だれも真剣に取り組もうとはしません。

そのような子どもたちは、ほとんど行方《ゆくえ》不明のままになってしまいます。また数多くの子どもが、家庭や施設《しせつ》から逃《に》げ出《だ》して浮浪児《ふろうじ》になっています。さらには捨《す》て子《ご》の数が、一九九四年に十一万五千人増加《ぞうか》し、一九九五年にはさらに十万人近くふえました。この数字は、戦時中の状態《じょうたい》に匹敵《ひってき》するものです。

池田　先日も、ある外電《がいでん》が報《ほう》じていました。ロシア人にとって、捨て子（ベスプリゾールニキー）は、一九一七年のボルシェビキ革命から続く、国内戦争時の社会の大混乱《だいこんらん》を連想《れんそう》させる現象《げんしょう》であったが、一九九一年のソ連崩壊《ほうかい》で到来《とうらい》した経済危機《きき》で、ぼろぼろの洋服を着せられた子どもたちがどこでも見られるようになったため、この言葉にきわめて現代的な意味をもたらした——と。

総裁《そうさい》のご心痛《しんつう》、ご苦労《くろう》は察《さっ》するにあまりあります。

絶望感《ぜつぼうかん》と精神の空白《くうはく》をどう埋《う》めていくか

リハーノフ　浮浪児の数は、二百万人以上にものぼるのです。私は、このような社会崩壊の原因を、ぜひとも究明《きゅうめい》しなくてはならないと思っております。経済的混乱が背景《はいけい》にあるのは言うまでもありません。

ただ私が真に憂《うれ》えるのは、今、野《の》ざらしで愛情を知らずに育《そだ》っている無数の子どもたちが大きくなったとき、彼らが、自分たちの生存《せいぞん》の権利を主張して街頭《がいとう》に繰《く》り出《だ》したときのことです。その時こそ、ロシアが想像《そうぞう》を絶《ぜつ》する最悪《さいあく》の事態《じたい》を迎《むか》えてしまうのではないかと。

少し本題《ほんだい》からそれてしまいましたが、傷《きず》ついた子どもの心、その絶望感《ぜつぼうかん》と精神の空白《くうはく》をどう埋《う》めていくべきかについて、語《かた》りあいたいと思います。

義理《ぎり》の父に性的虐待《せいてきぎゃくたい》を受けた、ある少女の場合です。その父親は、彼女を言いくるめたのか、誘惑《ゆうわく》したのか、それとも脅《おど》したのか、いずれにしても、少女のほうはだれにもそれを打ち明《あ》けようとはせず、お母さんにも何も言えないでいました。もっと悪いことに、お母さんは知っていて、苦《くる》しみ、泣《な》いていたのですが、家庭内のもめごとを警察《けいさつ》に訴《うった》えることができなかったのです。そうなれば、夫《おっと》は法律《ほうりつ》で裁《さば》かれることになり、つまりは自分の身《み》にもふりかかると考えたからです。

池田　日本では、この種《しゅ》の問題は、アメリカなどに比《くら》べると、格段《かくだん》に数が少ないようにも見えます。しかし、最近では、児童相談所などを通《つう》じて、徐々《じょじょ》に実態《じったい》が知られるようになり、社会的注目《ちゅうもく》を集めつつあるようです。

リハーノフ　そうですか。いずれにせよ、大人《おとな》たちが自分の気休《きやす》めに、この少女のために何をしてあげようと、彼女の心は癒《いや》されることはありません。たとえ、彼女の秘密《ひみつ》はかたく守られ、世の中に彼女の苦《にが》い真実を知る人はだれ一人《ひとり》いないとしても、彼女の心にあいた巨大《きょだい》な虚無《きょむ》感《かん》を埋《う》めるためには、限《かぎ》りない善良《ぜんりょう》な幸福感が、果《は》てしなく注《そそ》がれることが必要です。

このような少女の多くは、精神的な回復《かいふく》ができずに、将来《しょうらい》の家庭を築《きず》く力《ちから》を永遠《えいえん》に失《うしな》ってしまいます。精神的な埋め合わせには、相当《そうとう》のパワーと影響力《えいきょうりょく》が存在しなくてはならないからです。だから彼女たちは、いくら手を差《さ》しのべても、長い間、倫理的《りんりてき》な障害《しょうがい》を背負《せお》って生きていかざるをえません。

たとえば、ロシアのある調査《ちょうさ》結果によると、このような少女たちは、早い時期から非行《ひこう》に走るケースが多く、または、うつ症状《しょうじょう》、閉鎖性《へいさせい》、人嫌《ひとぎら》いにおちいっているケースもあります。

池田　たしかに、そうした子どもには、不安、人間不信《ふしん》、抑《よく》うつ、罪悪感《ざいあくかん》や自己《じこ》への否定的評価《ひていてきひょうか》などの悪影響《あくえいきょう》が、顕著《けんちょ》に見られるようです。

当然でしょう。こうした忌《い》まわしい出来事《できごと》は、絶対《ぜったい》にあってはならないし、人倫《じんりん》にもとる最悪《さいあく》の行為《こうい》です。

フランスの人類学者レヴィ＝ストロース＊は、周知《しゅうち》のように、近親婚《きんしんこん》などをタブーとすることをもって、「自然過程《かてい》」と「文化過程」との接点《せってん》、言葉を換《か》えれば、動物と人間とを分《わ》かつ分水嶺《ぶんすいれい》であるとの、画期的《かっきてき》な説《せつ》を打ち立てました。

こうしたタブーを忌避《きひ》することは、文化的存在である人間のもっとも普遍的《ふへんてき》な習慣《しゅうかん》であり、制度であり、証《あかし》とされています。いわば人類史とともに古い知恵《ちえ》なのです。そのタブーを犯《おか》す性的虐待《せいてきぎゃくたい》などは、人類の文化史への反逆《はんぎゃく》であり、否定《ひてい》であり、自殺《じさつ》行為にほかなりません。

苦《くる》しんだ人こそ、幸福になる権利がある

リハーノフ　そのとおりです。さらには、じつの娘《むすめ》への暴行《ぼうこう》――これはもう法精神医学の範疇《はんちゅう》です。この問題は、社会ではよく知られておらず、むしろこのような問題を恥《はじ》として、耳を塞《ふさ》ごうとします。

アメリカ人は、このような状況《じょうきょう》の打開策《だかいさく》として、法廷《ほうてい》の判断《はんだん》と、リハビリテーシ

ヨン(社会復帰療法《ふっきりょうほう》)を組み合わせることに成功しているようです。裁判所《さいばんしょ》は、該当《がいとう》の少女(または少年)を家族から引き離《はな》し、特別のリハビリセンターで回復訓練《かいふくくんれん》を行います。その後、あらためて裁判所の決定を受ける形で、通常《つうじょう》、その子どもの苗字《みょうじ》を変更《へんこう》して、重責《じゅうせき》に堪《た》えうると判断《はんだん》されて選ばれた、新しい家庭に引き取ってもらうというものです。

このような、有無《うむ》を言わせぬプラグマティズム(実用主義《じつようしゅぎ》)は、アメリカ人社会では十分《じゅうぶん》、受け入れられるのでしょう。しかし、ロシアの伝統的《でんとうてき》な精神風土《ふうど》に照《て》らしてみると、過去に、わが国で新しい教育法をいくつも試《こころ》みたときがそうであったように、この米国式《べいこくしき》のアプローチ(取り組み方)も、ロシアに取り入れるとなると、どこかではきちがえられ、ゆがめられてしまい、純粋《じゅんすい》にロシア風《ふう》の解釈《かいしゃく》がされかねません。

池田　「ロシアふうの解釈」とは、どのような解釈ですか?

リハーノフ　それは、善意《ぜんい》の思いつきも悪意《あくい》にまみれてしまい、まったく逆の結果となるということです。善意で子どもの過去を隠《かく》そうとすればするほど、それだけ悪意のマスコミによって、恰好《かっこう》のスキャンダルネタとなってしまうのです。

だからといって、手をこまぬいているわけにはいきません。現在のロシア政府《せいふ》が、このようなリハビリテーションを行える制度をつくるための資金《しきん》を捻出《ねんしゅつ》することは、簡単《かんたん》とは思えませんが。

ただ、何か行動を起《お》こさねばと思うと心が痛《いた》みます。そして、わが愛するロシアが、いつまでも思索《しさく》と助言《じょげん》に明《あ》け暮《く》れているのにも疲《つか》れてしまったのです。第一、社会も政府も、だれもそういう言葉に真摯《しんし》に耳をかたむけてはいないのですから。

他の国々では、どういう状況《じょうきょう》なのでしょうか。日本はどうですか。こういう環境《かんきょう》に置《お》かれてしまった子どもを救《すく》うには、どんな方法があるとお考えですか？

池田　事件が起きないようにすることが先決《せんけつ》ですが、起きてしまった場合、やはり、対症療法《たいしょうりょうほう》と根本《こんぽん》療法の両面《りょうめん》から考えていかなければならないと思います。

対症療法に関して言えば、日本は遅《おく》れており、ようやく緒《ちょ》についたばかりといっても過言《かごん》ではありません。カウンセリング、リハビリテーション、すべてに知恵《ちえ》と経験を持ちあい、学《まな》びあっていくべきでしょう。

それと同時に、私は、仏法者として、どうしても根本療法のほうに目を向けざるをえません。それは、傷《きず》を受け、罪悪感《ざいあくかん》に苦《くる》しんでいる人を、どこまでも温《あたた》かくつつみ、励《はげ》ましていける社会でなければならない、ということです。

「もっとも苦《くる》しんでいる人、もっとも悩《なや》んでいる人こそ、もっとも幸福になる権利がある」というのが、仏教の根本《こんぽん》精神です。仏教に限《かぎ》らず、そこにスポットを当てていくのが、宗教の生命線ではないでしょうか。

私どもの信奉《しんぽう》する日蓮大聖人は、こう述《の》べています。

「今、法華経というのは一切衆生《いっさいしゅじょう》を仏にする秘術《ひじゅつ》がある御経である。いわゆる地獄界《ごくかい》の一人《ひとり》、餓鬼界《がきかい》の一人、ないし九界《きゅうかい》の中の一人を仏にすることによって、一切衆生が皆、仏になることができるという道理《どうり》が現《あらわ》れたのである。譬《たと》えば、竹《たけ》の節《ふし》を一つ破《やぶ》れば、他の節もそれにしたがって破れるようなものである」（御書一〇四六ジペー、通解）と。

「地獄界の一人」「餓鬼界の一人」とは、もっとも苦しみ、悩んでいる人々です。その「一人」にスポットを当て、救済《きゅうさい》していくところに、一切の人々の救済の可能《かのう》性《せい》が開かれる、としているのです。

事実、創価学会は、草創《そうそう》以来、「貧乏人《びんぼうにん》と病人《びょうにん》の集まり」などと、傲《おご》り高《たか》ぶる人から蔑視《べっし》されてきました。しかし、私どもの宗祖《しゅうそ》ご自身が、「日蓮今生《こんじょう》には貧窮下《びんぐげ》賤《せん》の者と生《うま》れ*旃陀羅《せんだら》が家より出《いで》たり」（御書九五八ジペー）と、高貴《こうき》な出自《しゅつじ》でないことを、むしろ誉《ほま》れとしてきたのです。

私どもは、その精神にのっとって、徹《てっ》して無名《むめい》の庶民《しょみん》の側《がわ》に立ち、胸《むね》を張《は》って戦ってきました。その〝汗《あせ》〟と〝涙《なみだ》〟の集積《しゅうせき》が、今日の創価学会の揺《ゆ》るぎない礎《いしずえ》となっているのです。

私が、なぜ「母と子を救《すく》う」ことに、政治の本質を見たのかも、ご理解いただけると思います。このような思いやりに満《み》ちた社会と文化こそ、傷《きず》ついた心、悩《なや》み苦《くる》しむ魂《たましい》にとって、このうえない〝癒《いや》しの水〟となり、〝励《はげ》ましの風〟になっていくと思います。

第九章

ティーンエイジャー――嵐《あらし》と、花開く可能性《かのうせい》

子どもでも大人《おとな》でもない時代

リハーノフ　この章では、長い人生でだれもが経験する、そして未知《みち》の行動に富《と》んだ成長期について語《かた》りあってみたいと思います。

かの「子どもの権利条約《じょうやく》」では、十八歳までを児童と定《さだ》めています。この法的な年齢《ねんれい》の区分《くぶん》に口《くち》を挟《はさ》むつもりはないのですが、ゼロ歳から十八歳までは、人間の運命《うんめい》のかなり大きな部分で、それを一様《いちよう》な一つの時期として扱《あつか》うには、あまりにも変化に富みすぎていることを、強調したいと思います。

幼児期《ようじき》――それは、一つの世界です。そして、小学校に入るまでの子ども時代、さらに少年少女時代、ついで青春時代と続きますが、この時期までで、およそ十六年間経《た》ちます。場合によっては、それが二十歳から二十一歳までとされることもありますし、ある国では、二十五歳のところもあります。

この歩き始めたばかりの人生のそれぞれの時期には、それ特有《とくゆう》の問題と悩《なや》みがあるものです。ここでは、そのなかでも、ティーンエイジャーとも称《しょう》される十代の少年少女時代について、まず考えたいと思います。

池田　そうですね。身体の成長、変化もいちじるしく、感情の振幅《しんぷく》も激《はげ》しい。いちばんむずかしい年代《ねんだい》であると同時に、一面、一生において、いちばん大事な時期でもあります。

リハーノフ　この時代は、ちょうど子どもでもなく、大人《おとな》でもない時です。十三歳から十四歳で、ある程度《ていど》の成熟期《せいじゅくき》を迎《むか》え、もう子ども扱《あつか》いされたくない、もう自分は大人だと思い始める時期です。ところが、大人であるには、人生経験が不足《ふそく》しています。経験は、年齢《ねんれい》と一緒《いっしょ》にしか蓄積《ちくせき》されないからです。

このころというのは、周囲《しゅうい》の大人たち——お母さん、お父さん、おばあさん、おじいさん、先生など——や、そして、友だちとの間でも、つねに何《なん》らかのケンカとか仲違《なかたが》い、論争《ろんそう》が絶《た》えず、その一つ一つはささいなものでも、全体として、一種《いっしゅ》の対立関係が生《しょう》じているものです。

池田　それにともない、いろいろな悩《なや》みが生じてきます。家族のこと、友人のこと、異性《いせい》のこと、自分の性格のこと、もちろん、勉学のこともあります。小説の登《とう》場人物《じょう》に感情移入《いにゅう》して、時間の過《す》ぎるのも忘《わす》れて読みふけったりします。親の保《ほ》護《ご》を離《はな》れて、精神的、肉体的冒険《ぼうけん》に心ときめかすのもこの時期です。ある時は、妙《みよう》に背伸《せの》びをしてみたり、あるいは、劣等感《れっとうかん》にとりつかれます。自分だけの孤独《こどく》な空間《くうかん》に閉《と》じこもろうとしてみたり、さまざまな悩《なや》みにぶつかりながら、人格は磨《みが》かれ、形成されていきます。

いわゆる自我《じが》の形成過程《かてい》であり、絶対《ぜったい》に素通《すどお》りすることのできない時期です。この時期をどのように過《す》ごしたかは、その後の人生に決定的ともいうべき影響《えいきょう》をもたらします。

ともかく、この時期は、感受性《かんじゅせい》も鋭《するど》く、記憶力《きおくりょく》も旺盛《おうせい》です。この思春期《ししゅんき》の命《いのち》に刻《こく》印《いん》されたことは、あたかも銅《どう》の銘板《めいばん》に刻《きざ》まれた文字のように、いつまでも残《のこ》ります。それに比《くら》べて、大人《おとな》の場合は、氷《こおり》に刻まれた文字のように、すぐ消《き》えてしまいます。（笑い）

子どもへの無関心は無責任に通《つう》ずる

リハーノフ　そのとおりですね。

ここでは親の責任も無視《むし》できません。子どもに接《せっ》する親の態度《たいど》が、気がつかないうちに変化してしまっていることが多いからです。子どもがまだ小さいうちは、親は子どもの言うことを注意深く聴《き》いてあげるものです。しかし、子どもが成長して、外見《がいけん》が大人《おとな》に近づいてくるにしたがって、わが子に対する興味《きょうみ》がしだいに薄《うす》らいでしまいます。子どものほうも、自分がかかえている悩《なや》みを親に打ち明《あ》けようとしなくなります。両者の関係はいつの間にか疎遠《そえん》になっていきます。

こうして、両親と子どもの間に、目には見えない溝《みぞ》が生まれてくるのです。つまらない隠《かく》し事《ごと》が生まれ、意見が合わなくなり、おたがいに理解できなくなって、親の世話《せわ》がおせっかいに映《うつ》ります。双方《そうほう》ともおたがいに対する関心が薄れ、ついには愛情も薄らいでしまうことさえあります。

池田　無関心は、無責任に通《つう》じます。いつまでたっても子離《こばな》れ、親離《おやばな》れができないのもよくありませんが、無関心はなお悪い。

本当の愛情というものは、成長過程《かてい》で子どもたちが発《はっ》する多種多様《たしゅたよう》なシグナルの細部《さいぶ》に、注意深く目を配《くば》りながら、どうしたら自立《じりつ》の道を歩《あゆ》ませることができるか、千々《ちぢ》に心をくだいていくことでしょう。

そのような愛情を発信《はっしん》するためには、たいへんな自己規制《じこきせい》と精神的エネルギーを必要とします。しかし、人間は往々《おうおう》にして、この困難《こんなん》に正面《しょうめん》から立ち向かおうとせず、いわゆる〝いい子〟に育《そだ》てたがる。〝いい子〟でありさえすればよいと思いがちです。思春期《ししゅんき》というものは、思いどおりに〝いい子〟の枠《わく》におさまるような、単《たん》純《じゅん》なものではありません。

リハーノフ　ええ。レフ・トルストイは*『少年時代』という作品の中で、十三歳から十六歳くらいの人間の心理状態《しんりじょうたい》、倫理《りんり》観《かん》を次のように描写《びょうしゃ》しています。

「ほんとに、私が自分の生涯におけるこの時期の描写をすすめればすすめるほど、それは私にとってますます苦しく、ますます困難なものになってゆく。ときには、この時期における思い出のあいだに、私の生涯のはじめをつねに明るく照らしだしてくれるような、真にあたたかい感情の瞬間を見いだすこともあるが、それはきわめてまれである。で、私はつい、この少年時代の荒野を少しでも早くかけぬけて、ふたたびあのほんとうにやさしい、高潔な友情が輝かしい光でこの年ごろの終わりを照らし、美と詩にみちた新しい青年時代に基礎を定める幸福な時代に到達したい

と思ってしまう」(『幼年・少年・青年　トルストイ全集 1』中村白葉訳、河出書房新社)

池田　第二章でふれた『幼年時代』の描写《びょうしゃ》と比較《ひかく》すると、思春期《ししゅんき》といわれる時代のマグマがたぎるようなエネルギーを、かいま見せていますね。

リハーノフ　「荒野」とは、まことに的《まと》を射《い》た表現です。それも刺《とげ》のある植物《しょくぶつ》におおわれている荒野と言えるかもしれません。

池田　ルソーも同じように、荒々《あらあら》しいイメージで、思春期(とくに男の子)を描《えが》き出《だ》しています。

「海鳴りが嵐に先立つのと同様に、この波瀾の革命は、生まれはじめた情念のざわめきによって予告される。にぶい音をたてる発酵が危険の接近を知らせる。気分の変化、ひんぱんな興奮、絶え間のない精神の動揺が、子どもをほとんど手に負えなくする。子どもは、これまで従順にしてきた声も耳に入らなくなる。まるで熱病にかかったライオンで、導き手に不満をもち、もう指導されたくはないと思うようになる」(『エミール(上)』、『ルソー全集　第六巻』〈樋口謹一訳〉所収、白水社)と。

ルソーの「熱病にかかったライオン」も、荒《あ》れ狂《くる》う思春期のエネルギーというものを、よく形容《けいよう》しています。

新しい人間関係の広がりのなかで

リハーノフ　ルソーの言うように、十代の少年少女は、大人《おとな》の助けなしで、自由と自立《じりつ》の世界に初めて飛《と》び出《だ》そうと試《こころ》みます。一度その試みを開始したら、振《ふ》り出しに戻《もど》ることはできません。やり直《なお》したいと思うことがあっても、やり直しのきかない試みです。

これは、第一に、新しい人間関係を持つことから始まります。まず自分より年上《としうえ》の友人、それから、同年齢《どうねんれい》の友人との付き合いというものです。これまで慣《な》れ親《した》しんでいた環境《かんきょう》、たとえば、クラスの友だちとか家の近くの友だちという範囲《はんい》を超《こ》えた、外《そと》の世界との交《まじ》わりと言ってよいでしょう。

池田　今までの、どちらかと言えばあたえられた人間関係から、一歩脱皮《だっぴ》して、主体的《しゅたいてき》に、そして能動的《のうどうてき》に、人間関係を広げていくわけですね。

たしかに、それは、大人になっていくための第一歩です。不安と希望の交錯《こうさく》する未知《みち》の世界への〝旅立ち〟です。それがうまくできるように、いろいろな儀式《ぎしき》＝通《つう》過儀礼《かぎれい》を考案《こうあん》してきたのも、人類の文化であり、知恵《ちえ》であったと言ってよい。

また、そうした人間関係の広がりのなかで、真の友情も育《はぐく》まれるのです。年輩《ねんぱい》になって振《ふ》り返《かえ》ってみても、友情の名に値《あたい》する友情のほとんどは、その時期に根《ね》を下《お》ろしているものです。この時期ほど、よい友人が大切な時期もありません。

リハーノフ　ええ。十代の経験は、絶《た》え間《ま》ない〝発見〟とも言えるでしょう。あらゆるものを、そして、人間を再発見していく時期です。

それまで、揺《ゆ》るがない権威《けんい》だった大人《おとな》たちが、急《きゅう》に色あせて見え、少年少女たちは、大人の不誠実《ふせいじつ》と見せかけ、ごまかしを見て取るようになります。そのかわり、それまで低い評価《ひょうか》しかあたえてこなかった存在が、突如《とつじょ》として、新しい光彩《こうさい》を放《はな》って生活に登場《とうじょう》し、近しい友人になったり、そうでないとしても、気の許《ゆる》せる存在になっていきます。そういう新しい仲間が、決まって少年少女に要求《ようきゅう》するものとして、次のようなことがあります。

一、両親とか教師たち大人がもっている権威《けんい》を否定《ひてい》する。大人たちが話題にしようとしないテーマ、問題について、自分たちなりの価値観《かちかん》をもとうとする。タブーとされているテーマに関しては、わざと攻撃的《こうげきてき》に、怖《こわ》いもの知らずを気取《きど》って語《かた》りあおうとする。そういう仲間内《うち》の話題は、皆を魅了《みりょう》するというより、どちらかというと拘束《こうそく》し、束縛《そくばく》する。

一、危険《きけん》で半《なか》ば犯罪的《はんざいてき》な考え方、行動をむりやり押《お》しつける。ここでは、ある程《てい》度《ど》、あからさまに恐怖心《きょうふしん》が働《はたら》いている。

一、拘束力。一度、悪いことをやった新参者《しんざんもの》は、皆から次の悪事《あくじ》を働くようにうながされる。それを繰《く》り返《かえ》して、経験を積《つ》んでしまうと、道徳的な責任を直視《ちょくし》することへの恐《おそ》れと、仲間に対する変《へん》な責任感に縛《しば》られて抜《ぬ》けられなくなってしまう。

以上のような分析《ぶんせき》は、ずいぶん簡略化《かんりゃくか》したものです。あくまでも、ケース・バイ・ケースです。それぞれのケースに、それなりの原因と結果があり、偶然《ぐうぜん》が働いていることもあります。何《なん》らかの出来事《できごと》、家庭的事情などが、必《かなら》ずと言っていいほど、背後《はいご》に存在しているものです。

重要な点は、倫理《りんり》的分別《てきふんべつ》がいちばんつきにくい十代の子どもたちにとっては、ほんのささいとも思われることが、よい意味でも、悪い意味でも、決定的に運命《うんめい》を左右してしまうということです。

思春期《ししゅんき》の嵐《あらし》を乗り越《こ》える大変さ

池田　前章で取り上げた、ヘッセの『デミアン』などは、その典型《てんけい》です。ヘッセの自画像《じがぞう》ともいうべき〝よい子〟が、悪友《あくゆう》によって危《あや》うく悪の道に引きずりこまれようとします。その時、デミアンという謎《なぞ》のような少年の助けで窮地《きゅうち》を脱《だつ》し、波瀾《はらん》に満《み》ちた自己探求《じこたんきゅう》の旅に出ていく青春小説です。

幼年《ようねん》時代に別《わか》れを告《つ》げ、大人《おとな》の世界へ脱皮《だっぴ》しようとする思春期の魂《たましい》が、どれほど巨大《きょだい》な、ある意味では凶暴《きょうぼう》とさえ言えるエネルギーを秘《ひ》めているか——それは、陰湿《いんしつ》ないじめや、すさまじい家庭内暴力《ぼうりょく》、あるいは暴走族《ぼうそうぞく》といった〝常軌《じょうき》〟を逸《いっ》する行動となって噴出《ふんしゅつ》し、〝常識《じょうしき》〟の世界の住人《じゅうにん》たちを驚《おどろ》かせることからも明らかです。どんなに、〝よい子〟に見えても、このエネルギーと決《けっ》して無縁《むえん》ではありません。

現代社会は、こうした思春期のエネルギーを、どう受けとめ、善導《ぜんどう》していくかということを、あまりに軽視《けいし》しすぎています。そのエネルギーが発《はっ》する、さまざまな屈折《くっせつ》したシグナルを見過《みす》ごしています。だからこそ、青少年の「常軌《じょうき》を逸《いっ》した」行動を前にして、なすすべを知らない、といった事態《じたい》が、しばしば起《お》こるのです。

リハーノフ　まったくそのとおりです。世紀は急激《きゅうげき》に変貌《へんぼう》していきます。どの時代にも共通しているのは、大人《おとな》たちが、いつも、その時代の青少年がかかえている問題に追《お》いつけないことです。

時代の流れに応《おう》じて、子どもたちの反抗《はんこう》の仕方《しかた》、羽目《はめ》のはずし方は変わっていきます。

一方、大人たちは、相変《あいか》わらず古い間違《まちが》いを繰《く》り返《かえ》しています。つまり、ルソーの時代もそうであったように、大人たちは、子どもたちを「放任《ほうにん》」してしまうのです。

たとえば、子どもたちには、遠い他人が親切《しんせつ》に思えてくるようになります。一方、身近《みぢか》にいる大人たちは、子どもどころではないといった具合《ぐあい》で、いつも忙《いそが》しくしています。

この時期を乗り越《こ》えるために、ティーンエイジャーたちは、かなりの内面的なエネルギーを消耗《しょうもう》しなくてはなりません。

十代という砂漠《さばく》を無事《ぶじ》に通過《つうか》した者は、祝福《しゅくふく》されて青春の庭に入ることになります。十代の嵐《あらし》、疑問《ぎもん》、失敗《しっぱい》から解放《かいほう》された喜《よろこ》びと、大人《おとな》になった喜びにつつまれて。ところが、十代を過ぎても、その嵐から脱出《だっしゅつ》できずに、そのまま非行《ひこう》まがいの経験を蓄積《ちくせき》しながら、青春期まで引きずっていく場合があります。精神的にも、倫理《りんり》的《てき》にもつまらない、価値《かち》のない人間になってしまうティーンエイジャーも、決《けっ》して少なくありません。

実際どれほど多くの人間の不幸が、十代の挫《ざ》折感《せっかん》に、その遠因《えんいん》を発《はっ》していることでしょうか。それを数えた人はいませんが、もし克明《こくめい》に事実を調査《ちょうさ》してみれば、おそらく驚愕《きょうがく》すべき現実であることが、わかるにちがいありません。

すべてを〝追《お》い風《かぜ》〟〝こやし〟に

池田　はっきりした「挫折感」なら、まだ対応《たいおう》の仕方《しかた》もあるでしょう。しかし、日本では今、さしたる挫折経験もないままに子ども時代を過ごし、成人《せいじん》してから自《じ》我《が》の欠損《けっそん》に苦《くる》しんでいる〝アダルト・チルドレン〟という現象《げんしょう》が、急速《きゅうそく》に関心を集めつつあります。

この言葉は、本来《ほんらい》は、アメリカで使《つか》われ始めたものです。アルコール依存症《いそんしょう》の親のもとで育《そだ》てられた人が有《ゆう》する、精神的疾患《しっかん》を意味していました。

日本では、もう少し拡大解釈《かいしゃく》されています。アルコールに限《かぎ》らず、ギャンブルや薬物《やくぶつ》、仕事などへの依存症の親のもとで、両親の保護《ほご》や愛情を十分《じゅうぶん》に受けられない機能不全《きのうふぜん》の家庭に育った子どもが、長《ちょう》じてそのトラウマ（心的外傷《しんてきがいしょう》）の後遺症《こういしょう》に苦しんでいるケースをさします。すなわち、自我の発達が不十分なまま成人《せいじん》してしまったため、大人《おとな》としての自我機能が十分に働《はたら》かない――ゆえに〝アダルト・チルドレン〟と言われます。

とくに、日本では、高度経済成長を支《ささ》えてきた典型的《てんけいてき》な家庭像――父親が「企業《きぎょう》戦士《せんし》」（仕事依存症）で母親が良妻賢母《りょうさいけんぼ》という家庭では、往々《おうおう》にして、子どもを「成績」でしか評価《ひょうか》しようとしない、かたよった価値観《かちかん》にとらわれがちです。そうした環境《かんきょう》に育った子どもたちは、自分の主張や感情を殺して、〝よい子〟になろうとするあまり、周囲《しゅうい》へ過剰適応《かじょうてきおう》をする。それにともなう親や教師への不信感、極端《きょくたん》に低い自己評価《じこひょうか》、無力感《むりょくかん》などにおちいっていることが報告されています。

こうした傾向《けいこう》も、社会全体が高度経済成長のレールの上を、しゃにむに突《つ》き進《すす》んでいるときは、あまり目立たなかったかもしれません。しかし、もはや〝バブル経済〟が破綻《はたん》し、政治もあてどなく漂流《ひょうりゅう》し続けています。社会全体が目的を失《うしな》った無力感、脱力感《だつりょくかん》におおわれるなか、「アダルト・チルドレン症候群《しょうこうぐん》」と呼《よ》ばれるような現象《げんしょう》が、一挙《いっきょ》に顕在化《けんざいか》してきました。その意味でも、子どもたちは、無責任な大人《おとな》社会の歪《ひず》みを、もっとも赤裸々《せきらら》に映《うつ》しだしている〝鏡《かがみ》〟と言ってよいのです。

リハーノフ　ええ、そうですね。トルストイの時代には、経済、政治、社会情勢《じょうせい》が青少年の生活におよぼす影響《えいきょう》は、現在ほど攻撃性《こうげきせい》をもっていなかったと思われます。それでも、子どもの苦《くる》しみの深さを知ることができます。現代社会は、多くの付加的状況《ふかてきじょうきょう》を生みだしました。そのなかで子どもたちは、テクノロジー化社会の犠《ぎ》牲《せい》になっています。しかも、家族全体を巻《ま》き込《こ》んで。

池田　家族や家庭の問題は、次章で正面《しょうめん》から取り上げることにしたいと思います。〝アダルト・チルドレン〟についてですが、長年《ながねん》、この問題にたずさわってきたあるカウンセラーは、さし迫《せま》った事態《じたい》を打開《だかい》するためのポイントを、「自分が、今ここにあることの『意味』」を発見し、自覚《じかく》することに求めています。

私は、ここに、宗教の重要な役割《やくわり》があると思っています。たとえば、すべての人々が、その人ならではのかけがえのない使命《しめい》を有《ゆう》する――そのルーツである「地涌《じゆ》の菩薩《ぼさつ》」の出現が説《と》かれるなど、宗教なかんずく大乗仏教《*だいじょう》、そのなかでも法華経は、ドラマ性《せい》にいろどられた壮大《そうだい》なる「意味」の体系《たいけい》と言ってよいからです。

自分は、なぜ日本人に生まれてきたのか、なぜ男（女）に、なぜこのような境遇《きょうぐう》に、なぜこのような性格に生まれてきたのか等々、さまざまな「なぜ」に回答《かいとう》を与えています。そして、「すべて意味がある」と肯定的《こうていてき》、前向きにとらえ、大きく息を吸《す》い、無限《むげん》の希望の人生を歩《あゆ》みゆくことをうながしています。私は、これを「大《おお》いなる肯定」と呼《よ》んでいます。

こうした自覚に立つことができれば、「今ここにある自分」を嘆《なげ》いたり、恨《うら》んだりはしません。すべてを〝追《お》い風《かぜ》〟にし、また〝こやし〟にしながら、洋々《ようよう》たる未来を切り拓《ひら》いていけるにちがいありません。

かつて、トインビー博士にモットーを尋《たず》ねたところ、「さあ、仕事を続けよう」を意味するラテン語の「ラボレムス」をあげておられました。偉《い》大《だい》な人ほど、こういう魂《たましい》の若々しさを、いつまでも保持《ほじ》しているものです。また、若い人であればあるほど、魂からの訴《うった》えに対して、魂で応《こた》えてくれることを、私は、幾多《いくた》の体験から知悉《ちしつ》しているつもりです。

かつて、私は高校生たちに、「未来に羽《は》ばたく使命《しめい》を自覚《じかく》した時、才能《さいのう》の芽《め》は急《きゅう》速《そく》に伸《の》びることができる」と呼《よ》びかけました。若者たちにとって大切なのは、大《おお》いなる人生の目標を見いだすことではないでしょうか。

かけがえのない可能性《かのうせい》を秘《ひ》めた十代

リハーノフ　育《そだ》ちゆく少年を陰《いん》うつな日常から、一段《いちだん》と高みへと引き上げてくれるものは、唯一《ゆいいつ》、希望のみです。ある日、どの子も皆、自分が醜《みにく》いアヒルの子のように、醜い羽《はね》におおわれているのを見て身震《みぶる》いをします。やがて時が訪《おとず》れ、力《ちから》を蓄《たくわ》えて翼《つばさ》をはばたかせるとき、彼はすでにすばらしい白鳥に成長しているわけです。

十代はあらゆるむずかしさをかかえながらもなお、重大な、否《いな》、偉大《いだい》な行動を起《お》こす可能性を秘めた年代でもあるのです。

かのシェークスピア*のロミオとジュリエットも、十四歳のティーンエイジャーですね。モンタギュー家とキャピュレット家の長老《ちょうろう》の不仲《ふなか》にはばまれた二人《ふたり》の愛の物語《ものがたり》は、純愛《じゅんあい》を描《えが》いた悲劇《ひげき》の最高峰《さいこうほう》ともされています。これなどは、十代が危険《きけん》な年頃《としごろ》だというだけではなく、十代こそ情熱を燃《も》やし、崇高《すうこう》な目的に向かって、決意を固《かた》め得《う》る年齢《ねんれい》であることを、如実《にょじつ》に示《しめ》していると言えます。

ですから、決《けっ》して「十代イコール非行期《ひこうき》」ではありません。言ってみれば、もろさと隣《とな》りあわせの、嵐吹《あらしふ》き荒《あ》れる年齢なのです。と同時に、優《すぐ》れて高貴《こうき》な行動を起《お》こす可能性《かのうせい》を秘《ひ》めた年齢でもあります。

「ヴンダーキント（神童《しんどう》）」（wunderkind）という言葉があります。もともとはドイツ語ですが、十代のもつ可能性をたたえる言葉として、今は他の言語《げんご》でも使《つか》われています。

人類の歴史を繙《ひもと》いてみると、十代に、天賦《てんぷ》の才《さい》を開花《かいか》させた天才たちの何《なん》と多いことでしょうか。なかにはモーツァルト*のように、十代を待たずして、もっと幼《おさな》い時期から天才ぶりを発揮《はっき》した例もあります。科学の分野では、たとえば、化学者《かがくしゃ》メンデレーエフ*がいます。彼は、十代のときに、化学の道を進もうと決意して、後に大化学者《だいかがくしゃ》として、その道をきわめた人です。

池田　だれもが、モーツァルトやメンデレーエフになれるわけではありません。それは当然です。しかし、若い人は、それぞれに、かけがえのない可能性《かのうせい》の宝庫《ほうこ》を内《うち》に秘《ひ》めているのですから、社会がそれを閉塞《へいそく》させるようなことは、絶対《ぜったい》にあってはなりません。マグマのような若いエネルギーが、いびつな形で噴出《ふんしゅつ》してくることは必定《ひつじょう》だからです。

リハーノフ　現状《げんじょう》はそのことを立証《りっしょう》していますね。

さまざまな欲求《よっきゅう》、自制《じせい》のきかない衝動《しょうどう》を内に秘めた、青少年たちの存在は、「青少年法廷《ほうてい》」といった彼らのための特別な法体系《ほうたいけい》を作ることを、各国に余儀《よぎ》なくしているほどです。たとえば、イタリアの検事《けんじ》たちが、少年少女に、十二歳から禁固刑《きんこけい》を適用《てきよう》できるように法改正《ほうかいせい》を求めているのは、驚《おどろ》くべきことです。

かつて私は、すべての犯罪《はんざい》は、とくに青少年の犯罪は、社会的不公正《ふこうせい》や貧困《ひんこん》に原因があるという、社会主義的な発想《はっそう》をもっていたことがあります。しかし、富《とみ》と豊かさそのものが、大きな犯罪の原因となることも事実だとわかってきました。

アメリカのテレビで、九一一番（日本の一一〇番に当たる）に通報《つうほう》することを勧《すす》め

る ある番組《ばんぐみ》で、二人《ふたり》の少年について放映《ほうえい》していました。この二人は、今はもうティーンエイジャーではありませんが、金持ちの家庭に育《そだ》ち、父母を殺《ころ》してしまいました。その理由は、たんに早く巨額《きょがく》の遺産《いさん》を相続《そうぞく》したかったのです。この正真正銘《しょうしんしょうめい》の「ドラ息子《むすこ》」たちは、その大金《たいきん》でさっそく、金製《きんせい》の「ローレックス」の時計《とけい》をそれぞれ買《か》っていました。まさに、豊かさイコール犯罪《はんざい》のない世界ではないし、豊かになれば、人間の欲《よく》や人をうらやむ気持ちが消《き》えるわけでは決《けっ》してないのです。

池田　日本でも、どちらかと言えば、トルストイやルソーのような少年観をもって、若者の諸問題にアプローチしてきた人のなかからも、法的な保護《ほご》の下《もと》での悪《あく》が看過《かんか》できないとして、少年法の見直《みなお》しの声があがるなど、憂《うれ》うべき事態《じたい》に立ちいたっています。

少年少女にとっての「信仰」の役割《やくわり》

リハーノフ　人間の心は、精神は、別のところで鍛《きた》えられなければなりません。家庭の習慣《しゅうかん》、しつけが大事です。たんに甘《あま》やかすだけでは、ダメなのです。また、家庭も社会も、子どもに一方的に何かを与えるのではなく、子どもが、家族のため社会のために役立つべきだという風潮《ふうちょう》を、育《そだ》てていくべきではないでしょうか。

私はソビエト時代に育ちましたので、聖書《せいしょ》もコーランも読んだことがなく、仏教のことも、ほとんど何も知らずにきました。今、年《とし》を重《かさ》ねるにつれて、何か大切なものを失《うしな》ってしまったような思いにかられることがあります。

あなたは、不安に満《み》ちた人間の世界と、聖《せい》なる言葉を結《むす》ぶことのできた優《すぐ》れた人格者であり、実践《じっせん》の方です。そのあなたにうかがいたいのですが、たんに子どもとか、大人《おとな》にとってというのではなく、十代の少年少女たちの精神面にとって、信仰はどのような役割《やくわり》を果《は》たすのでしょうか。

池田　先に「すべて意味がある」と申し上げましたが、そう言われても、すぐさま、その自覚《じかく》に立てるわけではありません。また、たとえ納得《なっとく》しても、その自覚を持続《じぞく》させ、深めていくことは、なかなか困難《こんなん》です。

信仰には、第一に「祈《いの》り」がともないます。私たちが確認しあったように、健全《けんぜん》なる「祈り」には、深い自己《じこ》への内省《ないせい》があります。自己を生かしてくれるものへの感謝があり、他者《たしゃ》への慈《いつく》しみ、憐憫《れんびん》の情《じょう》があります。謙虚《けんきょ》ななかに勇気をつつみ込《こ》んだ明日への決意があります。

この「祈《いの》り」を習慣化《しゅうかんか》させていくことが、信仰のもつ、大きな役割《やくわり》なのです。ゆえに私どもは、朝夕《あさゆう》の勤行《ごんぎょう》の励行《れいこう》を重視《じゅうし》しているのです。

モンテーニュ*が、「習慣のなさないもの、もしくはなし得ないものは一つもない」(『エセー』、『モンテーニュ I　世界古典文学全集 第37巻』〈原二郎訳〉所収、筑摩書房)と言っているように、よい習慣――悪い習慣もそうですが――というものは、人格の形成に絶大《ぜつだい》な力《ちから》をもっているからです。

リハーノフ　モンテーニュは、首尾《しゅび》一貫《いっかん》した教育理論体系《たいけい》を打ち立てており、それを超《こ》えるものはいまだ出ておりません。彼の理論は、きわめて科学的です。当時はまだ、生理《せいり》学者イワン・パブロフ*の第一、第二信号系《しんごうけい》についての条件反射《はんしゃ》の理論は、打ち立てられていませんでした。

しかし、モンテーニュは、習慣が繰《く》り返《かえ》されていくことによって、それが人の行動を形作《かたちづく》り、将来《しょうらい》の運命《うんめい》まで決定づけてしまうこともまあることを証明《しょうめい》しました。

池田　ええ。そして、第二に、信仰は、子どもたちに、よりよき触発《しょくはつ》の人間関係を育《はぐく》んでくれます。すなわち、よき先輩、友人による支《ささ》えであり、切磋《せっさ》琢磨《たくま》です。人間は弱いですから、独《ひと》りで放《ほう》っておかれると、どうしても精進《しょうじん》を怠《おこた》りがちです。したがって、弱っている時には励《はげ》まし、惰性《だせい》に流されている時はいさめ、傲慢《ごうまん》になっている時は叱咤《しった》してくれる、真心《まごころ》の応援《おうえん》が欠《か》かせません。そうした先輩、友人を、仏法では善知識《ぜんちしき》と呼《よ》んでいます。

とくに若い時代は、これぞと思う立派な人に出会った場合は、思いきって胸《むね》を借《か》りるつもりでぶつかり、身《み》も心も任《まか》せきってしまうことが、逆に自己《じこ》の確立《かくりつ》につながるという逆説的《ぎゃくせつてき》な真実が、人生には必《かなら》ずあるものです。

青少年は、だれよりも平和を願《ねが》い、社会に貢献《こうけん》していくべきです。このことは十九歳のときに、恩師《おんし》に師事《しじ》し、昼夜《ちゅうや》を分かたず、文字どおり膝下《しっか》に薫陶《くんとう》を受けてきた私が、何《なん》としても若い人たちに託《たく》し、継承《けいしょう》していってほしい、人生の〝黄金律《おうごんりつ》〟なのです。

第十章

わが家《や》の家庭教育

子《こ》育《そだ》ては接《せっ》する時間の長短《ちょうたん》では決まらない

池田　今世紀を代表する科学者ポーリング博士＊と対談した折《おり》、家庭教育の話題となりました。おたがい多忙《たぼう》なため、あまりよい父親だったとは言えないということで一致《いっち》しました。（笑い）

ただ私自身、父親として、子どもたちを〝一個の人格〟として尊重《そんちょう》し、子どもたちと同じ目線《めせん》に立って、接していこうと心がけました。子どもを一方的に上から見ることはしなかったつもりです。子どもたちに声をかけるときには、お兄《にい》ちゃんといった具合《ぐあい》に、〝ちゃん〟をつけ、呼《よ》び捨《す》てにすることは決《けっ》してしませんでした。

また、子どもとの約束は、どんなことがあっても守ってきました。

呼び捨てにしない、約束を守る――この二つは、わが家《や》のもっとも基本的なルールだったと言ってもよいでしょう。

リハーノフ　池田さん、お宅《たく》のような状況《じょうきょう》は、どこの国にも当てはまる典型的《てんけいてき》な例と言えるでしょう。まだ小さな子どもをかかえた若い親たちは、まず生活闘争《とうそう》に追《お》われるものです。

家族を養《やしな》っていく――これはふつう、父親の戦いです。一家の長《ちょう》として、父親は家族を食べさせ、住居《じゅうきょ》を手に入れ、必要な家財道具《かざいどうぐ》一切を確保《かくほ》するためには当然、行動的でなければなりません。たくさん働《はたら》いて、より多く稼《かせ》がなくてはならない。

しかし、それだけではありません。父であり、夫《おっと》である上に、若い一人《ひとり》の男として自己《じこ》実現をはかり、仕事の上でも、また人間的にも、家族や周囲《しゅうい》の人々から認《みと》められなければなりません。

若い家庭というのは、まだ哲学的に本格的には取り上げられていない、非常に興《きょう》味《み》深《ぶか》い人生のプロセスです。最初のうちは、父親の役割《やくわり》や母親の役割も、子どもの成長とともにつねに変わっていきます。すべての価値《かち》が絶《た》えず変化し、家族の一人一人も、自分で意識せずとも自己実現へと向かいながら変わっていくものです。

ですから、若いお父さんが仕事が忙《いそが》しくて、子どもの教育に割《さ》く時間がないとしても、私はそれは悪いことではないと思います。そのお父さんの姿《すがた》そのものが、教育になるからです。生きていくために仕事に忙しく、家にあまりいないというその後《うし》ろ姿で、子どもを教育しているのです。

もちろん、そのためには夫婦間の合意《ごうい》があり、妻が夫《おっと》の役割《やくわり》を理解し、子どもにお父さんが忙《いそが》しいわけを説明してあげることが必要です。

池田　とくに、私の場合、三十二歳の若さで創価学会の会長という激務《げきむ》に就《つ》いたのですが、それ以前も、恩師《おんし》の下《もと》で、多忙《たぼう》をきわめました。忙しい時は、全国を駆《か》けめぐり、一年のうち、わが家で眠《ねむ》るのは一カ月ほど、という歳月《さいげつ》が続きました。いきおい、子育《こそだ》ては妻任《まか》せになりがちでしたが、とはいっても、私は決《けっ》して無関心ではありませんでした。たとえ短時間ではあっても、極力《きょくりょく》、スキンシップをはかるなど努力しました。あるいは、子どもたちへの直接、間接のメッセージ、地方へ出かけたときの心づくしのお土産《みやげ》など、コミュニケーションは欠《か》かさなかったつもりです。

その結果、確信をもっていることは、子育ての成否《せいひ》というものは、子どもといる時間が長いか短いか、接《せっ》する機会《きかい》が多いか少ないかでは、決してないということです。要《よう》は、〝猫《ねこ》かわいがり〟でない本当の意味での愛情を、どれだけ注《そそ》いでいるかにかかっているのではないでしょうか。

リハーノフ　私もそう思います。

不思議なことに、何をするでもなく、始終《しじゅう》家にいるお父さんよりも、家族のために働《はたら》いて家にあまりいないお父さんのほうが、子どもには好《この》ましいようです。忙《いそが》しくて、お父さんがあまり愛情表現できない場合のほうが、しょっちゅうあやされるよりも大切に思われるものです。

池田　経験上、私は、母親は子どもたちにどんなにうるさく言ってもよいが、父親がいちいち干渉《かんしょう》するのはやめたほうがよい、とアドバイスしています。子どもは決《けっ》して親の所有物《しょゆうぶつ》ではありません。一個の人格です。小さくとも〝対等《たいとう》な人格〟の持ち主《ぬし》であり、尊敬《そんけい》すべき存在です。ゆえに「自立《じりつ》させる」ことが大切です。家庭教育の根本《こんぽん》は、「自立させるための教育」にあると言えるのではないでしょうか。

貴国《きこく》ではどうかわかりませんが、教育はしばしば、草木を育《そだ》てることに譬《たと》えられます。春、種《たね》を植える。育つのは種であり、草木自体です。肥料《ひりょう》を与え、雑草《ざっそう》を取り除《のぞ》くのは人間であるとはいえ、その肥料を大地から吸《す》い取るのは草木自体の力《ちから》です。育てるということは、草木がぐんぐん伸《の》びていけるよう、さまざまに支《ささ》えることにほかなりません。

同じように、子どもが自立《じりつ》するためには、伸《の》びようとするエネルギーが漲《みなぎ》っていなければなりません。この点で私が真《ま》っ先《さき》に祈《いの》ったことは、健康であれ！　ということでした。それは、少年期から青年期にかけて、ひどく病弱《びょうじゃく》であった私の苦《にが》い反《はん》省《せい》からきています。

父母の〝優《やさ》しさ〟は、最大の栄養源《えいようげん》

リハーノフ　ここで私がとくに申し上げたいのは、「優しさ」ということです。これも一つの愛情表現ですが、表面的《ひょうめんてき》なものではなく、貴重《きちょう》な得《え》がたいものです。

どこの家庭でも、子どもの病気という場面に出くわします。その病気が長引《ながび》いたり、あるいは重い病《やまい》であったりした場合、親は激《はげ》しく自分を責《せ》め、深い悲《かな》しみを味わうものです。病気のとき、子どもはとくに、母親の愛情を求め、父親に対してもまた、特別なつながりを感じます。

親というのは、子どもにとって正義の砦《とりで》であり、痛《いた》みを乗り越《こ》えるためのいちばんの支《ささ》えです。病気のときは、いくつになっても子どもは子どもです。優しさと愛情を求めてやみません。とくに、ふだん厳《きび》しいお父さん、とても忙《いそが》しいお父さんの場合、そんなお父さんが示《しめ》してくれた優《やさ》しさは、ひときわ子どもの心にしみるものです。

池田　あなたの著書《ちょしょ》『けわしい坂』の中で、戦争に征《ゆ》き、あまり家にいない父親が、幼《おさな》い息子《むすこ》がスキーで坂をすべることができるよう、激励《げきれい》するくだりは印象的《いんしょうてき》ですね。

「とうさんだって、ちいさいころは、あの坂をすべれなかったんだよ。おまえのようにね。それからすべれるようになった。ただね、だめだと思う気持ちに、勝ちさえすればいいんだ」（島原落穂訳、童心社）と。

こうした「優しさ」は、病気のときに限《かぎ》らず、子どもの成長の最大の栄養源《えいようげん》です。

リハーノフ　ええ。一方、お母さんは、ここでは別の役割《やくわり》を果《は》たします。母親は、すべての苦《くる》しみを自分が引き受けようとするもので、お母さんの優しさというのは どちらかというと当たり前です。しかし、男親があたえる優しさは、貴重《きちょう》な治療薬《ちりょうやく》とでも言うべきものです。

もっとも、母親と父親とどちらの優しさが薬《くすり》になるかなど、量《はか》ることはできませんが。また、家庭によってもさまざまでしょう。

池田　かつて、貴国《きこく》のチーホノフ首相《しゅしょう》（当時）とお会いした折《おり》、「ソ連の家庭で、第二次世界大戦のナチズム*との戦いで、父、夫《おっと》、あるいは兄弟を失《うしな》わなかった家庭は、おそらく一軒《いっけん》もありません。平和のありがたさを、ソ連国民は知っております」と語《かた》っておられたことが、今でも心に残《のこ》っています。

わが家も大戦中のたいへんな社会状況《じょうきょう》のなかで、兄たちは戦場《せんじょう》に駆《か》り出《だ》され、家業《ぎょう》もまったく振《ふ》るわない苦《くる》しい時期がありました。そのなかで、せめて体さえ人並《ひとな》みに健康であったらと、つらく、悔《くや》しい思いを味わいました。

人間、健康でなければ一切が始まらない――このことを身《み》をもって痛感《つうかん》した親として、子どもたちの健康を、何よりも優先《ゆうせん》して考えざるをえなかったのです。

私に限《かぎ》らず、心身ともにすこやかな人間に育《そだ》ってほしいというのは、親であれば当然の願《ねが》いです。

あなたは、児童文学者として、子どものために優《すぐ》れた文学を生みだすだけでなく、国際児童基金協会の総裁《そうさい》として、具体的に、現実の上で、子どもたちを守るために行動しておられます。そうしたご自身の経験の上から、心身ともに健康な子どもたちを育《はぐく》むための家庭のあり方を、どのように考えますか。

リハーノフ　家庭教育において「健康」というのは、一つの大きなテーマです。子どもは、周囲《しゅうい》の環境《かんきょう》すべてによって育まれていきます。第二次世界大戦の話をされましたが、当時、私とあなたはそれぞれ別々の戦線にいながら、「戦争」という環境に育《そだ》てられました。民族《みんぞく》・文化の大きな違《ちが》いはあっても、そういう意味では同じように育っていったのではないでしょうか。

私は幼《おさな》いころから、大人《おとな》には黙《だま》って、ひそかに天に向かって、父を救《すく》ってくださいとひたすらに祈《いの》ってきました。天はどうやら私の願《ねが》いを聞いてくれたようでした。父は二度負傷《ふしょう》しましたが、命《いのち》はとりとめ、戦争から帰ってきました。

負傷したときは、一度目も二度目も、西部戦線から東部へ列車《れっしゃ》で運《はこ》ばれるときに私たちの住むキーロフ市を通り、二度ともキーロフ市内の病院に送られました。その病院には母が働《はたら》いていました。戦争という非常事態《じたい》にあって、私は二度も父と会い、話をし、抱《だ》きあうことができたのです。

父と何を話したかは覚《おぼ》えていませんが、多分《たぶん》、たわいもないことだったでしょう。戦争が終わったらどうなるかなどという話題は、皆、縁起《えんぎ》が悪いと言って、人々の口《くち》にのぼることはありませんでした。父も回復《かいふく》すれば、また前線《ぜんせん》に戻《もど》らなければなりませんでした。それにしても父に会い、手でふれてささやかな話ができるというのは、このうえなく幸《しあわ》せなことでした。

いつも学校が終わると、私は病院にいる母のところへ行きました。やはりだれかの父親であろう軍の男たちが、治療《ちりょう》を受けていました。病院の匂《にお》いやうめき声、たばこの煙《けむり》、こういったものから、教科書《きょうかしょ》では得《え》られない、生きた教育を受けたように思います。

それは厳《きび》しい現実ではありましたが、有益《ゆうえき》なすばらしい教育でした。環境《かんきょう》は時に、子どもに悪い影響《えいきょう》をあたえることもあり、子どもをだめにしてしまう場合も多々《たた》あります。しかし、このテーマは、また別の機会《きかい》にゆずることにしましょう。

母の温《ぬく》もりと言葉が、明日への活力《かつりょく》に

池田　そうした体験が、作品に昇華《しょうか》されているわけですね。

話は変わりますが、家庭教育では子どもたちが幼《おさな》いほど、父親よりも母親の存在

のほうが大きな重みをもっているようです。「教育の父」ともたたえられるスイスのペスタロッチも*、教育の重点《じゅうてん》を「心」に置《お》き、家庭教育、なかんずく母親の役割《やくわり》を重んじています。

じつは小学生のころ、担任《たんにん》の先生から作文を誉《ほ》められたこともあって、子ども心にも、将来《しょうらい》は文筆《ぶんぴつ》活動をと、夢《ゆめ》見たものでした。恩師《おんし》の戸田城聖先生に師事《しじ》してから、恩師の経営する出版社で、少年雑誌の編集にたずさわったこともありますが、その折《おり》、山本伸一郎のペンネームで、ペスタロッチの伝記《でんき》を書きました。

彼は、六歳のときに他界《たかい》した父親の分《ぶん》まで、一切を捨《す》てて子どもたちに献身《けんしん》しぬいた母親の姿《すがた》から、人間の優《やさ》しい感情と信頼《しんらい》を学《まな》んだのであろう、と私は思っています。

幼児《ようじ》の心の世界は、じつに純粋《じゅんすい》です。母親や周囲《しゅうい》の大人《おとな》たちの言動《げんどう》というものを、そのまま受け入れがちであり、その吸収力《きゅうしゅうりょく》はすごいものがあります。そして、いったん心の中に刻《きざ》まれた経験が、物事《ものごと》を理解する上での基準《きじゅん》として銘記《めいき》されていくのです。

幼児の反応《はんのう》が、時として頑《かたくな》で、柔軟性《じゅうなんせい》に乏《とぼ》しいものとして大人の目に映《うつ》るのは、そのためと言っていいでしょう。あるいはその基準《きじゅん》に合わない出来事《できごと》に遭遇《そうぐう》し、不思議に思ったからこそ、幼児《ようじ》の口《くち》から「なぜ」という疑問《ぎもん》が発《はっ》せられるのだとも言えるでしょう。

これは、ある教育学者が、かつて一人《ひとり》の幼児を一定期間、見守り、観察《かんさつ》してきた体験から見いだした、幼児の心理《しんり》です。その意味では、心の中に刻印《こくいん》された経験がどのようなものであるかに、親はもっと心を注《そそ》ぐべきではないでしょうか。

リハーノフ　子どもはもともと、胎児《たいじ》として母親の一部なわけですから、少なくとも最初は、母と子のつながりが強いものです。もちろん、その後いろいろ変わってくるものですが。

女の子は、お母さんとのつながりが、とくに強いものです。しかし、男の子は、ロシアの言い回しにあるように、「切り取られたパンのひとかけら」のようなもので、親から離《はな》れてしまいます（笑い）。母と別居《べっきょ》して、しかも私のように千キロも離れている場合は、まったく疎遠《そえん》になってしまいます。

母は今、私が子ども時代を過ごした町に住んでいて、私はモスクワ住まい。故郷に帰るたびに、十四歳年下の弟《おとうと》をうらやましく思います。弟は、すぐそばではないにしても、わりあい母の近くに住んでいるので、やはりつながりが強いのです。モスクワにいるときは、病《やまい》で家から外《そと》に出ない母がどうしているだろうかと、いつも心配しています。私が電話をかけると元気になるようで、母はいつも必《かなら》ず私や私の妻リリヤ、息子《むすこ》や孫《まご》がどうしているかと聞いてきます。モスクワのような恐《おそ》ろしいところで、私たちがどんな暮《く》らしをしているか、やっていけているのかと心配しているようです。

このような心配の情《じょう》は、年老《としお》いた愛情深い女性の知恵《ちえ》の表《あらわ》れだと思います。子どもがもう六十歳を超《こ》えても、相変《あいか》わらず子どもとして気にかけているのです。

池田　いくつになっても親は親、とは古今《ここん》変わらぬ真理のようですね。

先のペスタロッチの場合は、生《せい》ある者を生ある者自体として、つまり一個の人間として愛する思想の原点が、母親の温《あたた》かい体温《たいおん》にあったと言えます。

私の心の奥にも、母の温《ぬく》もりと言葉が今もって熱《あつ》く息《いき》づいています。そして、時に激務《げきむ》に疲《つか》れた心身を癒《いや》し、明日への活力《かつりょく》を沸《わ》き立《た》たせてくれるのです。

もとより市井《しせい》の一庶民《いちしょみん》であった母親です。口癖《くちぐせ》も平凡《へいぼん》なもので、「他人に迷惑《めいわく》をかけてはいけない」「ウソをつくな」の二つです。さらに少年期に入って、「自分で決意したことは、責任もってやりとげなさい」という一言が加《くわ》わりました。

おそらく、どこの家庭でも口《くち》にする言葉でしょう。しかし、人間としての自立《じりつ》を図《はか》っていく上で、絶対《ぜったい》に欠《か》かすことのできない人間性の側面《そくめん》だったと、私は実感しております。

あなたはこの点、どのようにお感じでしょうか。また、家庭教育に関するご見解《けんかい》を、ご自身の体験を交《まじ》えながら、お聞かせいただければと思います。

子どもの最大の教育環境《かんきょう》は教師自身

リハーノフ　ではここで、家庭教育について少し話させていただきたいと思います。
私の息子《むすこ》ドミートリーはもう三十八歳ですが、子どものころは病気がちでした。当時の生活は大変で、生活向上をめざしての戦いの日々でした。初めはキーロフ市に住み、私はジャーナリズムの世界に入り、後に「青年新聞」の編集に従事《じゅうじ》し、妻はテレビのアナウンサーでした。そのうち、一応《いちおう》私たちは、生活も安定していきました。

そうこうするうちに私は、有力新聞の一つである「コムソモーリスカヤ・ガゼータ」の特派員《とくはいん》として ノボシビルスクに転勤《てんきん》しました。妻はしばらくして、今度は地元のテレビの人気者《にんきもの》になりました。

息子《むすこ》の教育について言うならば、私たちは育《そだ》てたというよりは、ただもう慈《いつく》しんできたと言うべきでしょう。妻のほうが、やはり母親として息子と接《せっ》する機会《きかい》も多く、私はあまりありませんでした。とはいえ、妻が夜、仕事に出ると、私と息子はテレビの前で仲良《なかよ》く肩《かた》を抱《だ》きあいながら、彼女がスクリーンに登場《とうじょう》するのを待っていました。

池田　一九九五年、来日《らいにち》されたさいの、奥様の美しい笑顔は、今でも鮮《あざ》やかに覚《おぼ》えております。当時のブラウン管《かん》での人気のほどがしのばれます。

リハーノフ　妻への心のこもったメッセージ、ありがとうございます。妻も、来日したさいの会長ご夫妻との出会い、創価学園の生徒たちのすばらしい目の輝《かがや》きや笑顔のことなど、今でも話の端々《はしばし》に出てきます。

ところで、息子とのかかわりあいで、私が決定的な影響《えいきょう》をあたえたという思い出は、三つか四つしかありません。

息子《むすこ》が八年生のとき、転校《てんこう》をして友だちも先生も変わったときに、成績が落《お》ちてしまいました。転校がプレッシャーになったようでした。どうもはっきりとした原因があるようでした。それは学校の先生が悪意《あくい》で息子に接《せっ》し、彼をスポイルしていた（傷《きず》つけていた）のでした。

私は先生と会って、何《なん》とかわかってもらおうとし、息子の友だちとも接していきました。それでわかったのですが、じつは子どもたちが何も悪いことをしていないのに、子どもたちを支配《しはい》してひざまずかせようというばかげた目標をかかげた頑固《がんこ》な教師と、子どもたちとの戦いがあったのです。ムチを振《ふ》り回《まわ》さずにはおれない症《しょう》候群《こうぐん》の一人《ひとり》です。

私は絶対的《ぜったいてき》に息子の味方《みかた》をしました。先生がどれくらいの誠実《せいじつ》さをもっているのか、観察《かんさつ》していましたが、何ともひどいものでした。たとえば、息子は決《けっ》してのみこみの悪くないほうですが、歴史の成績が思わしくありませんでした。一緒《いっしょ》に三回授業《じゅぎょう》一度、息子と二人《ふたり》で徹底的《てっていてき》に試験準備《しけんじゅんび》をしたことがありました。一緒に三回授業のおさらいもしました。しかし、翌日《よくじつ》、持って帰った成績は（五点満点《まんてん》の）三でした。

それで原因は、狡猾《こうかつ》な教師だとわかったのです。こうなったらもう、子どもに救《すく》いの手を差《さ》しのべるしかありません。

私たちは、たいへんむずかしい決断《けつだん》をせざるをえませんでした。息子《むすこ》はもう（当時の最高学年の）十年生でしたが、――二年も彼はがまんしていたのです――転校《てんこう》をすることにしたのです。そうすると、奇跡《きせき》のように息子は成績がよくなりました。

そのころは、学校の卒業試験《しけん》とモスクワ大学受験《じゅけん》を控《ひか》えており、受験合格にはオール五をとる必要があったので、目《め》一杯《いっぱい》勉強量をふやしました。家庭教師のもとに通《かよ》い、四科目もの勉強をしなければなりませんでした。それでも、彼は、頑張りぬきました。あの時、自分に勝利した息子の姿《すがた》は、今でも偉《えら》いと思います。

池田　さぞ、ご苦労《くろう》されたでしょう。先に、教育を草木を育《そだ》てる作業に譬《たと》えましたが、肥料《ひりょう》を与え、雑草《ざっそう》を取り除《のぞ》くどころか、成長しようとする芽《め》そのものをつんでしまう教師が、ロシアでも日本でもいるのは、困《こま》ったものです。

そういった教師は、決《けっ》して子どもたちと同じ目線《めせん》に立とうとしない。頑《かたく》な、歪《ゆが》んだ目線で見下《みくだ》すばかりです。その実《じつ》、自分が見下されていることも気づかずに……。

牧口会長は、〝特殊学校《とくしゅ》〟であった三笠《みかさ》小学校の校長をしていた折《おり》、弁当を持ってこられない児童のために、自分の給料《きゅうりょう》を割《さ》いて、豆餅《まめもち》や食事を用意《ようい》しました。用務員室《むいんしつ》にそっと置《お》いて、自由に持っていけるようにしたのです。それは、子どもたちの気持ちを傷《きず》つけないように、との温《あたた》かい配慮《はいりょ》からでした。牧口会長自身、当時、八人の家族をかかえており、生活は決《けっ》して豊かではありませんでした。

牧口会長は語《かた》っています。

〝（＝教育者は）あなたの膝元《ひざもと》に預《あず》かる、かわいい子どもたちを『どうすれば将来《しょうらい》、もっとも幸福な生涯《しょうがい》を送らせることができるか』という問題から入っていく〟（『地理教授の方法及内容の研究』、参照）ことが大切である、と。

私ども創価学会の教育部では、この牧口会長の信念《しんねん》を受け継《つ》いで、〝子どもにとって最大の教育環境《かんきょう》は教師自身〟をモットーに掲《かか》げております。

全情熱を注《そそ》ぎ込《こ》んだ青春は、人生の宝《たから》

リハーノフ　大切な視点《してん》ですね。

私たちの孫《まご》イワンは、息子《むすこ》の場合と違《ちが》って、恵《めぐ》まれた環境《かんきょう》で育《そだ》っています。もっともパパ、ママが本領発揮《ほんりょうはっき》するのは、まだまだこれからだと思いますが。（笑い）

イワンはだれに勧《すす》められるでもなく、自分で恐竜《きょうりゅう》について調《しら》べだし、知識を習得《しゅうとく》しました。その次が天文学《てんもんがく》でした。今は六年生で十二歳ですが、天文学なら、ふつうの大学を出た大人《おとな》よりよく知っています。これはとてもいいことだと、私は思っています。というのも、そこから自分の可能性《かのうせい》を大きく開いていけるからです。

そのような小さな火種《ひだね》は、どの子どもの中にもあるものですが、それをいかに自分で自己認識《じこにんしき》の大きな炎《ほのお》へと育《そだ》てていけるかが重要です。

池田　そうですか。じつはわが家の三男坊――といっても、すでに結婚し、創価学園の理事をしていますが――彼が小学校高学年のころ、兄（次男）に私の知人から贈《おく》られた天体望遠鏡《てんたいぼうえんきょう》で土星《どせい》を見て、すっかり天文学に取りつかれてしまったのです。

そうこうしているうちに、もっと本格的な望遠鏡がほしいと言いだし、どうせ飽《あ》きるのだからとしぶる妻に粘《ねば》りに粘り、とうとう私まで味方《みかた》に引き込《こ》んで、それを手に入れてしまったのです。

それからの彼の天体観測《てんたいかんそく》への打ち込《こ》みぶりは、あきれるほどでした。中学に入ったころは、数十冊の天文学《てんもんがく》の専門書をそろえ、学校の勉強などそっちのけで、熱中《ねっちゅう》していたものです。彗星《すいせい》が出たときなどは、冬の真夜中《まよなか》であろうと、自分で起《お》き出《だ》していって、望遠鏡《ぼうえんきょう》をのぞき込んでいました。

おっしゃるとおり、三男坊にとって、天文学への打ち込みは、かけがえのない自《じ》己《こ》発見への旅だったようです。何《なん》でもよい、そうした無我夢中《むがむちゅう》になって全情熱を注《そそ》ぎ込む経験をもった青春は、人生の宝《たから》です。

リハーノフ　初めてお聞きしました。ぜひ、イワンに〝弟子入《でしい》り〟させたいですね。（笑い）

第十一章

演劇的《えんげきてき》家庭論

問《と》い直《なお》しを迫《せま》られる現代の家庭像

池田　家族あるいは家庭という人類最古《さいこ》の共同体《きょうどうたい》は、現在、重大な危機《きき》に直面《ちょくめん》しているようです。

危機の姿《すがた》は、国家や民族《みんぞく》によって、さまざまです。しかし、先進諸国《せんしんしょこく》における離《り》婚率《こんりつ》の急増《きゅうぞう》など、「父・母・子ども」を核《かく》とする、これまで自明《じめい》の理とされてきた共同体のあり方に、根本的《こんぽんてき》な揺《ゆ》らぎが生《しょう》じていることは否定《ひてい》できません。

その意味では、家族・家庭のあり方という問題は、人類の存続《そんぞく》にかかわる大課題であると言っても、決《けっ》しておおげさとは言えないでしょう。

リハーノフ　「家庭―社会―人類」、このような方程式《ほうていしき》の存在には、それなりの意味があると思います。家族の状況《じょうきょう》を見れば、その社会の安定度なり不安定さがわかります。ひいては国家の、そして人類の将来《しょうらい》を推《お》し量《はか》ることもできるのではないでしょうか。

私たちは、人類とか、どこかの国の社会とかグローバルな概念《がいねん》を考えるとき、抽《ちゅう》象的《しょうてき》なとらえ方をします。たとえば、それらの将来《しょうらい》について、設計《せっけい》を十分《じゅうぶん》に練《ね》ったり、せめて現状《げんじょう》を把握《はあく》するための一般的指標《しひょう》をもって考えているかというと、必《かなら》ずしもそうではありません。

ひるがえって、家庭はぐっと身近《みぢか》なものになります。自分の家庭が崩壊《ほうかい》しようとしているとき、私たちは人類について考えたりしません。そこに盲点《もうてん》があるとも言えます。なぜなら前にも話題にしたテレビ等の影響《えいきょう》で、人類は個人と無関係ではなくなっているからです。

その変化には、経済の影響もあります。グローバル化《か》した経済社会は、人類が生き残《のこ》るために、すべての人々の力《ちから》の結集《けっしゅう》を要求《ようきゅう》しています。

池田　とくに日本では、高度成長期にめざされてきた模範的《もはんてき》家庭像、父親像や母親像が、社会の激動《げきどう》や混迷《こんめい》にうまく適応《てきおう》できなくなってきています。そうした家庭は皆、なかんずく子どもたちにとって、憩《いこ》いやくつろぎ、励《はげ》ましの場ではなく、息《いき》苦《ぐる》しい閉塞感《へいそくかん》をもたらす空間《くうかん》にさえなりかねません。

一部では、従来《じゅうらい》の家庭像を問《と》い直《なお》しています。そして、その再構築《さいこうちく》をうながすための家族解体論《かいたいろん》さえ、議論《ぎろん》になることがあります。

リハーノフ　ここで過激《かげき》な役割《やくわり》を果《は》たしているのは、女性運動や科学の成果の極《きょく》端《たん》な形です。

自己《じこ》の権利を主張することは、基本的に認《みと》められるべきだと考えます。しかし、女性運動の活動家のなかには、夫《おっと》、妻、子どもという三点で成《な》り立《た》つ家族は、すでに無用《むよう》だと主張する人もいます。そのような考え方はしばしば、共産《きょうさん》主義などの新しい思想が形成されるのを背景《はいけい》として歴史に登場《とうじょう》しました。

彼らは、家庭にあっては夫は女性の権利を制約《せいやく》するだけの存在だと主張し、それを体験を通して証明《しょうめい》します。夫の世話《せわ》をし、洗濯《せんたく》をし、料理をし、夫にしたがう……経済的にも夫はむしろ足手《あしで》まといとなっている。なぜなら、教養《きょうよう》と専門的経験をもつ妻のほうが、時として夫の収入《しゅうにゅう》を上回《うわまわ》っていたりするからです。子どもは結婚しなくても産《う》める。だから、そのためだけに結婚し、余分《よぶん》な義務《ぎむ》を背負《せお》い込《こ》むことはない、と。

さらには、科学の進歩《しんぽ》によって、ことに医学の進歩のおかげで、居心地《いごこち》のよいクリニックで人工受精《じんこうじゅせい》を受ければ、女性は男性の助けを借《か》りずに子どもをもうけることができるようになりました。

報道の伝えるところによれば、旧《きゅう》ソ連の時代、ノーベル賞受賞者《しょうじゅしょうしゃ》の精子《せいし》を注文《ちゅうもん》して、生まれてくる子どもに最高の頭脳《ずのう》を確保《かくほ》しようとする動きもあったようです。この種《しゅ》の哲学は、愛情、愛着《あいちゃく》、献身《けんしん》といった、人類がもつ美しい資質《ししつ》、そしてこの世に生《せい》を享《う》けた目的とも言える資質をそっくり捨《す》てるのと同じなのは、だれの目にも明らかでしょう。技術を母体《ぼたい》とするプラグマティズム（実用主義《じつようしゅぎ》）の行き着くところは、家庭という理想をナンセンスにします。家庭とともに社会や人類の価値《かち》そのものをも否定《ひてい》していくものです。

「善《ぜん》の言葉」が堕落《だらく》する時代

池田　そうした「人類がもつ美しい資質」が、そのまま美しいもの、善なるものとして認《みと》められにくくなっています。そこに、現代の最大の問題があります。「現代は善の言葉が堕落している」と言ったのは、シモーヌ・ヴェイユです。*その堕落は結局のところ、野放《のばな》しのエゴイズムに由来《ゆらい》します。

人間である限《かぎ》り、エゴイズムを完全に捨《す》て去《さ》ることはできないでしょう。しかし、むき出しのエゴイズムを悪《あく》であると自覚《じかく》することは、人間的素養《そよう》、教養《きょうよう》、文化の必要条件です。

その自覚を欠《か》くと、たとえば自由や権利などという「善《ぜん》の言葉」も、あっという間に堕落《だらく》の坂道をころげ落《お》ちていってしまいます。

人工受精《じんこうじゅせい》は、否定《ひてい》できない面もありますが、ノーベル賞《しょう》学者の「精子《せいし》銀行」などは、あまりにも多くの問題があります。

リハーノフ　そうですね。同様の結末《けつまつ》を引き出すものに、極端《きょくたん》な政治思想がありますね。社会主義革命直後のわが国では、「共有化《きょうゆうか》」の理想が家族のあり方にまでおよぶ勢《いきお》いでした。

とはいっても、当時のロシア社会は、しっかりした家庭観、道徳観をもっていました。ゆえに、この「共有化」の考えを全面的に拒否《きょひ》し、のちには過激《かげき》な政治家たちもあきらめざるをえませんでした。しかし、いずれにしてもそのようなことがあったわけです。

共産《きょうさん》主義の下《もと》では、あらゆるものが共有化されるのだ――工場《こうじょう》も、土地も、住宅も、財産《ざいさん》も、そして女性も、というような、いかがわしい似非《えせ》共産主義思想が蔓延《まんえん》したのです。あたかも、解放《かいほう》された女性たちよ、いつでもだれでも気の向くままに選べばよい、家庭？　それよりも自由を大切にしたほうがいいのでは？　――と言わんばかりでした。

そういう極論《きょくろん》を構《かま》えた女性たちと、彼女たちを支《ささ》えた男性たちが数百人もいたでしょうか。その多くは知識階級崩《かいきゅうくず》れの人間たちでしたが、しばらくは革命の渦《うず》のなかで、全国民を誘惑《ゆうわく》すべくうごめいていました。

しかし、彼らはその後、いずこへともなく消《き》えてしまいました。不貞《ふてい》、離婚《りこん》、その後に残《のこ》される子ども、そして、その子の将来《しょうらい》といった問題が深《しん》刻《こく》な今、家庭そのものの内部に多くの問題をかかえていることは、言うまでもないことですね。

家庭は劇場《げきじょう》、家族は俳優《はいゆう》

池田　話を元《もと》に戻《もど》しますが、私は、社会が現在直面している危機《きき》的状況《てきじょうきょう》を打開《だかい》する一つの方法として、演劇的《えんげきてき》家庭論というアイデアに着想《ちゃくそう》してみたいのです。

リハーノフ　それは、どういうアイデアなのですか。

池田　俳優《はいゆう》が、ドラマのなかでそれぞれの役割《やくわり》を演《えん》じていくように、家庭という劇場《げきじょう》で、父親役や母親役、一定の年齢《ねんれい》に達《たつ》したならば子役《こやく》などの役柄《やくがら》を演《えん》じていくという発想《はっそう》です。

現状を固定的《こていてき》にとらえるのではありません。名優《めいゆう》がみずからの役柄を見事《みごと》に演じきっているときの余裕《よゆう》や落《お》ち着《つ》き、自己統御《じことうぎょ》などの徳目《とくもく》を、家庭という劇場の俳優たちが備《そな》えているとするならば、家庭の雰囲気《ふんいき》も、よほど変わっていくにちがいありません。

仏法では「願兼於業《がんけんおごう》」（願、業を兼《か》ぬ）*ということを説《と》きます。自分がどんな悪業《あくごう》（恵《めぐ》まれない立場や境遇《きょうぐう》）を負《お》って生まれても、宿業《しゅくごう》を転換《てんかん》して法を弘《ひろ》めるために、みずから願《ねが》ってそのような姿《すがた》で、今世《こんぜ》に生《せい》を享《う》けたのだという法理《ほうり》です。

であるならば、「願兼於業」を自覚《じかく》する人には、みずからの境遇に対する不満《ふまん》も恨《うら》みも慨嘆《がいたん》もありません。その人は、勇気をもって現状を肯定《こうてい》したうえで、未来へ力強い一歩を踏《ふ》み出《だ》していくでありましょう。ゆえに、私どもの宗祖《しゅうそ》は、筆舌《ひつぜつ》に尽《つ》くしがたい大難《だいなん》を受けられたとき、「本《もと》より存知《ぞんち》の旨《むね》なり」（御書九一〇ジペー）と、悠然《ゆうぜん》としてそれに対処《たいしょ》していかれたのです。

また、私の恩師《おんし》も、軍国《ぐんこく》主義下の二年間の投獄《とうごく》生活の苦労《くろう》を問《と》われたとき、「願《ねが》ってもない、えらい目に遭《あ》いました」と、いかにも恩師らしく、豪放磊落《ごうほうらいらく》に語《かた》っておられました。

まさに名優《めいゆう》の面影《おもかげ》が彷彿《ほうふつ》としております。人生観の根幹《こんかん》にかかわることですから簡単《かんたん》にはいきませんが、こうした余裕《よゆう》や落《お》ち着《つ》き、自己《じこ》統御《とうぎょ》、あるいはある種《しゅ》のユーモアのセンスのようなものをもとうと、おたがいが努力をすることです。

親であれ、子どもであれ、いずれも一個の人格であり、人間として平等《びょうどう》の存在です。家族という同じ舞台《ぶたい》の上で劇《げき》を演《えん》じている一人一人《ひとりひとり》は、ともどもに家庭創造《そうぞう》のドラマを支《ささ》えているという意味においても平等なのです。

役者《やくしゃ》が協力《きょうりょく》しあわなければ、どんな舞台も失敗《しっぱい》に終わります。おのおのが、その役回《やくまわ》りを賢明《けんめい》に演じ、責任を果《は》たさなければ、成功は望《のぞ》めない。

また、劇にハプニングはつきものです。その場合でも、皆で団結して乗り越《こ》えていく。家庭も、これと同じではないでしょうか。

もう五十年近くも前です。恩師の事業が行《ゆ》き詰《づ》まり、進退《しんたい》きわまった一夜《いちや》、私は恩師《おんし》のお宅《たく》にうかがいました。

奥様も心配されていたのでしょう。若い私を、なにくれと、もてなしてくださる立《た》ち居振《いふ》る舞《ま》いの端々《はしばし》にも、深い苦悩《くのう》と心労《しんろう》が、ありありと浮《う》かんでいました。ご長男も、まだ小さかった。

しかし恩師は、奥様に「仕事のことは、心配するな」と、一言。そして、「大作、将棋盤《しょうぎばん》だ！　一局《いっきょく》、やろう！」と将棋盤を用意《ようい》された。すでに夜半《やはん》を過ぎていましたが、恩師は、まるで子どものようにはしゃぎながら、将棋の駒《こま》を並《なら》べ始めたのです。

今思えば、これもご自身の楽しみからというより、むしろ沈《しず》みがちな家庭の気分《きぶん》を引き立てる意味あいがあったのではないかと思えるのです。

「一家の長《ちょう》」といえば古めかしい言い方ですが、苦境《くきょう》のさなかにも泰然自若《たいぜんじじゃく》と振る舞うことで、父親としての大きさ、存在感を示《しめ》されたのではないか。恩師は、父親として、夫《おっと》としての一幕《ひとまく》の劇《げき》を、みごとに演《えん》じられたと思えてならないのです。

ある意味で、「家庭は劇場《げきじょう》」であり、「家族は、その劇場の俳優《はいゆう》」と言える。大事なことは、各人がそれぞれに〝よりいい演技《えんぎ》を〟と心がけていくときに、家庭はもっと豊かで、もっとはつらつとしたものになるのではないでしょうか。

波瀾万丈《はらんばんじょう》の家庭ドラマを経験して

リハーノフ　ある部分ではあなたは正しいと思いますが、ある部分では、私はあなたに論争《ろんそう》を挑《いど》みたいと思います。（笑い）

池田　いいですね。どうぞ、どうぞ（笑い）。七年前（一九九〇年）に、当時のゴルバチョフ・ソ連大統領《だいとうりょう》とクレムリンでお会いしたさい、私は冒頭《ぼうとう》に「ケンカしましょう」と。大《おお》いに議論《ぎろん》しましょう、ということを、ユーモアこめて申し上げました。（笑い）

建設的な議論からは、必《かなら》ず〝何か〟が生まれます。ソクラテスの対話（ダイアレクティック）が、いみじくも〝産婆術《さんばじゅつ》〟と呼《よ》ばれていたように——。

リハーノフ　家庭生活を劇《げき》を演《えん》ずるかのようにとらえることは、私にはとうていできません。むしろそれは、永遠《えいえん》の波瀾万丈なのではないでしょうか。

夫《おっと》も、妻も、そして子どもも、社会にあってつねに複雑《ふくざつ》な個々《ここ》の状況《じょうきょう》に立たされていきます。大人《おとな》たちは職場や知人たちの間で、子どもたちは学校で——それぞれが家庭の外《そと》で遭遇《そうぐう》するドラマは、やがて家族全員が関知《かんち》するところとなります。

家族の絆《きずな》が深く、強い土台の上に築《きず》かれている場合には、妻や、夫《おっと》や、子ども、だれか一人《ひとり》が家庭の外でぶつかった問題を乗り越《こ》えるために、家族が支《ささ》えとなることもあります。しかし、そのような外的《がいてき》な問題や環境《かんきょう》が、家庭を変貌《へんぼう》させ脇《わき》へ押《お》しやり、壊《こわ》してしまう場合も少なくありません。

私の家庭のドラマをお話ししましょう。私は、三十九歳のとき、病気をしました。なかなかはっきりした診断《しんだん》が出ずに、しばらく入院をしたままでした。ついに診断が下り、手術《しゅじゅつ》が必要とのことでした。

私は手術を受けました。担当《たんとう》の医師は有名な外科《げか》医で、私の手術の執刀《しっとう》をする前日に科学アカデミーの会員に選ばれたところでした。そういうわけで、私は彼の「アカデミー患者《かんじゃ》」第一号になったのですが。

手術は成功し、退院《たいいん》し、一年が過ぎ、三年、十五年が経《た》ちました。私は病気になる前よりもっと仕事をし、主な著作《ちょさく》を書き上げ、作家として認《みと》められるようになり、そして児童基金を設立《せつりつ》しました。

そんなある日、ある会合で、あの時の外科医《げかい》にばったり出会いました。今は老碩《ろうせき》学《がく》になっていました。別《わか》れ際《ぎわ》にクロークのところで、彼は私にこう尋《たず》ねました。

「あれから何年経《た》ったかね?」

私が答えると、彼は言いました。

「君の病気、何だったか知ってる?」

私がちょっと当惑《とうわく》しながら、当時、知らされていた病名《びょうめい》を言うと、

「いや、それは違《ちが》うよ。あれは、ガンだったんだよ」と、彼は声高《こわだか》に笑いました。

私は、何かで頭を強く叩《たた》かれたようでした。気が動転《どうてん》した私は、あいさつをすませ、外《そと》に出ると一目散《いちもくさん》に家に向かいました。

家に着くなり、私は、妻のリリヤを呼《よ》び、外科医と会ったことを話し、今度は彼女に尋ねてみました。

「君は知っていたのかい?」

「もちろん」

なぜ私に知らせなかったのかは、問《と》うまでもないことでした。

家族の勇気と愛情に感謝《かんしゃ》

池田　ガンの告知《こくち》の問題は、非常にデリケートな問題で、わが国でも議論《ぎろん》が繰《く》り返《かえ》されております。私も、ケース・バイ・ケースで対処《たいしょ》すべきであって、是非《ぜひ》の間に明確な一線《いっせん》を引くことはできないと思います。それはともかく、奥様の苦悩《くのう》は察《さっ》するにあまりあります。

リハーノフ　言うまでもなく、腫瘍《しゅよう》は再発《さいはっ》の恐《おそ》ろしさで知られています。私はある一定の周期《しゅうき》で、再発の可能性《かのうせい》にさらされていたわけです。一年後、三年後、そして五年後、と。

その時、もし私が愛する妻の立場にあったらどうだっただろうか、と考えました。彼女はどれほどの苦《くる》しみを秘《ひ》めて耐《た》えてきたことか、ずっと緊張《きんちょう》の連続だったにちがいないことを知ったのです。

彼女は言いました。選択《せんたく》をしなければならなかった、と。私の健康のために周《まわ》りに囲《かこ》いをめぐらせ、仕事からも遠ざけたほうがよいのか、それとも、以前と同様に、私がやりたいことを全部やらせておくべきなのか。彼女の選択《せんたく》は後者《こうしゃ》でした。そこで、もしだれかが、彼女は家庭という場で上手《じょうず》に役を演《えん》じただけだと教えてくれたとしたら、私はおそらく愕然《がくぜん》とし、同時に笑ってしまうでしょう。いかに昔、彼女がテレビのアナウンサーと演出《えんしゅつ》の仕事をしていたといってもです。

いいえ、あれは演技《えんぎ》ではありません。苦難《くなん》への挑戦《ちょうせん》です。それも、もっとも近《ちか》しい人間に打ち明《あ》けられず、苦《くる》しさを分《わ》かちあうわけにはいかない。家族と医師との秘密《ひみつ》である以上、ほかのだれにも助けを求めることもできない。そうしたなかでの絶《た》え間《ま》ない葛藤《かっとう》との闘《たたか》いだったことでしょう。

ですから、妻は、何年も経《た》ったのちとはいえ、私に真実を暴露《ばくろ》してしまった、かの碩学《せきがく》の外科医《げかい》にいちばん腹《はら》を立てていました。もしも私が、真実をもっと早い時期に知らされたとしたら、私がどう受けとめるか、だれも保証《ほしょう》できない。くじけてしまうかもしれないことを、妻は了解《りょうかい》していたのだと思います……。

したがって、敬愛《けいあい》する池田さん、どうか悪く思わないでください。でも、夫《おっと》と妻が演技をできるのは、とても限《かぎ》られた場面だけなのではないでしょうか。

たとえば、二人《ふたり》の意見が合わない、でも、ささいなことでケンカをするのは賢明《けんめい》ではないと判断《はんだん》して、おたがいが角《かど》を立てずに折《お》り合《あ》いをつけるといった場合には、当てはまると思います。

でも、家族が困難《こんなん》に本気で立ち向かわなければならない状況《じょうきょう》に立たされたとき、同苦《どうく》と愛情と支《ささ》えを必要とするときにまで演技《えんぎ》が持ち込《こ》まれたとしたら、悲《かな》しいことではないでしょうか。

わが家《や》では、先ほど述《の》べた真実が明るみに出て以来、何事《なにごと》につけ、私は妻の勇気と力《ちから》と慈《いつく》しみの心に崇拝《すうはい》の念を抱《いだ》き続けています。

真の「演技」は人間性の輝《かがや》きから

池田　心にしみ入るお話ですね、リハーノフさん。
私の申し上げた「演劇《えんげき》」、あるいは「演技」という言葉の含意《がんい》を申し上げますと、それは人間性の発露《はつろ》から生《しょう》じる行為《こうい》――といった意味なのです。ですから、奥様のなされたことは、まことにすばらしく、感動的であり、豊かな人間性に満《み》ちた行為です。

「演技《えんぎ》」というと、どこか嘘《うそ》っぽく本心《ほんしん》を偽《いつわ》ることを、心ならずもやらなければならない擬制《ぎせい》、といったニュアンスで受け取られがちな点は、日本でもロシアでも同じでしょう。

しかし、私の言う「演技」は、人間の本然《ほんねん》からの営為《えいい》なのです。ですから、表面《ひょうめん》上《じょう》のこしらえごとを言ったのではありません。人間が本能《ほんのう》に支配《しはい》されることなく、自己《じこ》をコントロールしゆく人間性、人間であることの証《あかし》を体得《たいとく》していくための必須《ひっす》の行為《こうい》であり、いわば人間性の勲章《くんしょう》とでも言うべきものなのです。

私が、真の意味での「演技」が漂《ただよ》わせている「余裕《よゆう》や落《お》ち着《つ》き、自己統御《とうぎょ》などの徳目《とくもく》」を指摘《してき》したゆえんであります。

たとえば、私どもの宗祖《しゅうそ》の生涯《しょうがい》は、迫害《はくがい》に継《つ》ぐ迫害の連続でしたが、五十歳のとき、生涯最大の難《なん》である斬首刑《ざんしゅけい》に処《しょ》せられようとします。

その時、不思議な出来事《できごと》があって、結局、刑は取りやめになったのですが、その直後、宗祖は、何《なん》と捕吏《ほり》たちに酒を振《ふ》る舞《ま》っておられるのです。驚嘆《きょうたん》すべき境涯《きょうがい》の高さであり、「余裕《よゆう》や落ち着き、自己統御」のお手本《てほん》のような振る舞いというしかありません。

私が、進退《しんたい》きわまった苦境《くきょう》に立たされたときの恩師《おんし》の悠揚迫《ゆうようせま》らざる態度《たいど》に見て取ったものも、それに通《つう》ずるような人格の力《ちから》であり、輝《かがや》きでした。すなわち、真の意味での「演技《えんぎ》」とは、そうした卓越《たくえつ》した人格の力のおのずからなる流露《りゅうろ》です。*孔子《こうし》が「徳孤《とくこ》ならず、必《かなら》ず隣有《となりあ》り」（『論語』）と言っているように、それは、巧《たく》まずして人々を魅了《みりょう》してやまない振《ふ》る舞《ま》いへと結実《けつじつ》してくるものです。宗祖《しゅうそ》のような宗教的巨人《きょじん》の振る舞いを、万人《ばんにん》に要求《ようきゅう》することは無理かもしれません。しかし、通底《つうてい》するものは同じなはずです。

リハーノフさん。あなたの夫婦愛のエピソードからうかがえる、奥様の内《うち》なる闘《たたか》いこそ、まさに人格の力であり、人間性の輝きです。奥様の苦渋《くじゅう》の選択《せんたく》、その後の忍耐強《にんたいづよ》い支《ささ》えの背景《はいけい》に、「余裕《よゆう》や落《お》ち着《つ》き、自己統御《じことうぎょ》などの徳目《とくもく》」があったのです。人間性の奥深くから発《はっ》する「迫真《はくしん》の演技」「真実の演技」と申し上げたいのです。

そうした意味から、私は、家庭生活に限《かぎ》らず人生そのものがドラマであり、人間は、本質的に劇的《げきてき》性格をもっている、と信じているのです。

第十二章

成長家族――理想と目標の共有《きょうゆう》

「三極家族《さんきょくかぞく》」は人類最古《さいこ》の共同体《きょうどうたい》

池田　東京牧口記念会館にお迎《むか》えしたとき（一九九四年）、総裁《そうさい》は、「青少年のみならず、幼《おさな》い子どもまでが何《なん》のために、またいかにして生き、何をなすべきかわからないでいる」とロシアの現状《げんじょう》を嘆《なげ》いておられましたが、それは日本はもちろん、先進諸国《せんしんしょこく》に共通する問題であることは論《ろん》をまたないでしょう。

産業化《さんぎょうか》以前の伝統的《でんとうてき》家族は、産業革命が進行するにつれ、夫婦と子どもを単位とする核《かく》家族、いわゆる「近代家族」に移行《いこう》していく。核家族こそ、時代に合った必然的《ひつぜんてき》な家族像である――これまで、大方《おおかた》の人々がこう信じ込《こ》んできました。

リハーノフ　はじめに、あなたの言われる「核家族」について、少し確認をしておきたいと思います。

私たちは、母、父、子どもたちで構成される家庭を「三要素《ようそ》家族」と呼《よ》びます。言い換《か》えれば「三極家族」です。これは、私の考えるところ、「現代的」家族構成ではなく、その「伝統的」もしくは「自然な」家族構成です。

池田　ええ。古来《こらい》、一切の家族制度の〝核《かく》〟になってきたわけですから。ところが、欧米《おうべい》では、「核家族」が崩壊《ほうかい》の危機《きき》にあるというより、すでに崩壊したという声もあります。

貴国《きこく》やアメリカにおける離婚率《りこんりつ》の高さや、〝スウェーデンの子どもの半数《はんすう》がいわゆる「未婚《みこん》の母」から生まれている〟〝ドイツ人口の半数が独身《どくしん》である〟といったデータが、それをはっきりと物語《ものがた》っています。日本でも、核家族の「核分裂《ぶんれつ》」が、一人暮《ひとりぐ》らしの増加《ぞうか》や、共有《きょうゆう》時間の減少《げんしょう》という形で進んでいます。

こうした事態《じたい》への対応《たいおう》として、一つは、「昔の父は偉《えら》かった」などと、懐古的《かいこてき》に、伝統的《でんとうてき》家族の価値観《かちかん》を復活《ふっかつ》させるべきだという主張があります。しかし、家族崩壊の現場を知れば知るほど、問題はそんなに単純《たんじゅん》ではありません。

一方で、家族否定論《ひていろん》が欧米を中心に出ています。実際、アメリカでは、友人同士が共同生活《きょうどう》する新しい家族形態《けいたい》がふえているようです。

リハーノフ　「三極《さんきょく》家族」という「伝統的」もしくは、「自然な」家族のあり方は、近代化とか、ましてや民主主義によってもたらされたものではありません。それどころか、先ほど指摘《してき》されたように、原始《げんし》社会という人類発展の深みで生まれたものです。

この「三要素《さんようそ》」がダーウィニズム（進化論《しんかろん》）の観点《かんてん》から見て、いつ形成されたかということについて、歴史的に確《たし》かな立証《りっしょう》はなされていません。私個人は、神の創造《そう》による人間の起源《きげん》、つまり（キリスト教神話《しんわ》に出てくる）アダムとイブから始まったことを信じています。

そうだとすると、家族は初めからつねに存在していたことになり、その考えを宗教が支《ささ》えてきたわけです。

池田　当然でしょう。私どもの宗祖《しゅうそ》も、「三皇已前《さんこうい》《ぜん》は父をしらず人皆禽獣《きんじゅう》に同《どう》ず」（御書一八六㌻）として、中国古代の理想的な王とされた三皇（伏羲《ふっき》、神農《しんのう》、黄帝《こうてい》）以前は、「父をしらず」、すなわち、「三極家族《さんきょく》」が構成されておらず、人間は獣《けもの》と同じであったと述《の》べられています。

すなわち、家族は、人類最古《さいこ》の共同体《きょうどうたい》であり、人間が集団生活をしていく上での秩序《ちつじょ》の基《もとい》であると位置《いち》づけています。

もとより、大乗《だいじょう》仏教は小乗《しょうじょう》仏教と違《ちが》い、人間生活を戒律《かいりつ》によって〝外《そと》〟から律《りつ》していくいき方はとりませんから、たとえばカトリックのような厳格《げんかく》な結婚観をもっているわけではありませんが……。

伝統的《でんとうてき》家族観の価値《かち》と限界《げんかい》を見つめて

リハーノフ　おっしゃるとおり、カトリックでは、結婚は生涯《しょうがい》一度限《かぎ》りのものとされています。宗教は、およそいつの時代も、結婚の守り手という立場を貫《つらぬ》いています。

「近代化」と「民主化」に関して言えば、それらは人類に多様《たよう》な自由をあたえて、人類を解放《かいほう》したと言えるでしょう。その自由とは、三極《さんきょく》に代《か》わる「多極《たきょく》家族」であったり、同性《どうせい》結婚（ホモセクシャリズム）、不倫《ふりん》（三極の崩壊《ほうかい》）などです。または、日本の一つの傾向《けいこう》として、あなたが挙《あ》げられた一人暮《ひとりぐ》らしなどもそうでしょう。

この「近代化」が示《しめ》しているのは、虚像《きょぞう》の進歩《しんぽ》です。その下《もと》で、架空《かくう》の脅威《きょうい》となっているのが、三極家族です。その理由は、この家族形態《けいたい》が父親を長《ちょう》としており、父親は悪者との虚構《きょこう》の断定《だんてい》の上に立っています。

私はどういう場合も、単純《たんじゅん》な評価《ひょうか》、一方的評価には反対です。残念ながら、知識を蓄《たくわ》え、社会的可能性《かのうせい》を手にした男女は、家族の絆《きずな》を強めるのではなく、大量《たいりょう》の家庭崩壊《ほうかい》を助長《じょちょう》しました。家庭の不運《ふうん》な崩壊には、たんに個人的な原因によるものもあります。

しかし、それらが社会の一般的傾向《けいこう》として粉飾《ふんしょく》され、社会の新局面《しんきょくめん》のように扱《あつか》われるのは嘆《なげ》かわしい限《かぎ》りです。もちろん、数が多い場合には、これは傾向であり、社会状況《じょうきょう》の指標《しひょう》であると言うべきかもしれませんが、それでもまだ伝統《でんとう》とは言えないでしょう。

家族とは、愛と喜《よろこ》びのみではなく、責任でもあります。その責任を果《は》たすとき、愛と喜びを確認することができるのだと思います。技術的に優位《ゆうい》に立ち、情緒《じょうちょ》を伸《の》ばす代《か》わりに、お金をふやすことに腐心《ふしん》している国民の間に広がるエゴイズムは、人間関係の疎外感《そがいかん》を生み、家族を破壊《はかい》しています。

しかし、そのような社会が、技術なり経済なりで成功をおさめた鍵《かぎ》が、困難《こんなん》な課題の克服《こくふく》に挑《いど》もうという意志であり、また個人の成功の鍵も同様の挑戦《ちょうせん》の姿勢《しせい》にあるとすれば、なぜ人々は、同じ努力を家庭で払《はら》おうとしないのでしょうか。ほかの困難に比《くら》べれば、家庭の問題は、決《けっ》して克服《こくふく》できないものではないはずです。

池田　そこに、自由とわがままをはきちがえる現代人の大きな錯覚《さっかく》があるように思われます。

リハーノフ　先ほどの父親像に戻《もど》りますが、父親が一家の長《ちょう》であることは、偉大《いだい》な恵《めぐ》みです。厳《きび》しくも温《あたた》かい、そして家族を風雨《ふうう》から守る父親。奥さんの肩越《かたご》しに隠《かく》れずに、つねに家族を率《ひき》いていく勇気ある長を、封建制《ほうけんせい》や後進性《こうしんせい》の象徴《しょうちょう》ととらえるべきではありません。家庭と社会の礎《いしずえ》と言うべきでしょう。

池田　よくわかります。日本でも、戦後の民主主義は、思うような人間教育、人格形成の実《じつ》をあげませんでした。

そのため、従来《じゅうらい》、時代遅《おく》れと退《しりぞ》けられてきた伝統的《でんとうてき》な家族観や共同体《きょうどうたい》意識の見直《みなお》しが、叫《さけ》ばれているからです。

私は、そうした指摘《してき》は、半分は正しいと思っています。しかし、子どもたち、とくに従来《じゅうらい》、〝良家《りょうけ》〟とされてきたような家庭の子どもたちの間に頻発《ひんぱつ》する問題行動が示《しめ》しているように、過去を振《ふ》り返《かえ》るだけではどうしようもない、ある種《しゅ》の〝揺《ゆ》らぎ〟、あるいは〝生きにくさ〟が、現在の家族というものの根本《こんぽん》を脅《おびや》かしています。

前章の「演劇的《えんげきてき》家庭論」といい、この章のテーマといい、そうした現代の文明病《ぶんめいびょう》ともいうべき家族の袋小路《ふくろこうじ》に、どう突破口《とっぱこう》を見つけていくかというのが、私の問題提起《ていき》なのです。

「荒波《あらなみ》」のなかの「浮《う》き」としての家族

リハーノフ　たしかに、三極《さんきょく》家族の問題は単純《たんじゅん》ではありません。その点では、あなたと同感です。ただし、アダムとイブの昔から存在した「自然な」家族構成が、いちばん無理なく、将来性《しょうらいせい》があると思うのです。

ところで私は、この聖書《せいしょ》に描かれたカップルの罪《つみ》こそが、キリスト教のバネであり、人類の道徳ではないかと思っています。

考えてみれば、主《しゅ》なる神は、彼らにエデンの園《その》、つまり天国に暮《く》らすことを勧《すす》めました。そこには何《なん》でもそろっていました。そこに住む条件は一つ、罪を犯《おか》してはならないというものでした。しかし、イブは禁断《きんだん》のリンゴをもいで、アダムに与える。そこで主は、二人《ふたり》をエデンの園から人間の苦《くる》しみの世界に追放《ついほう》してしまいます。

アダムとイブは、その罪《つみ》のおかげで、苦《くる》しむ人間となり、その罪が人類を存続《そんぞく》させているのです。罪がなかったなら、子どもは生まれず、つまりは人類は誕生《たんじょう》せず、依然《いぜん》としてアダムとイブのたった二人《ふたり》のままだったことになります。そして、人間存在の要件《ようけん》としての家族も存在しなかったことになります。

それと同様、家族も試練《しれん》を乗り越《こ》えていかねばなりません。家族のあり方を問《と》う困難《こんなん》と試練があるからといって、家族そのものがいつかもろくも崩壊《ほうかい》してしまうと考えるべきではありません。

池田　私の恩師《おんし》は、創価学会の永遠《えいえん》の三指針《ししん》として、「一家和楽《いっかわらく》の信心」「各人が幸福をつかむ信心」「難を乗り越える信心」を遺《のこ》しました。

いかにして和楽の家庭を築《きず》いていくかは、信仰の根本《こんぽん》にかかわる問題です。ゆえに、私は、あなたと同様に、家族関係を全否定《ぜんひてい》するという発想《はっそう》は、人類の文明史《ぶんめいし》への挑戦《ちょうせん》であり、下手《へた》をすると、人間であることそのものの否定につながりかねない、と受けとめています。

人間関係を「縁起《えんぎ》」としてとらえる東洋的価値観《とうようてきかちかん》から見れば、人間とは単独《たんどく》ではなく、関係性を重視《じゅうし》しないといけないからです。

その上で、懐古《かいこ》でも全否定《ぜんひてい》でもない、新しい家族像の創造《そうぞう》――これが、二十一世紀に向けて、人類の課題であると思います。

専門的な分析《ぶんせき》は、社会学者、心理学者《しんり》にゆだねるとして、ここでは家族の危機《きき》に対して親のとるべき態度《たいど》を、「家族と社会のかかわり」「親と子のかかわり」という二点から考えておきたい。

「家族と社会のかかわり」でいえば、「家族」とは、生きていくのがたいへんな「社会」という荒波《あらなみ》に対して、ほっと一息《ひといき》つける「浮《う》き」のような存在と考えられます。

しかし、これまでもふれてきましたように、現代の日本では、人間の価値《かち》を能力《のうりょく》や偏差値《へんさち》だけで決めつけていく社会の傾向《けいこう》が、家庭にも影《かげ》を落《お》とすようになってしまった。「いい会社」を頂点《ちょうてん》にしたピラミッド型《がた》の社会を肯定《こうてい》し、そのための教育システムに駆《か》り立《た》てる親たちの支配《しはい》に、子どもたちは憩《いこ》うべき場を失《うしな》ってしまっている。

一見《いっけん》、従順《じゅうじゅん》な「いい子」でも、内面は、ストレスに苦《くる》しみ、それが時に、反社会的、反動的《はんどうてき》な行動のマグマとなって噴《ふ》きだすのです。

それでは、子どもを追《お》い込《こ》まないために、親はどうあるべきか――。

リハーノフ　とても悲《かな》しむべき事態《じたい》ですね。ロシアでも同じようなことが起《お》こりつつあります。「トゥソフカ」という低俗《ていぞく》な概念《がいねん》が登場《とうじょう》しました。これは、一種《いっしゅ》のパーティーとか何かのお祝《いわ》いをすることです。参加者は前もって選ばれた人たちに限《かぎ》られます。社会的地位とか、政治的、民族的《みんぞくてき》な枠《わく》とかです。しだいに身内《みうち》とよそ者を立て分け始めたのです。

学校も、イギリスやアメリカ的なエリート小学校、カレッジ（専科《せんか》大学）、総合大学に似《に》せ、「縁故《えんこ》関係のある」エリートを育成《いくせい》する学校が誕生《たんじょう》しました。そこでは、かわいいわが子の「幸《しあわ》せを願《ねが》う」両親にとって、よい縁故を持つことが「走るためのムチ」になっています。

ただし、このようなことはなにも今日《こんにち》に始まったことではありません。仲間内《うち》の人々と結婚しなければならなかったスヴェトラーナ・スターリナ・アリルエヴァ（スターリンの娘《むすめ》）の運命《うんめい》は周知《しゅうち》のことです。同じように、旧ソ連共産党《きょうさんとう》の政治局や中央委員会のメンバーの子どもたちは選別《せんべつ》され、地位を得《え》ていきました。

エリート教育は、たとえどのような名前で呼《よ》ばれたとしても、所詮《しょせん》、私利私欲《しりしよく》のために不自然な関係を強制《きょうせい》することにほかなりません。ゴールズワージー*の三部作

『フォーサイト家物語』や、トルストイの『アンナ・カレーニナ』などは、このことを雄弁《ゆうべん》に物語っています。

時に、人類の歴史すべてが、富《とみ》と愛、権力と人間性のせめぎあいなのかと思えてくることもあります。人類は、このテーマで十分《じゅうぶん》すぎるほどの教訓《きょうくん》を得《え》てきました。しかし、世界の文化という偉大《いだい》な殿堂《でんどう》を築《きず》きながら、なおも相変《あいか》わらず、永遠《えいえん》の過《あやま》ちを繰《く》り返《かえ》し続けています。

ともに向上をめざす「成長家族」に

池田　その悪循環《あくじゅんかん》を断《た》ち切《き》らねばなりません。二つ目の「親と子のかかわり」から言えば、社会の支配的《しはいてき》な価値観《かちかん》とは違《ちが》う「哲学」を家族が共有《きょうゆう》することでしょう。

日本では、第二次世界大戦での敗戦《はいせん》、そしてバブル崩壊《ほうかい》にいたるまで、価値観の崩壊、激動《げきどう》のなかで、親たちは自信を失《うしな》い、子どもたちは、そうした両親、社会を前にして、不信と不安をつのらせてきました。

大切なことは、そうした社会の毀誉褒貶《きよほうへん》とは別の次元《じげん》で、いつの世にも変わらぬ

「人間として」生きる意味を問《と》い続ける共同作業《きょうどう》を行うことではないでしょうか。たとえば「まじめな人が損《そん》をする社会」であれば、「あなたは、最後までまじめな人の味方《みかた》になれ」と教える。「認識《にんしき》せずに評価《ひょうか》する付和雷同《ふわらいどう》の社会」であれば、「透徹《とうてつ》した眼《まなこ》を磨《みが》け。信念《しんねん》に生きよ」と教える。

親と社会との接点《せってん》が「会社」という単線《たんせん》のみでは、これはできません。より普遍《ふへん》性《せい》と永遠性《えいえんせい》に根《ね》ざした理想や目的が必要になる。ここに私たちのＳＧＩの運動の一つの意味がある、と思っているのです。そのために大切なのは、「親自身が向上しようと努力する」ことではないでしょうか。

トルストイは言っています。

「すべて養育は、結局自身が善良な生活を送ることに帰着する。すなわち、自ら動き、自らを養育するということに帰着するのである」（『国民教育論　世界教育宝典』昇曙夢《のぼりしょむ》訳、玉川大学出版部）と。

「親の背を見て子は育《そだ》つ」という言い方が日本にあります。「子どものため」と見下し、行動のベクトル（方向性）を向かいあわすのではなく、子どもと同じく「成長」の方向へ、ベクトルを開いていく。

ここに、幼児期《ようじき》の「保護者《ほごしゃ》」と「被《ひ》保護者」の関係を脱皮《だっぴ》した、成熟《せいじゅく》した家族関係を築《きず》くカギがある。私はこのことを、「成長家族」という表現で、繰《く》り返《かえ》し訴《うった》えてきました。

さて、今、私は家族を〃荒波《あらなみ》のなかの浮《う》き〃と表現しました。しかし、親が寝《ね》たきりになったり、いい子が突然非行《とつぜんひこう》に走ったり――「家族をもつゆえの苦《くる》しみ」もまた、万人《ばんにん》が逃《のが》れられないものです。絶大《ぜつだい》な権力があっても、巨万《きょまん》の富《とみ》があっても。

家族とは、一切の虚飾《きょしょく》を取り払《はら》った「人間としての生きざま」をいやおうなしに問《と》うてくる。そうとらえることから、新しい家族像の創造《そうぞう》を始めるべきではないかと思っております。

リハーノフ　同感です。新しい家庭像はぜひ必要であり、同時にむずかしい課題です。トルストイは、「幸福な家庭はどれもみな似たりよったりだが、不幸な家庭は不幸のさまがひとつひとつ違っている」(「アンナ・カレーニナ　I」、『トルストイ集(四)　世界文学全集37』〈木村彰一訳〉所収、筑摩書房)と言っていますが、変化した現代社会では、幸福な家庭もそれぞれに違ってきています。

たとえば、ある家庭に芸術に秀《ひい》でた子どもがいたとします。わが国では、そのような場合、親は喜《よろこ》び、その子の才能《さいのう》を「開花《かいか》」させようとして、躍起《やっき》になってコンクールへの出場《しゅつじょう》、入賞《にゅうしょう》、そして海外公演《こうえん》へと子どもを押《お》しだす——そんな家庭を私はたくさん知っています。

ただ、悲《かな》しいことに、早期《そうき》に伸《の》びた才能の多くは、早々に枯《か》れてしまうことも見てきました。非凡《ひぼん》な才能を持った子どもは、早死《はやじ》にしてしまうか、成長とともに平《へい》凡《ぼん》になっていく場合が多い。何かが彼らの中で消《き》え、死《し》に絶《た》えてしまうのでしょう。

そう、これが幸福な家庭の一例です。つまり、幸福と不幸のどんでん返しです。

では、富《とみ》や成功はどうでしょうか。同じようなどんでん返しはないでしょうか。

私は、かねてより、本物の才能は試練《しれん》にあって堅固《けんご》になると思っています。そして、豊かさや安逸《あんいつ》のなかではなく、貧《まず》しさや労苦《ろうく》のなかで、善良《ぜんりょう》さ、思いやりを養《やしな》うことができると考えてきました。

若い時に困難《こんなん》を経験していない人は、かわいそうです。彼は人生にそれほど価値《かち》を見いだせないのです。なぜなら、幼《おさな》くしてすべてが与えられてしまい、ほとんど何もみずからの手で達成《たっせい》したものを持たないからです。

これは極論《きょくろん》ととられるかもしれません。現実には、完全に理想的な状況《じょうきょう》も、完全に行き詰《づ》まった状況《じょうきょう》もほとんどないのですから。それでもやはり、傾向性《けいこうせい》については述《の》べておく必要があると思ったのです。

師弟《してい》に生きる家族は幸福

池田　極論《きょくろん》どころか、まさに正論《せいろん》であり大賛成《だいさんせい》です。恩師《おんし》も、荒海《あらうみ》で知られる日本の玄界灘《げんかいなだ》で育《そだ》った鯛《たい》は、身《み》が引き締《し》まっておいしいことに寄せて、若いころの苦労《ろう》は、買《か》ってでもせよ、と強調してやみませんでした。

ここで、もう一点、社会に開かれた創造的《そうぞうてき》な成長家族を築《きず》くために、人格の錬磨《れんま》という面で、「師弟」の重要性について、再度《さいど》、考えておきたいと思います。

よく知られるように、ナポレオン戦争*で荒廃《こうはい》したデンマークの復興《ふっこう》に貢献《こうけん》したのは、グルントヴィ*とコルの師弟です。二人《ふたり》は、〝民衆の大学〟と呼《よ》ばれる「国民高等学校」という開かれた学《まな》びの場を通して、民衆教育を普及《ふきゅう》させせました。

グルントヴィの理念《りねん》と闘志《とうし》を受け継《つ》ごうと精進《しょうじん》したからこそ、コルは、自身を向上させることができたのです。また、師よりも三十歳以上も若い後継《こうけい》の弟子《でし》がいたからこそ、デンマークの民衆教育は花開き、国土《こくど》を蘇生《そせい》させる原動力《げんどうりょく》となったのです。

牧口先生は、その著《ちょ》『創価教育学体系』の緒言《しょげん》でこの二人《ふたり》に言及され、コルの姿《すがた》を愛弟子《まなでし》の戸田先生の闘争《とうそう》と二重写《にじゅううつ》しにしておられます。すなわち『創価教育学体系』は、戸田青年の全力の献身《けんしん》によって完成したと感謝されています。戸田先生もまた、すべてをささげて牧口先生を守り、その偉大《いだい》さを証明《しょうめい》しぬかれたのです。

師弟《してい》――この道に生きぬくところにこそ、「人間」としての最高の自己《じこ》完成があります。「人間」としての最高の誇《ほこ》りがあります。こう考えると、「どういう家庭をめざすのか」「どんな子に育《そだ》てるのか」という目的観を共有《きょうゆう》するとともに、共通の師の下《もと》で、悔《く》いない人生を歩《あゆ》んでいることが、どれほどか充実《じゅうじつ》した家庭を築《きず》きゆく土台となることであろう、と信じてやみません。

あなたはこの点、どのようにお考えでしょうか。

リハーノフ　このテーマは、本対談ですでにふれましたね。付け加《くわ》えて申し上げるとすれば、残念ながら子どもの心身の成長に完璧《かんぺき》な教育環境《かんきょう》を備《そな》えている家庭は少ないと言えます。多くの家庭生活は、寝《ね》て、食べて、しゃべってという日常の繰《く》り返《かえ》しです。それだけで十分《じゅうぶん》だと言う人もいます。

しかし、より本質的には、家庭は子どもにとって、精神的価値《かち》の源《みなもと》です。ところが、そうでない場合もある。そこで教師は、大局的《たいきょくてき》に見れば、一種《いっしゅ》の補足的役割《ほそくてきやくわり》を担《にな》っていると考えます。家庭であたえきれない部分をおぎなってくれる人です。もちろん、教師がしっかりしている場合の話ですが。

私は教師にたいへん恵《めぐ》まれました。戦時下で、私たちの先生アポリナリヤ・ニコラエヴナ・チェプリャシナは、文字どおり私たちを救《すく》ってくれました。物理的《ぶつりてき》に救ってくれたこともありました。どの家もお父さんが戦いに出ていってしまい、父親の欠《か》けた家庭が私たち子どもにあたえられなかったことを、彼女はすべてをおぎなってくれたと言えます。

池田さん、あなたのおっしゃる先生というのは、精神の師匠《ししょう》のことで、学校の教師とは異質《いしつ》のものだと私は理解しています。

牧口氏のような運動の指導者は、戸田城聖氏のような、またあなたのような弟子《でし》を持たねばなりません。大きな運動と多くの同志を率《ひき》いていく精神的師匠という存在で、学校の教師とは、まったく別です。ここでは、弟子が師匠の精神的理想を社会に伝えるという、まったく別の一歩が踏《ふ》み出《だ》されていくのですから。

創価学会の運動は、社会の幸福をめざす上での新しい運動形態《けいたい》とも言えるのではないでしょうか。そして、創価学会が代々卓越《たくえつ》した精神性を持つ指導者を得《え》たことを、私は心からたたえたいと思います。

数百万の人々をたんに魅了《みりよう》しただけでなく、その人々が、隣人《りんじん》を救《すく》い、手をたずさえ、弱い立場の人々を助けようとの熱い願《ねが》いを長年《ながねん》にわたって保《たも》ち続けられるように、励《はげ》まし支《ささ》えておられる指導者に恵《めぐ》まれたことを。

第十三章

「父《ふ》性《せい》」のあり方

父親受難《じゅなん》の時代

池田　日本の子どもたちを取り巻《ま》く異変《いへん》――いじめや不登校《ふとうこう》をはじめ、育《そだ》ち盛《ざか》りの子どもたちにあるまじき怠惰《たいだ》や無気力《むきりょく》、あるいは常識《じょうしき》を逸脱《いつだつ》するような凶悪犯罪《きょうあくはんざい》――。こうした問題の背景《はいけい》の一つとして、「父性《ふせい》」の欠如《けつじょ》が指摘《してき》されています。

ことさらに「父性」というと、近代日本の歩《あゆ》みのなかで制度化されてきた家父長《かふちょう》制《せい》での「強い父」「怖《こわ》い父」を思い浮《う》かべる方もいるかもしれません。いわゆる「権《けん》威《い》主義的な父親像」です。

こうした「強い父親」は、敗戦後《はいせんご》、民主主義の名のもとに全否定《ぜんひてい》されました。家父長制を軸《じく》とする家族制度こそ、天皇制《てんのうせい》を支《ささ》える基盤《きばん》であるとして、攻撃《こうげき》の的《まと》となったのです。結果として権威的な父は悪者とされ、「物わかりのよい父」「友人のような父」が、子育《こそだ》てにとっての理想とされてきました。

リハーノフ　過去の弊害《へいがい》に対する、一種《いっしゅ》の反作用だったわけですね。

ただ、子どもの人生における父親の役割《やくわり》については、まだ本格的な研究はなされてはおりません。直感的《ちょっかんてき》に見ているにすぎない部分がかなりだと思います。それでも父親像としてある程度《ていど》、類型化《るいけいか》ができますから、心理学《しんりがく》のような学問の対象《たいしょう》となりうるのではないでしょうか。

池田　そうかもしれません。反権威《はんけんい》主義の風潮《ふうちょう》のもとでは、社会的にも、上下の秩序感覚《ちつじょかんかく》や道徳意識など、〝父親的なもの〟を中心に形成されてきた価値観《かちかん》はくつがえされ、軽《かろ》んじられてきました。

その結果、価値観や人格を教え、社会のルールを教えるといった本来《ほんらい》の「父性《ふせい》」の役割《やくわり》――かつての家父長制《かふちょうせい》は、もちろんマイナス面も多かったが、時代的な制約《せいやく》のもとで、それなりの役割を果《は》たしてきたことは否定《ひてい》できません――までもが機能《きのう》しなくなってしまいました。

一言で言うと、父親の受難《じゅなん》の時代です。自信喪失《そうしつ》の時代とも言えるでしょう。

この父親の「権威の喪失」こそが、子どもたちの心を無秩序にし、現在のような善悪《ぜんあく》のけじめをつける感覚《かんかく》もない、また心に張《は》りのない無《む》気力《きりょく》な子どもたちをつくった要因《よういん》の一つではないでしょうか。

リハーノフ　まず最初の設問《せつもん》として――これはいちばん大事かもしれませんが

――父親がいないことは子どもにとっていいことだろうか、と問《と》いかけてみるならば、「よくない」と皆が言うでしょう。しかし、ではなぜよくないのでしょうか。すでに、この対談で申し上げたとおり、子ども時代の初期――年《とし》で言えば六歳から十歳ころ――つまり、まだ気持ちのおもむくまま生きているのだけれども、ものの道理《どうり》も考えるようになる時代は、私の場合、まだ戦争中でした。

父は家にはいませんでした。今になって思えば、そのことが私の心の重要な部分を占《し》めていたのではないかと思います。私はいつも父のことを考え、心配していました。いちばん私が恐《おそ》れたのは、父が殺《ころ》されはしないか、ということでした。

池田　あなたの作品でも、父親は大きな影響力《えいきようりよく》を持って登場《とうじよう》していますね。

リハーノフ　ええ。当時、私たちが住む北の都市では、ふだんよりもっと寒《さむ》さの厳《きび》しい冬が続きました。飛《と》んでいる雀《すずめ》が凍《こお》ってしまい、雪の上にぽとぽと落ちてくることもありました。母は私に深々と帽子《ぼうし》をかぶせ、さらにマフラーでぐるぐる巻《まき》にしていましたので、その間の小さなすき間《ま》から周《まわ》りがかろうじて見えるといった格好《かっこう》でした。（笑い）

ズボンは二枚も三枚もはかされ、手袋《てぶくろ》も二重《にじゅう》にはめていました。

池田　なるほど。ロシアの社会風物詩《ふうぶつし》には、ぬいぐるみの人形のように、丸々《まるまる》と厚着《あつぎ》をした、愛らしい童子《どうじ》が、よく出てきますね。

リハーノフ　早朝《そうちょう》、私と母は凍《い》てついた通りを歩いたものですが、母は私の手をしっかりと握《にぎ》って引っぱりながら、一方の私は、あまりの寒《さむ》さにびっくりしながら、心に思っていたのは身近《みぢか》すぎる母ではなく、父のことでした。

父の姿《すがた》は、家の鏡《かがみ》のそばに写真があったとはいえ、はっきりと覚《おぼ》えていたわけではありませんでしたが、小さかった私にとって、父こそが、この世でいちばん大切な存在でした。

父不在《ふざい》のなかでつちかった責任感

リハーノフ　父のことを思うたびに感じていたのは、何度《なんど》も繰《く》り返《かえ》すようですが、不安感でした。父の身に何か起《お》こりはしないかと心配し、恐《おそ》れてばかりいました。

あの子ども時代から今にいたるまで、私は心配性が身についてしまい、つねに孫《まご》や息子《むすこ》、妻のことや自分の仕事など、時にはまったくくだらないことで気をもむのが習性《しゅうせい》となっています。

つねに何かを気に病《や》むことが、はたしていいのか悪いのか、それは私にはわかりません。一つ言えることは、父のことを、父の安否《あんぴ》を気づかうことが、ある種《しゅ》の責任感を育《そだ》ててくれたということです。子どもが責任感をもつということは、大人《おとな》になっていくうえで重要な資質《ししつ》です。とくに男の子にとっては、父性《ふせい》を養《やしな》うことにつながると思います。

戦争が異常事態《いじょうじたい》であることは言うまでもありません。子どもが皆、父の安否を気づかわなくてはならないような事態は、あってはならないものです。――ちなみに私の父は四年間戦地《せんち》にいましたが、生き残《のこ》ることができました――しかし、私には、父の不在《ふざい》がむしろよい影響《えいきょう》をあたえてくれました。

池田　「責任感」という視点《してん》は、父性を考えるうえで欠《か》かせませんね。

私の場合、父は病気がちで年齢《ねんれい》もあって、出征《しゅっせい》しませんでした。私は八男一女の九人兄弟の五男でしたが、四人の兄たちは次々に戦地におもむき、実質的には、私が一家の中心とならざるをえませんでした。

とくに一時除隊《じょたい》になっていた長兄《ちょうけい》――結局、ビルマで戦死《せんし》します――が、戦火《せんか》の拡大とともに、ふたたび戦場《せんじょう》の人となるときに、私に言い残《のこ》した「お父さん、お母さんを頼《たの》んだぞ」という一言は、いまだに耳朶《じだ》に残っています。

戦争といえば、いやな悲《かな》しい思い出ばかりですが、そこで〝家長《かちょう》〟的役割《てきやくわり》を演《えん》じざるをえなかったことが、私の男の子としての自覚《じかく》というか、責任感を育《はぐ》んだことは否定《ひてい》できません。

リハーノフ　父が帰ってきたときの喜《よろこ》びは、計《はか》り知《し》れないものでした。しかし、一、二年もすれば、幼年《ようねん》時代から少年時代へと成長するにつれて当然、私も変わっていきました。

父は忙《いそが》しく働《はたら》いていましたが、どうもあまり満足感《まんぞくかん》が得《え》られなかったようで、つねに何かを探《さが》し求《もと》め、平和な生活に飽《あ》き足《た》らないようでした。加《くわ》えて、ロシアでは、戦争中よりも終戦直後のほうが生活はたいへんでした。

わが家《や》にも子どもがまた一人《ひとり》、つまり私の弟《おとうと》が誕生《たんじょう》し、私は十四歳になっていました。母は幼《おさな》い弟にかかりきりで、父は仕事に忙しく、私は孤独《こどく》でした。父とのふれあいが少ないことが淋《さび》しく、強い不満を感じていました。

もっとも一つ、共通の関心事がありました。ハンティング（狩《か》り）です。わが家《や》には祖父《そふ》が持っていた古い銃《じゅう》が壁《かべ》にかかっており、ハンティングに連《つ》れていってほしいと父にせがんだのですが、どうしても聞き入れてくれません。しかし、私のあまりの熱心さに母が口添《くちぞ》えをしてくれたのです。

父親と同じ趣味《しゅみ》を共有《きょうゆう》できたことで、父とはさまざまに語《かた》りあうことができました。その楽しかったときのことは、今でも覚《おぼ》えています。

池田　いいお話ですね。

父親にはルールを教える役割《やくわり》がある

リハーノフ　ここで、本来《ほんらい》の父親の義務《ぎむ》とは何かを思い出してみたいと思います。

それはまず、「厳格《げんかく》さ」です。「厳格さ」を欠《か》いては父親とは言えません。厳格であるということは、当然、衝突《しょうとつ》も避《さ》けられないし、義務を説《と》いたり、子どもが羽目《はめ》を外《はず》せば戒《いまし》めなければなりません。

仕事に厳《きび》しい父親は、優《やさ》しくしたり、愛情を表現したりするのが苦手《にがて》な場合が多く、なかなか自分を切り替《か》えることができません。とくに努力をしなくても、しぜんにそれができる父親はすばらしいと思います。そうすれば、子どもも「公明正大《こうめいせいだい》さ」を感じるからです。

悪いことをするとお父さんは叱《しか》るけれども、行いがよいときは、いつも心を開いてくれている。いわば閉《と》じたり、開いたりする扉《とびら》のようなものです。決められたルールを破《やぶ》らないかぎりは、お父さんの心の扉はいつも開かれているのです。

池田　よくわかります。家庭であれ学校であれ社会であれ、人間の生活が円滑《えんかつ》に運営《うんえい》されるためには、必《かなら》ずルールがあります。

「名月をとってくれろとなく子かな」（小林一茶）の状態《じょうたい》を脱《だつ》し、そのルールにしたがって、どう自分のわがままや欲望《よくぼう》をコントロールしていけるかどうかに、人間の成熟《せいじゆく》はかかっています。

そのルールを、身《み》をもって教えていく責任は、母親以上に父親の双肩《そうけん》に担《にな》われていくでしょう。

リハーノフ　まったく同感です。

恐縮《きようしゆく》ですが、もう一度、私の父と私、そして、私と私の息子《むすこ》、つまりイワン・ドミートリーに話を戻《もど》させていただきたいと思います。

私が自分の職業を選んだのは、高校の時でしたが、父の影響《えいきょう》を受けることはありませんでした。私は文学に熱中《ねっちゅう》していましたが、父は文学に無関心でした。別にそのことで、亡《な》くなった父を責《せ》めているわけではなく、父が天国でやすらかに眠《ねむ》っていますように祈《いの》っています。

ただ、もっと親密《しんみつ》な親子関係であったなら、機械工《きかいこう》だった父にならって、ジャーナリストなどというふわふわ空でも飛《と》んでいるような職業ではなく、もっと堅実《けんじつ》な仕事を選んでいたかもしれません。

しかし、父が私を地上に引きずり下《お》ろすようなことは決《けっ》してしなかったことを、ありがたく思っています。

池田　じっと見守っておられたのですね。

リハーノフ　ええ。一方、私の息子《むすこ》はといえば、とくに仕事の話をしたわけでもありませんでしたが、私の生き様《ざま》をじかに見て育《そだ》ちました。私の友人が来るたびに、さまざまな問題や衝突《しょうとつ》が話題にのぼりますし、息子の耳にしぜんと入ります。私も息子に隠《かく》し立《だ》ては、一切しませんでした。

ひょっとして、それがかえってあだになってしまったかもしれません。他の職業を知るチャンスを逃《のが》してしまったかもしれません。父親の影響《えいきょう》が大きすぎたかもしれないとも思いますが、やはりあくまでも間接的な影響であって直接的なものではありません。

ジャーナリストという、私と同じ職業を選んだ息子《むすこ》のイワンは、それとともに精神的重圧《じゅうあつ》も受けなければなりませんでした。それに私が気づいたのは、かなり後のことですが。

一応《いちおう》名の通った作家であり、発行部数二百万部の雑誌編集者である父親と同じ業《ぎょう》界《かい》に足を踏《ふ》み入《い》れるのは、息子にとって決《けっ》して生《なま》やさしいことではありません。そのなかで、独立した人格として生きぬいていかなくてはなりません。

横《よこ》やりもあったようですが、彼はこの業界に入るとまもなく、独立したジャーナリストとしての本領《ほんりょう》を発揮《はっき》するようになりました。今は、父親の応援《おうえん》なしで自分でゼロから作った雑誌「ニャーニャ（子守《こも》り）」のオーナーでもあります。

池田　しかし、現代のように自由が保障《ほしょう》された社会で、そのような親子の連携《れんけい》プレーがなされているということは、すばらしいことです。

厳愛《げんあい》の余韻《よいん》を伝える「父」の肖像《しょうぞう》

リハーノフ　ありがとうございます。

あなたがおっしゃるように、父親が子どもにとって精神的権威《けんい》であるという考察《こうさつ》は、まったく正しいと思います。

子どもが少年期に入るころは、とくに父親は、精神的に子どもを放《ほう》っておいてはいけません。この時期は、すべての大人《おとな》と――母親にせよ、教師やもちろん父親も――子どもとの間に目に見えない「溝《みぞ》」ができるものです。

これは、厳格《げんかく》な声の響《ひび》きや叱正《しっせい》、はねつけで乗り越《こ》えられるものではありません。かといって、おべっかや小遣《こづか》い、うそでなんとかしようとしてもだめです。とにかく自分なりに、なにげない行動で真心と尊敬《そんけい》の気持ち、愛情を示《しめ》していくことです。肝心《かんじん》なのは、心の奥深《おくふか》くから発《はっ》した気持ちがこもっている、ということです。

子どもに愛情を注《そそ》ぐことが母親の本領発揮《ほんりょうはっき》であるならば、父親は子どもとの間に一定の距離《きょり》を保《たも》ちながら、正しい方向に導《みちび》いて、社会で独《ひと》り立《だ》ちできるようにしてあげることが役目《やくめ》でしょう。

池田　それは、人類の長年《ながねん》にわたる文化であり、生活の知恵《ちえ》、常識《じょうしき》というものでしょう。ところが、その文化や常識が根底《こんてい》から揺《ゆ》らいでいるのが現代です。

一九九七年の日本の各紙の新年号――日本の新聞は、新年号でその年の最大の課題と予想されるものを取り上げるのを常《つね》としています――の多くが「家族」「家庭」の問題にスポットを当てておりました。

おっしゃるとおり、「母性《ぼせい》」は子どもを愛情でつつみ込《こ》んでいくのに対して、「父性《ふせい》」は、子どもと一定の距離を保《たも》ちながら、子どもたちを社会的に自立《じりつ》させ、進むべき正常な道をさし示《しめ》していく働《はたら》きがあると思います。

「父性」というと、私の胸《むね》に鮮《あざ》やかに思い浮《う》かぶシーンがあります。

リハーノフ　それはどのようなものですか。

池田　太平洋戦争末期《たいへいようせんそうまつき》、心ならずも、世界最大の戦艦《せんかん》「大和《やまと》」に乗って出陣《しゅつじん》し、目的地・沖縄《おきなわ》のはるか手前《てまえ》でアメリカ軍の爆弾《ばくだん》と魚雷攻撃《ぎょらいこうげき》によって撃沈《げきちん》され、九死《きゅうし》に一生を得《え》て、奇跡的《きせきてき》に生還《せいかん》した青年士官《しかん》の「手記」です。

「大和《やまと》」の沖縄突入作戦《おきなわとつにゆう》は、絶望的《ぜつぼうてき》な戦局下《せんきよくか》、燃料《ねんりよう》を片道分《かたみちぶん》しかもたぬ無謀《むぼう》なもので、かの〝カミカゼ〟と同様の〝水上特攻隊《すいじようとつこうたい》〟でした。九分九厘《くぶくりん》、生還《せいかん》を望《のぞ》めぬ限界状況下《げんかいじようきようか》での若い魂《たましい》の模索《もさく》──「手記」は、それ自体、誇張《こちよう》もなければ矮小化《わいしようか》もなく、卓越《たくえつ》した戦記《せんき》文学をなしています。その末尾《まつび》に慰労《いろう》の休暇《きゆうか》で実家《じつか》に帰ったときのくだりがあります。さりげない描写《びようしや》ですが、当時の「父」「母」の像のもっとも良質《りようしつ》の部分を巧《たく》まずして浮《う》かび上《あ》がらせています。

「途次、電報を打つ
遺書すでに参上したれば、父上、母上、諦《あきら》め居らるるやも知れず──喜びの心構えをしつらえ給え
家に着く　父、淡々として『まあ一杯やれ』
母、いそいそと心尽しの饗応《きようおう》に立働く　ふと状差しに見出したる、わが電報──文字、形をなさぬまでに涙滲《にじ》む
かくもわが死を悲しみくるる人のありと、われは真に知りたるか　その心の無私無欲なるを知りたるか
故にこそ生命の如何《いか》に尊く、些《いささ》かの戦塵《せんじん》の誇《ほこ》りの、如何に浅ましきかを知りたる

か」（吉田満著『戦艦大和ノ最期』講談社。原文は漢字カタカナ交じり文）

日本古来の文語調《ぶんごちょう》――簡明《かんめい》にして格調《かくちょう》の高いその行文《こうぶん》の含意性《がんいせい》が、翻訳《ほんやく》を通してどこまで感じとっていただけるか危惧《きぐ》します。が、ともあれ、そこには、伝統的《でんとうてき》な家族制度のもとでの家族像――「父」があり「母」があり「子」があって成《な》り立《た》つ調和体《ちょうわたい》の一つのあるべき姿《すがた》が、美しい輪郭《りんかく》で描《えが》き出《だ》されております。

そして、その調和体の軸《じく》をなしている「父」の肖像《しょうぞう》は、哀切《あいせつ》と言ってよいほどの抑制《よくせい》された厳愛《げんあい》の余韻《よいん》を伝えている。私は、電報ににじむ涙《なみだ》の幾条《いくすじ》かは、必《かなら》ずや「父」のものであったろうと、確信しております。

「威厳《いげん》」と「自信」と「責任感」を

リハーノフ　胸《むね》打たれる話ですね。このエピソードは多くを物語《ものがた》っていると思います。男はそう涙を流すものではありません。父親の涙は、周《まわ》りには、ましてや息子《むすこ》には見えないものです。

たしかに、男は日々の教育にはあまりかかわっていませんが、父親の存在そのものが子どもにとっては大きな意味を持っていると思います。

フロイトは、母親をめぐって、息子《むすこ》は父親に嫉妬《しっと》を抱《いだ》いているという説《せつ》を立てています。もしかしたらそういう感情が、もっとも「動物的」な形となって表《あらわ》れる場合もあるかもしれません。

男の子は父への敵対心《てきたいしん》を経験します。しかしこの敵対心は、成長期にあって、支配《しはい》するものを乗り越《こ》えて自分が一人前《いちにんまえ》であることを見せたい、権威《けんい》という土俵《どひょう》で父と一騎《いっき》打《う》ちをしたい、という願望《がんぼう》からくるものだと思います。

「支配者」打倒《だとう》は必《かなら》ずしもうまくいくわけではなく、むしろうまくいかないほうが多いものです。だからこそ私は、東洋《とうよう》には残《のこ》っているが、西洋《せいよう》では不幸にもみずから壊《こわ》してしまった古典的《こてんてき》な家族制度を支持《しじ》するのです。

池田　なるほど。いきすぎた個人主義がもたらす弊害《へいがい》という側面《そくめん》であるならば、理解できます。

リハーノフ　母親である女性からはいちばん大事なものを子どもは受け取りますが、それがすべてではありません。いざという時には、家庭の主導権《しゅどうけん》は父親が握《にぎ》るべきだと思います。

しかし、力《ちから》だけに頼《たよ》っていては、その役割《やくわり》は果《は》たせません。威厳《いげん》がなくてはなりません。自信がなくてはなりません。そして責任感がなくてはなりません。ひとたび口《くち》を開いたならば、最後まで言いきらなければならないのです。いったん事《こと》を始めたならば、自分の弱さに負けて、途中《とちゅう》で放《ほう》り出《だ》してしまうわけにはいかないのです。

息子《むすこ》あるいは娘《むすめ》に応援《おうえん》の手を差《さ》しのべたならば、中途半端《ちゅうとはんぱ》にはできません。ただ、その応援も適度《てきど》なものでないと、過保護《かほご》になってしまい、あるいは強制《きょうせい》となって子どもにも嫌悪感《けんおかん》を呼《よ》び起《お》こしてしまいます。子どもを必要な地点《ちてん》まで導《みちび》いて、あとは一人《ひとり》で進めと送りだしてやることが、どんなに大事なことでしょう!

子どもの身《み》に何か起こったとき、父親は悲《かな》しみ、嘆《なげ》くでしょうか――などと聞くのは愚《ぐ》の骨頂《こっちょう》です。ただし、それは目には見えない場合がありますし、目に見える場合もあるでしょう。またどうすることもできない状況《じょうきょう》を前にして、男親は深く苦《くる》しんでいるのだけれども、外《そと》には出さないこともあるでしょう。それこそ本当の父親というものです!

池田　おっしゃるとおりです。子どもの人格の背骨《せぼね》をつくるのは、やはり父親の存在です。父親が弱々しくては、子どもがかわいそうです。

無関心は父親の責任放棄《ほうき》

リハーノフ　あなたの言われる父性《ふせい》の弱体化《じゃくたいか》は本当だと思います。これはとりもなおさず、人間性の弱体化ではないでしょうか。ただ、それぞれの国の社会状況《じょうきょう》によって、その表《あらわ》れ方《かた》はさまざまかもしれません。

ロシアでは、残念ながら父親は、家庭の状況が複雑《ふくざつ》になってくると、たとえば、子どもが重い障害《しょうがい》をもって生まれた場合など、そこから逃《に》げようとする場合が見受けられます。

子どもがガンになった場合、多くの父親は家庭を捨《す》ててしまうのです。長い長いガンの治療《ちりょう》をするのに、母親にとって男親こそ唯一《ゆいいつ》頼《たよ》れる柱《はしら》となってくれるはずが、ある日突然《とつぜん》、その柱が倒《たお》れてしまう――妻と病気の子どもを捨て、新しい家庭を作ってしまうのです。

これは男として、父親としてあってはならない行為《こうい》です。信じられない裏切《うらぎ》りです。子どもが死ぬときにこのような父親が、はたして涙《なみだ》を流すでしょうか。

池田　もし、そうだとすれば、〝父親失格《しっかく》〟以前に〝人間失格〟でしょう。

ところで、霊長類《れいちょうるい》の研究で名高い日本のある学者は、父親史、母親史というユニークな造語《ぞうご》をしています（以下、河合雅雄「かつて『父』は家族の司令塔だった」、「BOSS」一九九七年二月号、三笠書房、参照）。

そして、母親の歴史は哺乳類誕生《ほにゅうるいたんじょう》とともに古く、二億年の歳月《さいげつ》を数えている。しかし、父親が存在するようになったのは、人類の誕生をもって嚆矢《こうし》（始まり）とし、たかだか五百万年の歴史でしかない。人類以外に父親が存在するのは、ゴリラなど、ごくわずかな類人猿《るいじんえん》にすぎないということです。

リハーノフ　興味深《きょうみぶか》い視点《してん》ですね。

池田　その学者は「父親とは何か」という定義《ていぎ》について、次の三条件を備《そな》えている必要があるとしています。

それによると、
①自分の属《ぞく》している集団を防衛《ぼうえい》すること
②集団の生活を維持《いじ》するための経済的活動をすること

③子どもの養育《よういく》にあたること
の三点ですが、現代の日本の父親は、この条件を満《み》たしていると言えるでしょうか。二つ目の「経済的に支《ささ》える」は、まず合格点以上。一つ目の「家庭を守る」は、やや怪《あや》しいけれど、ある程度《ていど》はできている。しかし、三つ目の子どもの養育については、ほぼ形無《かたな》しだと。

私もまったく同感です。日本の男性は、「企業戦士《きぎょうせんし》」となって家庭をかえりみず働《はたら》きに働いてきました。それが男の美徳《びとく》とされた時代でした。しかし、それでは「父親合格」とは言えません。

核《かく》家族化が進み、地域社会もバラバラになるなかで、母親は、「助けてくれる手」もなく、育児書《いくじしょ》を開いて子育《こそだ》てに挑戦《ちょうせん》しているのです。母親まかせや無関心は、父親の責任放棄《ほうき》です。

人生は理屈《りくつ》どおりにはいかない

リハーノフ　それでも池田さん。日本の男性は少なくとも、本物の企業戦士という誇《ほこ》るべき面をもっています。ところがロシアではどうでしょう。

多くの男性たちは、とくに管理職《かんりしょく》がそうですが、何もせずに、働《はたら》いているふりをしているのです。社会主義下の社会保障《ほしょう》のおかげで、多くの人はプロ意識もなく、消極的《しょうきょくてき》な態度《たいど》を決め込《こ》んで生きてこれたのです。

社会が食べさせてくれたおかげで、うぬぼれは強いけれども、仕事となるとまったく不能者《ふのうしゃ》、という新しい男性のタイプが出現しました。

そのような人間が家庭ではどうかというと、このような場合、父親は仕事ができるからではなく、環境《かんきょう》への順応性《じゅんのうせい》が高いということで、かろうじて権威《けんい》が保《たも》たれているのです。今でもそのような傾向性《けいこうせい》は残《のこ》っていますが。

池田　党官僚《とうかんりょう》による独裁《どくさい》体制の網《あみ》の目《め》が、社会のすみずみにまで張《は》りめぐらされてしまった結果、生みだされた病理《びょうり》ですね。

社会のあらゆる面から、創意《そうい》と活力《かつりょく》を奪《うば》ってしまう……。

リハーノフ　ええ。そのような父親は、遅《おそ》かれ早かれ、職場ではなく、家庭で、子どもたちの前で権威が失墜《しっつい》することになり、そうなると、もはや元《もと》に戻《もど》すことはできません。子どもは、とくに親に対しては容赦《ようしゃ》ない評価《ひょうか》を下《くだ》すものです。

では、どうしようもないような社会状況《じょうきょう》が生まれたらどうでしょうか。たとえば、ロシアでは失業《しつぎょう》は今やよくあることとなりました。職《しょく》を失《うしな》った父親は、家庭で何《なん》とか自分の評価《ひょうか》を落《お》とすまいとするでしょう。

ロシアではつねに「酒」が不幸のもとになっています。アルコール中毒《ちゅうどく》の父親は、権威《けんい》などすべて失ってしまいますが、愛情は必《かなら》ずしも失いません。失業していて、アル中で、運《うん》がなくて、という人間でも、不思議なことにロシアでは子どもにとても愛され、同情《どうじょう》される場合があるのです。

運のよさや出世《しゅつせ》、権威《けんい》と、愛情とは必ずしも一致《いっち》しません。イコールではないのです。

たいへん権威があって、社会でも成功した父親でも愛されず、それどころかかえって憎《にく》まれる場合もあります。

そもそも人生は、理屈《りくつ》どおりにはいかず、一貫《いっかん》しているのでもなく、数学的な法則《ほうそく》にあてはまらないものだと、ことあるごとに感心《かんしん》させられます。人生というのは、本当にいろいろあるものです。

池田　酒びたりの好色漢《こうしょくかん》のように見えながら、魂《たましい》の奥には、無垢《むく》な美質《びしつ》を秘《ひ》めている――たとえば、ドミートリー・カラマーゾフ*のような人間群像《ぐんぞう》を描《えが》きだしている点では、ロシア文学は、世界に冠絶《かんぜつ》しているでしょう。

夫婦の連携《れんけい》プレーが必要

リハーノフ　では、いわゆる健全《けんぜん》な家庭で、親としての責任から逃《のが》れようとする父親の話に戻《もど》ることにしましょう。あなたのおっしゃるとおりで、こういった父親は、家族を養《やしな》うためにまず稼《かせ》がなくてはいけないという口実《こうじつ》を口《くち》にするものの、じつはただ自分の弱さ、怠惰《たいだ》と無責任さを露呈《ろてい》してしまっているにすぎないのです。

今、「責任感のある」親という用語が使われるようになりましたが、親というのは母と父からなるものですから、「責任感のない」父親という存在も、たとえ健全な家庭であっても十分《じゅうぶん》ありうるでしょう。

子どもには銀行と同じく、「資本投入《しほんとうにゅう》」をしていかなくてはなりません。物理的にはそれは食べさせて、着るものを与えて、学《まな》ばせる、ということになります。しかし、いちばん大事なのは、そういった物理的な資本ではなく、精神的なものです。

心を子どもに与えた分《ぶん》だけ、返ってきます。「おーい」と呼《よ》んだとおりに、こだまは返ってくるものです。この点においては、母親と父親は相互《そうご》責任があります。父親が与える精神的なものは、母親のそれと調和《ちょうわ》していなくてはなりません。たがいの努力を相乗的《そうじょうてき》に支《ささ》えあわなければならないのです。

子どもは私たちの未来、とよく言われます。しかし、それは正しくない言い方だと思います。私たちが子どもたちの未来なのです――つまり、子どもたちの未来を作るのです。

子どもは親にとって現在です。未来が訪《おとず》れたとき、初めて母と父とどちらが、あるいは両方、どれくらい偉大《いだい》なる「人間銀行」に資本投入《しほんとうにゅう》したかが明らかになるでしょう。

池田　精神的な「資本投入」が成功するかどうかのカギは、親が精《せい》いっぱい生き、みずからの生き方に自信を持っているかにかかっています。

私にも三人の息子《むすこ》がいましたが、短時間でもスキンシップをして話を聞いたり、海外の出張など長期間不在《ふざい》の場合は、それぞれに絵はがきを送るなどして、「心」を通《かよ》わせる努力をしました。

また足《た》りない分《ぶん》は、妻が私の気持ちをくんでくれ、「どれだけ子どもたちのことを思っているか」を上手《じょうず》に話してくれました。そういう夫婦の連携《れんけい》プレーも必要でしょう。

「忙《いそが》しいから仕方《しかた》ない」ではなく、時間を工夫《くふう》し、母親と協力《きょうりょく》して子育《こそだ》てに力《ちから》を入れていくことが大切です。秩序《ちつじょ》の混乱《こんらん》した不安の多い社会にあって、「自信」と「責任」を背負《せお》った父親の存在こそが、子どもの心に「秩序の柱《はしら》」をつくっていくからです。

リハーノフ　すばらしいご指摘《してき》ですね。

第十四章

「母《ぼ》性《せい》」のあり方

変質《へんしつ》する現代の「母性《ぼせい》」

池田　「母」——古来《こらい》、多くの人々が、母をたたえ、「母なるもの」への憧憬《しょうけい》を謳《うた》いあげてきました。

しかし、今日《こんにち》、「母性」を神聖視《しんせいし》することに疑問が呈《てい》され、「母性」そのものが、問《と》い直《なお》されています。

「子どもをかわいがれない」

「子どもの愛し方がわからない」

という母親たちがふえてきているというのです。

たとえば、児童虐待《ぎゃくたい》の現実は、深刻《しんこく》さを増《ま》しています。いけないとわかっていながら、子どもに暴力《ぼうりょく》をふるったり、厳《きび》しい折檻《せっかん》をしてしまう自分をどうしても抑《おさ》えられない。そして、そのことで、自分をどこまでも責《せ》め、さいなむ。

そうした苦《くる》しむ母親たちを見つめてきた専門家や、心理《しんり》学者たちは、母性を聖なるものとし、理想化する人々の考え方や、社会の傾向《けいこう》そのものを批判《ひはん》しています。

「母性本能《ぼせいほんのう》」というが、「母性」は、そもそも本当に「本能」なのか。「母性」というのは、一つの幻想《げんそう》なのではないか——。さまざまな意見がありますが、いずれにせよ、「母性」のもつ光《ひかり》と闇《やみ》の両面に目を向けなければならないことは確《たし》かだと思います。

リハーノフ　母性——それは未知《みち》なるものではありません。幾《いく》千の詩と幾百の小説が、この母なるものにささげられてきました。多くの文学作品は、母の存在を、主人公《しゅじんこう》の人生描写《びょうしゃ》の重要部分と位置《いち》づけていると言えないでしょうか。

一方、父の存在は文脈《ぶんみゃく》に見え隠《かく》れしつつ、まれに登場《とうじょう》しても、たいていが仕事で忙《いそが》しくしている。ところが、母は——彼女はつねに隣《となり》にいる。幼子《おさなご》の時も、少年時代も、そして青春期にあっても。

母性について多くの論文《ろんぶん》が書かれ、お母さん向けの雑誌も出され、母親のあり方がさまざまに論じられています。すべてがすでに研究し尽《つ》くされ、語《かた》られ尽くされた感もあります。

しかし、池田さん。あなたがおっしゃるとおり、母性というような明らかな存在、価値《かち》が、今、その特質《とくしつ》を変え、壊《こわ》れ、崩《くず》れ始めているのです。

この点についても、私たちは常識《じょうしき》にとらわれずに語《かた》りあいましょう。

池田　深層心理学《しんそうしんりがく》などで分析《ぶんせき》されているとおり、母性《ぼせい》には、子どもを産《う》み、育《はぐく》むという特性《とくせい》がある一方、子どもをいつまでも自分のものとし、呑《の》み込《こ》んでしまうような一面があるのも事実です。

母の愛は深い。しかし「盲愛《もうあい》」は子どもを滅《ほろ》ぼしてしまうことすらあります。あなたも、『若ものたちの告白』という著作《ちょさく》の中で、子どもに対する両親の〝破《は》壊的《かいてき》な愛情〟について述《の》べておられます。

現代社会において、母性というものが、あるいは歪《ゆが》み、あるいは肥大化《ひだいか》し、あるいは欠落《けつらく》したというように、正常なあり方から逸脱《いつだつ》してしまっている傾向《けいこう》がある。それは、父性《ふせい》の問題と表裏一体《ひょうりいったい》の現象《げんしょう》だと思われます。そうした状況《じょうきょう》のなかから、「機能不全《きのうふぜん》家族」という言葉が生まれています。子どもたちに絶大《ぜつだい》な影響《えいきょう》をあたえる母性が歪んでしまえば、世界の未来は暗《くら》いでしょう。

かつて私は、「母」と題《だい》する詩に託《たく》して謳《うた》いました。

もしも　この世に

あなたがいなければ
還《かえ》るべき大地を失《うしな》い
かれらは永遠《とわ》に　放浪《さすら》う

現在の母性《ぼせい》をめぐる状況《じょうきょう》は、行き先のない人類の精神の放浪《ほうろう》を暗示《あんじ》していると言ったら、言いすぎでしょうか。

児童虐待《ぎゃくたい》の現実を見つめて

リハーノフ　ロシアの母親像について考えるとき、あなたが語《かた》られた日本の母親たちの姿《すがた》と、完全に一致《いっち》しているように思われます。

あなたは、子どもの虐待について述《の》べられました。残念ながら、ロシアでも同じことが起《お》こっています。

医師の研究によれば、モスクワの場合、児童を虐待する程度《ていど》においては、母親のほうが父親たちより、さらに残酷性《ざんこくせい》が大きいということです。

一九八三年ころ、小児科医《しょうにかい》であったある有名な医学者が、母親によって傷《きず》つけられる子どもたちの写真を何百枚も示《しめ》して、児童虐待症候群《ぎゃくたいしょうこうぐん》についての報告を社会に発表《はっぴょう》しました。

私たちは、近所の出来事《できごと》や、一部の新聞記事などを通して、断片的《だんぺんてき》にはそのようなことを知っていました。しかし、医学者が数百の実例《じつれい》を挙《あ》げて語《かた》るとき、それは想像《そうぞう》を絶《ぜっ》するものであり、なべて母性《ぼせい》は善《ぜん》なるものであるという感情に、疑《うたが》いを抱《いだ》かざるをえなくなります。むろん、すべてがそうでないことはわかっていてもです。

池田　たしかに、一方的に母性を美化《びか》することはできません。仏法でも「母の子を思う慈悲《じひ》の如《ごと》し」（御書七二一ジペー）と、仏の精神の精髄《せいずい》ともいうべき慈悲を、母親の子どもを慈《いつく》しむ情《じょう》になぞらえている一方、「貪愛《とんあい》」と言って、わが子を自分の思いどおりにしようとする剥《む》き出《だ》しのエゴイズムという〝悪《あく》〟と〝醜《しゅう》〟の面からも目を離《はな》しておりません。

リハーノフ　なるほど。この問題については、第一に法的側面《そくめん》について考えざるをえません。

じつは、自分の母親によって怪我《けが》を負《お》わされ、病院に運《はこ》ばれてくる子どもは、ふつう、その事実を告白《こくはく》しようとしません。後のことを恐《おそ》れて、うそをつきます。ただし年齢《ねんれい》が低い場合、お母さんがいないところで打ち明《あ》けたりします。これは何を意味するのでしょうか。母親の子どもに対する虐待《ぎゃくたい》は、事実上、罪《つみ》に問《と》われることはなく、だれも止めることができないのです。たとえば、隣《となり》の家庭から子どもの悲鳴《ひめい》が上がったとします。だれか、その家に踏《ふ》み込《こ》んでいく権利を持つ人間がいるでしょうか。近所の一一〇番を受けて警察《けいさつ》が行く以外ありません。

しかし、一一〇番するような近所の人はほとんどいないのです。子どもが虐待されているという確信を一〇〇パーセント持っていない限《かぎ》り、近所の人も一一〇番するのをためらうからです。そうした確証《かくしょう》を得《え》ることは容易《ようい》ではありません。

少なくとも、私自身は、母親が自分の子どもを虐待した罪に問われたという事例《じれい》に、一度も出合ったことがありません。そして、罪を問われないことで、このような母親の行動はエスカレートしていくのではないでしょうか。

池田　日本でも、母親が子どもに食事を与えず餓死《がし》させたり、折檻死《せっかんし》させたりする事件がまれに起《お》こります。しかし、それはまだ極端《きょくたん》なケースです。

しかし、おっしゃるとおり、子どもへの虐待《ぎゃくたい》は、子どもの親に対する暴力《ぼうりょく》と同様、家庭という一種《いっしゅ》の密室《みっしつ》、本来《ほんらい》、信頼《しんらい》関係によってのみ秩序《ちつじょ》が保《たも》たれる場で生《しょう》じるものだけに、法の目が届《とど》きにくく——元来《がんらい》、法による規制《きせい》とは、本質的になじみにくい性格のものです——それだけに陰惨《いんさん》なものになりがちです。

自分の不幸を子にぶつける精神的不安定

リハーノフ　いずれにしても、この虐待という行動は、一つの結果であり、そこには、そのような行動をとる原因があるはずです。残虐性《ざんぎゃくせい》の奥底《おうてい》には何があるのでしょうか？　はたして、人間のエゴなのか。女性としての不幸なのか。それとも、道徳的な歯止《はど》めの欠如《けつじょ》なのか。

人生、だれでも何《なん》らかの不幸に遭遇《そうぐう》するものです。ある人は貧乏《びんぼう》で悩《なや》み、ある女性は、酒癖《さけぐせ》の悪い男性に苦《くる》しみ、または、思いやりのなさや裏切《うらぎ》りにあい、悲《かな》しい思いをします。そういう時、ある女性たちは自分の不幸を周囲《しゅうい》から隠《かく》して、みずからの愛情を一心《いっしん》に子どもに注《そそ》ぐことで悲しみを癒《いや》そうとします。

ところが、まったく正反対の行動に出る場合があります。本人の性格によるところも大きいと思われますが、思うようにならない人生、周囲《しゅうい》への鬱憤《うっぷん》を、すべて子どもにぶつけてしまうのです。そして、子どもたちが苦《くる》しまなければならないのです。

池田　そうした行動は、結局、かえって自分を傷《きず》つけてしまうだけです。

リハーノフ　そのとおりです。またこれは、精神科が取り上げるべき問題だとも言われています。

たしかにそのとおりかもしれません。子どもに対する残虐《ざんぎゃく》な行動は、それが自分の子であれ、他人の子どもに対してであれ、精神的抑制力《よくせいりょく》に欠陥《けっかん》があることの証拠《しょうこ》です。それが事実だとすれば、そのような行動をとる母親は、子どもから引き離《はな》してでも徹底的《てっていてき》に治療《ちりょう》されなければならないはずです。

先ほどの医学者に見せていただいた写真で、五、六歳の男の子のものがありました。その子は、身体の半分以上が青あざだらけでした。子どもが母親の思ったようにしないと、彼女はその子を何かにつけてひどくつねったのだそうです。この子どもの場合は、医療《いりょう》の立場から即座《そくざ》に救出《きゅうしゅつ》されなければなりませんでした。

池田　むごい話ですね。

リハーノフ　ただ、一般的に母親の虐待《ぎやくたい》行動は、その輪郭《りんかく》がはっきりせず、不明《ふめい》瞭《りよう》な形である場合が多いのです。

あなたが述《の》べられたように、子どもを不当《ふとう》に虐待したのち、その母親は、今度は自責《じせき》の念に駆《か》られ、良心《りようしん》の呵責《かしやく》に苦《くる》しむという場合が多いようです。こういった問題は、家庭内部の問題、プライベートな問題として扱《あつか》われてしまいがちで、分析《ぶんせき》の対象《たいしよう》にしにくい面があります。

母性《ぼせい》そのものは、決《けつ》して幻想《げんそう》ではありません。母性の本質が慈愛《じあい》であることに何《なん》らの疑問《ぎもん》もないわけです。そのうえで、このしぜんの営《いとな》みが変化にさらされているのも事実です。

文豪《ぶんごう》の人生を支《ささ》えた「内《うち》なる母親」

池田　ともかく、育児《いくじ》というものは、キリスト教の「聖母《せいぼ》」像《ぞう》がイメージしているような、慈《いつく》しみと愛情のたゆたう幸福そのものというようにはいかないようです。

忍耐《にんたい》と悪戦苦闘《あくせんくとう》を強《し》いられる、たいへんな労作業《ろうさぎよう》であることを肝《きも》に銘《めい》じなければなりません。しかし、忍耐強く、辛抱《しんぼう》強く努力した分《ぶん》、必《かなら》ずよりよい教育へと実《み》を結《むす》んでいきます。

とりわけ、戦後の日本では、高度経済成長を支《ささ》える〝モーレツ社員〟がもてはやされるなか、子育《こそだ》てへの夫《おっと》の無関心が許《ゆる》されるかのような風潮《ふうちよう》があっただけに、深《しん》刻《こく》な反省《はんせい》があることは事実です。

さて、あなたもご存《ぞん》じのように、トルストイは、一歳半のときに、実《じつ》の母親を亡《な》くしています。また、彼のもとには、母親の肖像《しようぞう》すら残《のこ》っていなかったようです。つまりトルストイは、母親に関する記憶《きおく》を、まったく持っていなかったのです。

しかし、だからこそ、「母なるもの」に対するトルストイの憧憬《しようけい》は強かった。その探究《たんきゆう》がトルストイの創作《そうさく》を貫《つらぬ》いていると指摘《してき》する研究者もいます。

晩年《ばんねん》、トルストイは母について次のように述懐《じゆつかい》しています。

「彼女は私に、いかにも高い、清らかな、精神的存在として想像されていたので、私の生涯の第二期にあたり、襲いかかるいろんな誘惑とたたかう場合に、私はしばしば、母の霊《れい》に祈って助けをこうたものであるが、この祈りはつねに多くの助けをもたらしてくれた」(『幼年・少年・青年　トルストイ全集 1』中村白葉訳、河出書房新社)

人類史に輝《かがや》く大文学者、大ヒューマニストの偉大《いだい》な人生を支《ささ》えたのは、彼の「内《うち》なる母親」だったのであります。

トルストイに限《かぎ》らず、人生のさまざまな試練《しれん》に出あったとき、「母」によって、生きぬく力《ちから》があたえられたという経験がある人は多いのではないでしょうか。

リハーノフ　おっしゃるとおりです。

両親、なかんずく母親の愛情とは、不足《ふそく》せず、余《あま》らずという中庸《ちゅうよう》が肝心《かんじん》なのではないでしょうか。そしてその中庸がどこにあるかを選択《せんたく》するのは、社会ではなく、各家庭であり、親たち自身です。

私は、自分の母親に叩《たた》かれたことがありません。もしかすると、軽くたしなめられたことはあったのかもしれませんが、私は覚《おぼ》えていません。もっとも恐《おそ》ろしいのは、子どもが両親から受けた仕打《しう》ちを、とくに母親からの仕打ちを記憶《きおく》している場合です。

ここでは、後で仕返《しかえ》しをするとか、しないという問題もありますが、それはさておいても、もっとも深刻《しんこく》なことは、悪《あく》の記憶《きおく》は遺伝《いでん》するということです。自分が母親からそうされたように、同じことを自分の子どもにしてもよいではないかという具合《ぐあい》に、悪は世代から世代に伝わってしまいます。

善《ぜん》も遺伝の可能性《かのうせい》を有《ゆう》しています。体罰《たいばつ》等で自尊心《じそんしん》を傷《きず》つけられたことのない人間は、他の人を叩《たた》いたりしないものです。そのような「行動パターン」を持ち合わせていないからです。

ただし、一定の条件下においた場合、善人《ぜんにん》を悪人《あくにん》に変身《へんしん》させるほうが、その逆、つまり、悪人を善人に変えるよりも、ずっとたやすいということを一言付け加《くわ》えておく必要があります。

「子どもは自分のもの」とする傲慢《ごうまん》さ

池田　それは、人生万般《ばんぱん》にわたって言えることです。

私は、かつて青年たちに、「破《は》壊《かい》は一瞬《いっしゅん》、建設は死闘《しとう》」という一節《いっせつ》を贈《おく》りました。営々《えいえい》として積《つ》み上《あ》げてきたものも、一瞬の油断《ゆだん》、ちょっとした過失《かしつ》で無《む》に帰《き》してしまうということを、十分《じゅうぶん》に心していかなければなりません。

女性の場合も「盲愛《もうあい》」という本能的《ほんのうてき》な衝動《しょうどう》に身《み》をゆだねてしまうのは、ある意味では簡単《かんたん》とも言えます。

しかし、母性《ぼせい》の愛が「盲愛」となり、その暗黒面《あんこくめん》が表《あらわ》れるのは、母親の「エゴ」によるのだという自覚《じかく》だけは忘《わす》れてはならない。母親が意識する、しないにかかわらず、子どもを「自分のもの」のように思ってしまえば、子どもの自立《じりつ》や成長はどこかで阻害《そがい》されてしまう。

「子どもは授《さず》かりもの」――これは私の母の口《くち》ぐせでした。素朴《そぼく》ですが、この言葉には、生命そのものへの慈《いつく》しみや、大《おお》いなる自然への畏敬《いけい》の心すら感じられます。ところが今や、「子どもは授かりもの」から、「つくる」か「つくらない」かの対象《たいしょう》になってしまった観《かん》があります。そこから、「子どもは自分のものだから、どうしようと勝手《かって》だ」という傲慢《ごうまん》さが生《しょう》じかねないと、私は思うのです。

リハーノフ　その傲慢さは、近代人に共通する特徴《とくちょう》ではないでしょうか。ご存《ぞん》じのとおり、母性というテーマを取り上げること自体が、フェミニズムの発達とともにむずかしくなってきています。

ロシア正教《せいきょう》をはじめとするキリスト教では、人間の生命は、誕生《たんじょう》の時点《じてん》ではなく、受胎《じゅたい》の瞬間《しゅんかん》から始まるとされています。長い人類史を通《つう》じて、人々は、中絶《ちゅうぜつ》も避妊《ひにん》も知らずに生きてきました。

むろん、この新しい方法によって、女性がより自由になり、「産《う》むか産まないか」という選択《せんたく》ができるようになったことに異論《いろん》を挟《はさ》むつもりはありません。古来《こらい》、子どもは神様からの授《さず》かりものであり、母はその天からの贈《おく》り物《もの》を、厳粛《げんしゅく》に感謝をもって受け入れてきました。しかし今は、女性が選択し、決断《けつだん》をします。時には夫《おっと》と相談をしながら、望《のぞ》まれる赤ちゃんとそうでない場合を積極的《せっきょくてき》に分けることができるようになりました。

池田　よくわかります。

リハーノフ　しかし現実は、人々が考えている以上に、忌《い》まわしい悪事《あくじ》が多発《たはつ》しております。その結果、受胎した場合などにおいては、この分野での医療《いりょう》の進歩《しんぽ》を認《みと》めざるをえないと思います。とくに女性が未成年《みせいねん》の場合はなおさらです。

今は、たとえば十三歳の少女が子どもを産んでも、だれも驚《おどろ》かない時代です。大《だい》統領《とうりょう》も「特殊《とくしゅ》な状況《じょうきょう》にある場合」に、十六歳で婚姻《こんいん》を認めるという大統領令を出したくらいですから。

この「特殊《とくしゅ》な状況《じょうきょう》」というのは、年少時《ねんしょうじ》の同棲《どうせい》のことです。わかりやすく国際法の言葉に置《お》き換《か》えれば、要《よう》するに児童の人権が基本的に侵《おか》されてしまっている状況とでも翻訳《ほんやく》できると思います。

十三歳で子どもを産《う》んだ少女が、はたしてよき母になれるでしょうか？　これが犯罪《はんざい》等にからむ例外的ケースではなく、むしろ一般的な傾向《けいこう》となってきていることをどうとらえるべきなのでしょう。母性《ぼせい》はこの少女時代に、すでに揺《ゆ》らぎ始めているると言わざるをえません。そして、大人《おとな》や女性たちが、それを暗黙《あんもく》のうちに了解《りょうかい》しているのは、さらに驚《おどろ》くべきことです。

理想像を求めるより自身に生きぬくこと

池田　日本でも、そうした傾向は、予想を超《こ》えるテンポで進んでいるようです。

私は、正直《しょうじき》言って、憂慮《ゆうりょ》に堪《た》えません。古いと言われようと何《なん》と言われようと、悪いことは悪いと言いきっていかなければならないと思います。

たしかに、自由や権利は尊重《そんちょう》されなければならないでしょう。私も、女性解放《かいほう》に異《い》を唱《とな》えるつもりはまったくありません。

しかし、母性《ぼせい》の問題に限《かぎ》らず、自由と権利を正しく行使《こうし》していくには、厳《きび》しい自《じ》己規律《こきりつ》、場合によっては自己犠牲《ぎせい》さえ辞《じ》さぬ、エゴイズムとは対極《たいきょく》にある生き方を必要とすることを、決《けっ》して忘失《ぼうしつ》してはなりません。現代の日本の風潮《ふうちょう》などは、真実の自由や権利とは似《に》て非《ひ》なるものです。

ここで、もう一つ、今日的《こんにちてき》な課題に立ち返ると、今のお母さんたちは、立派な母親になろうとするあまり、その役割《やくわり》の重さに耐《た》えられなくなってきているという事実もあるのではないでしょうか。自分の「理想の母親像」と「実際の自分」とのギャップに苦《くる》しんでいる人が多いように思えてなりません。

「立派な母親」になろうとする努力は、もちろん大事でしょう。しかし、母の「人間として」の生き方こそが、子どもの人生にもっとも大きい影響《えいきょう》をあたえるのだということを忘《わす》れてはならないと思います。

私の友人でもある、日本の著名《ちょめい》な映画監督《かんとく》・松山善三氏の『母』という映画を思い起《お》こします。私はかつて、この映画を通して、スピーチしたことがあります。

リハーノフ　どのような内容ですか。

池田　簡単《かんたん》に紹介《しょうかい》しますと、ある日、農村《のうそん》で楽しく暮《く》らしていた家族に、父の大けがという悲劇《ひげき》が襲《おそ》う。母は、全身《ぜんしん》マヒで寝《ね》たきりとなってしまった夫《おっと》を看病《かんびょう》することに人生をささげることを決心し、子どもたちに宣言《せんげん》します。

「おら、おまえらのお母ちゃんをやめねばなんねえ」

「今日から、お母ちゃは、お父ちゃの命ば守る……おまえらは、みんな仲よく助け合って、勝手にでかくなるんだ」（松山善三・藤本潔著『母』ひくまの出版）と。

この「母親放棄《ほうき》宣言」を受けた子どもたちは、しかし、懸命《けんめい》に生きぬく両親の姿《すがた》を見て、おたがいに助けあい、立派な人間に成長していきます。

「母親をやめる」と言いきった母親。これは、育児《いくじ》雑誌などで描《えが》かれる「立派な、よい母親」の像《ぞう》とはかけ離《はな》れているかもしれません。しかし、懸命に生きる母の背《せ》中《なか》が、子どもたちの生命に刻《きざ》まれ、子どもたちを大きく育《はぐく》んでいったのです。

現在の若き母親たちに大切なのは、理想の母親像を追《お》い求《もと》め、背伸《せの》びをするよりも、今、自分のいる大地にしっかりと足を踏《ふ》みしめ、自分自身に生きぬくことではないでしょうか。

リハーノフ　よい話ですね。母親が子どもを自分の所有物《しょゆうぶつ》だとする感情については、フロイトの学説《がくせつ》でずいぶん説明されているところです。ただ、どんな学説もオールマイティー（全能《ぜんのう》）ではありません。

私の知っている家庭でも、母親が一人息子《ひとりむすこ》に支配性《しはいせい》を示《しめ》すケースが多くあります。こうした場合、母親の墓石《ぼせき》が立つまで自立《じりつ》できない「マザーコンプレックス」現象《げんしょう》が起《お》こります。

母親の権威《けんい》にいったん従《したが》ってしまった息子は何事《なにごと》につけ、母親の世界からぬけ出せず、自立した人生を始めることができず、しっかりした自分の家庭を築《きず》くことができなくなります。秘《ひ》められた家庭の問題は、つねに悲劇的《ひげきてき》です。子どもを支配するタイプの母親は、重く威圧的《いあつてき》な存在です。

その点、池田さん。あなたが例に採《と》られた『母』という映画は、多くの示唆《しさ》に富《と》んでいます。困難《こんなん》な渦中《かちゅう》、子どもたちにあのような言葉を発《はっ》することができたお母さんは、おそらく、人間としての高い精神性をそなえていたにちがいありません。

母以上に高貴《こうき》な位《くらい》はないのかもしれませんが、彼女は、母親という立場をしのぐ、もっと尊貴《そんき》な位に達《たっ》したのではないかとあえて申し上げたい。愛情と責任を自覚《じかく》した人間として。

池田　スタインベックの名作『怒りの葡萄《ぶどう》』に出てくる母親像も強く印象《いんしよう》に残《のこ》りますね。何があろうと、どんな困難《こんなん》が待ち受けていようと、このたくましい母親は、どっしりと大地を踏《ふ》まえ、大きく息を吸《す》いながら、いつも明るく一家を励《はげ》まし、支《ささ》え続ける。次のような名セリフなど、深い哲学性の響《ひび》きさえ伝えています。

「女ってものは始めから終《しま》いまでが一つの流れなんだよ、川の流れみたいにね、小さな渦巻《うずまき》があったり、小さな滝があったりするけど、それでも、川はどんどん流れていくのさ。女はそういうふうにものを見るんだよ。あたしたちは死に絶えやしない。人間は続いていくんだよ――」（『怒りのぶどう　下』大橋健三郎訳、岩波文庫）

リハーノフ　まさに庶民《しよみん》の大哲学者ですね。私やあなたの世代の人間にとって、母親というものは、高潔《こうけつ》な存在です。

ところが現代の女性たちにとって、この高潔さや純粋性《じゆんすいせい》は、母親の絶対《ぜつたい》条件にはまったくなっておらず、子どもを産《う》むか産まないかという技術的な選択《せんたく》の権利と結《むす》びついているようです。

ロシアでも、こうした母としての倫理観《りんりかん》が、しだいに失《うしな》われつつあります。低俗《ていぞく》な雑誌などは、そうした傾向《けいこう》をさらに煽《あお》っており、嘆《なげ》かわしいかぎりです。

母の笑顔は子どもたちの未来を照《て》らす

池田　ソ連崩壊《ほうかい》にともなうロシア社会の混迷《こんめい》の様子は、しばしばお聞きしています。

しかし、リハーノフさん。私は、根本《こんぽん》のところでは楽観《らっかん》主義者です。現実がどうあれ、未来への希望を失わないかぎり、そこには必《かなら》ず、「幸福の道」があり、「平和の道」があるものです。

母性《ぼせい》というものも、どんなに揺《ゆ》さぶられようとも、決《けっ》して「死火山《しかざん》」ではなく、「休火山《きゅうかざん》」であります。

地中深く蓄《たくわ》えられたマグマが、やがて時を得《え》て噴出《ふんしゅつ》してくるように、必ずやすさまじいエネルギーとなって盛《も》り返《かえ》してくるにちがいない。もちろん、座《ざ》して待っているのではなく、そのために力《ちから》を尽《つ》くしていかねばなりません。

母は「太陽」です。そのほがらかな笑いは、すべての人々に安心をあたえ、心の闇《やみ》を照《て》らします。
かつて私は、わが愛する同志の母たちに贈《おく》った詩のなかで、こう謳《うた》いました。

母親は
疲《つか》れていても
叱《しか》っていても
真剣《しんけん》な態度《たいど》であっても
その奥《おく》には
いつも笑《わら》いがある
安堵《あんど》がある　安心がある
（「高貴《こうき》な笑役者《わらいやくしゃ》に贈《おく》る——尊《たっと》き母の詩《うた》」）

トルストイも言っています。
「お母さまの顔はただでも美しかったけれど、微笑によってそれはいっそうすばらしくなり、まるで周囲のもの全体が明るくなるようであった。生涯のつらく苦しいおりおりに、もしほんのちょっとでもあの笑顔を見ることができたら、私はおそらく悲しみとはどんなものであるかをすら知らなかったであろう」(『幼年・少年・青年　トルストイ全集 1』中村白葉訳、河出書房新社)

家族の中の、母の笑顔の光《ひかり》。生命の輝《かがや》き——ささいなことかもしれませんが、それこそが、子どもたちの魂《たましい》を照《て》らし、未来を明るく輝《かがや》かせていくのではないでしょうか。

リハーノフ　母性《ぼせい》も、父性《ふせい》同様、人間の資質《ししつ》が問《と》われる問題であります。周囲の世界、社会、その社会の発展レベルから切り離《はな》して考えることはできません。この世界の一部分を構成している要素《ようそ》です。

また子どもに影響《えいきょう》をあたえるのは、母親と父親だけとは限《かぎ》りません。環境《かんきょう》、遺伝《いでん》、社会の経済状況《じょうきょう》、文化等々、すべてが子どもの成長にかかわってきます。

とはいえ、人間はだれでも生まれたときは、真《ま》っ白《しろ》なカンバスと同じです。そして、自然の法則《ほうそく》を繰《く》り返《かえ》しながら、無意識の存在からしだいに何者《なにもの》かによって成長していくのです。自分の名前、家族、歴史を学《まな》びつつ。

そのいたいけな子どもにとっての屋根は、母と父です。多くの場合、母親だけということもあります。だからこそ、人間のあらゆる知恵《ちえ》と賢明《けんめい》さをもって、母性《ぼせい》を保護《ほご》していくことが、いやまして重要になってきています。

池田　話題は尽《つ》きませんが、偉大《いだい》なる母へのエールをもって、対談を締《し》めくくりたいと思います。

児童基金の役割《やくわり》は、ますます重要になってくると思います。総裁《そうさい》のさらなるご活躍を祈《いの》っております。

リハーノフ　ありがとうございました。一年あまり、楽しく有意義《ゆういぎ》な語《かた》らいをさせていただきました。池田会長の東奔西走《とうほんせいそう》をはるかに想《おも》い描《えが》きつつ、ふたたびお会いできる日を念《ねん》じ、心待ちにしております。

注解

〈あ行〉

アイトマートフ（一九二八年—二〇〇八年）ロシアの作家。中央アジアのキルギス共和国生まれ。ペレストロイカの旗《き》手的《しゅてき》存在として活躍し、大統領評議会メンバーを経《へ》て、駐《ちゅう》ルクセンブルク・ロシア大使、駐ベルギー・キルギス大使を務《つと》める。池田SGI会長との対談集『大いなる魂の詩』（『池田大作全集 第15巻』収録）がある。

アインシュタイン（一八七九年—一九五五年）アルベルト。ドイツ生まれのアメリカの物理学者。チューリヒ工科大学卒業。相対性《そうたいせい》理論を完成してニュートン力学を超《こ》え、統《とう》一場《いっぱ》の理論を展開。一九二一年、ノーベル物理学賞受賞。ユダヤ系を理由にナチス政権に追われ、渡米。第二次世界大戦後は、平和運動に尽力《じんりょく》した。

『アンナ・カレーニナ』 トルストイの長編小説。美しい人妻アンナと将校ウロンスキー、アンナの兄嫁の妹キティと地主レーヴィンの二組の恋愛を軸《じく》に、男女の心理と一八七〇年代のロシア社会を描いた傑作《けっさく》。

『怒りの葡萄《ぶどう》』 スタインベックの長編小説（一九三九年）。大恐慌《だいきょうこう》時代に、オクラホマの砂嵐《すなあらし》地帯からカリフォルニアにボロ自動車で移住する農民ジョード一家の過酷《かこく》な現実を赤裸々《せきらら》に描く。一九四〇年、ピュリッツァー賞を受賞。

インテリゲンチア 知識層・知識階級を意味するロシア語。本来は十九世紀の帝政《ていせい》ロシアで、抑圧《よくあつ》された民衆のために戦った知識人たちのことをさした。

ヴァイツゼッカー（一九二〇年―　）　リヒャルト・フォン。シュツットガルト生まれ。長兄《ちょうけい》カールは、著名《ちょめい》な原子物理学者。オックスフォード大学等に留学後、徴兵《ちょうへい》により第二次世界大戦に従軍《じゅうぐん》。敗戦後、ゲッティンゲン大学に学び、法学博士号を取得《しゅとく》。西ベルリン市長を経《へ》て、八四年より第六代連邦大統領、統一ドイツ初代大統領（九〇年―九四年）を務《つと》めた。池田SGI会長と九一年六月に会談している。

ヴェイユ（一九〇九年―四三年）　フランスの女性哲学者。パリ生まれ。ユダヤ人の家庭に生まれる。肉体労働によって労働者の生活を体験し、社会革命の理論を深める。スペイン内乱では国際義勇軍《ぎゆうぐん》に加わり、第二次世界大戦のフランス降伏後《こうふくご》はレジスタンス政府に参加。ロンドンにて死去。

エディプス・コンプレックス　幼児が、異性の親への近親相姦的《きんしんそうかんてき》な愛情と、同性の親への憎《にく》しみを抱《いだ》き、この容認《ようにん》されない感情を無意識下に抑圧《よくあつ》。この抑圧された感情によって、無意識の中に形成される観念の集合体を、エディプス・コンプレックスと呼ぶ。知らぬうちに、父を殺し、母と結婚した、ギリシャ神話のオイディプス王（エディプス王）にちなむ。

縁起《えんぎ》　一切のものがそれぞれ他のものを縁として生起《せいき》し、おのおのが相互《そうご》に依存《いそん》、影響しあう関係性を説《と》いた、仏教の重要な中心思想。

オーウェン（一七七一年―一八五八年）　イギリスの社会思想家。ニューラナークの工場で、労働者の生活向上、労働環境の改善、社会改革をめざした。一八二五年、アメリカにニュー・ハーモニー村を建設したが失敗した。

『恐るべき子供たち』 コクトーの小説三作のうち、もっとも有名な作品。病弱な少年ポールは、雪の玉を胸にぶつけられたことによって、学校に通えなくなる。さらに、母親が亡くなり、姉と二人暮らしをするが、姉弟はたがいに深い愛情をいだきつつも、傷《きず》つけあわずにはいられない。しだいに破《は》滅的《めつてき》な道を歩み、やがてみずからの命を絶《た》つにいたる。

恩師《おんし》の教育方法 発刊後、数年間で百万部以上も売れた『推理式指導算術』（一九三〇年）や論理的思考《しこう》の訓練を介《かい》して読み方・綴《つづ》り方の連絡を可能ならしめた『推理式読み方指導・六学年用』（山田高正氏との共著、一九三三年）などは、断片的《だんぺんてき》な知識をやたらと「詰め込む」旧来の方法をあらためて、暗記《あんき》より考える力《ちから》（記憶力の涵養《かんよう》よりも推理力の錬磨《れんま》）を優先させる独特《どくとく》の教授方法の結晶《けつしょう》である。

〈か行〉

カラマーゾフ ドストエフスキーの最後の長編小説『カラマーゾフの兄弟』の登場人物。

『カラマーゾフの兄弟』 ドストエフスキーの最後の長編小説（一八七九年―八〇年）。イワン、ドミートリー、アリョーシャの三兄弟を中心として、父親殺しの推理をめぐりつつ、家族の葛藤《かつとう》・緊張《きんちょう》、神と人間の問題、善と悪の戦いなどを描く。

ガンジー（一八六九年―一九四八年） インドの

思想家、政治家。マハトマ（偉大なる魂《たましい》）の名で知られる。イギリスに留学し、弁護士資格を得て帰国後、南アフリカに渡る。同地で人種差別を経験し、インド人の人権擁《よう》護《ご》運動に従事《じゅうじ》。帰国後、非暴力《ひぼうりょく》・不服従《ふふくじゅう》運動、抗議《こうぎ》のための行進、断食《だんじき》などを通じて、インドの独立運動を指導。第二次世界大戦後、ヒンドゥー、イスラム両教徒の対立解消に尽力《じんりょく》。一九四八年、狂信的《きょうしんてき》ヒンドゥー教徒に暗殺《あんさつ》された。

グマイネル（一九一九年―八六年） 国際児童救済組織「キンデルドルフ―SOS」の創《そう》始者《ししゃ》。一九四九年、オーストリアで「キンデルドルフ―SOS」を組織。同年、最初の「子どもの村」（キンデルドルフ）を作る。一九五年に国連NGO（非政府組織）となった。

グルントヴィとコル グルントヴィ（一七八三年―一八七二年）は、デンマークの宗教家、政治家、作家。牧師として、国教会の改革を試《こころ》み、一時追放《ついほう》処分を受ける。教育による民衆の自立をめざし、国民高等学校を創《そう》設《せつ》（一八四四年）するほか、北欧《ほくおう》神話の研究などでも活躍し、近代デンマーク興隆《こうりゅう》の父と呼ばれる。著書に『北方神話学』がある。その弟子《でし》のコル（一八一六年―七〇年）は、自由教育を主張して国民高等学校（フォルケホイスコーレ）の普及《ふきゅう》に尽力《じんりょく》し、デンマーク最大の教育者と称《しょう》された。国民高等学校は、教師と学生が寮で共同生活をしながら学ぶ、一種の生涯学習機関で、デンマークから北欧諸国に普及。現在のデンマークでは、十七歳以上であれば、年齢・性別・国籍を問わず入学でき、試験や単位はなく、知識の習得《しゅうとく》よりも対話を通した自己発見に目標が置かれるという。

クレムリン　城塞《じょうさい》の意。とくにロシアの政府機関が集中するモスクワのクレムリンをさす。城壁内の敷地《しきち》には、いくつもの宮殿・大寺院や、官庁・公邸《こうてい》が立ち並ぶ。

業《ごう》　人間の種々の所作《しょさ》をさし、その報《むく》いは過去・現在・未来の三世《さんぜ》にわたって、その人の生き方に反映《はんえい》されていく。

紅衛兵《こうえいへい》　中国の「文化大革命」時代（一九六六年—七六年）に、毛沢東《もうたくとう》の指示《しじ》で作られた、中学・高校・大学の学生組織。知識人・官僚への暴力的《ぼうりょくてき》批判や、伝統文化の破《は》壊《かい》を行い、中国全土を混乱《こんらん》におとしいれた。

孔子《こうし》（前五五一年—前四七九年）古代中国・春秋時代末期の思想家。言行録《げんこうろく》に『論語』がある。

坑道《こうどう》**のカナリア**　かつて炭鉱《たんこう》などでは、有毒《ゆうどく》ガスの有無《うむ》を調べるために、カナリアが用いられた。カナリアのような小動物は、有毒物の致死量《ちしりょう》が人間に比べて少なく、微量《びりょう》の毒物であっても異変《いへん》を示すためとされる。このことから、社会や環境《かんきょう》などの変化を、いち早く知らせるものをさす言葉として使われる。

ゴールズワージー（一八六七年—一九三三年）ジョン。イギリスの作家。オックスフォード大学卒業後、弁護士となる。世界旅行中に、作家コンラッドと知りあい、文筆《ぶんぴつ》活動に入る。一九〇六年、小説『資産家』で認《みと》められ、戯曲《ぎきょく》『銀の箱』などで地位を確立。『フォーサイト家物語』三部作と『現代喜劇』三部作は、合わせて「フォーサイト家の記録」と総称《そうしょう》され、十九世紀末から二十世紀にかけてのイギリスの上中流階級の社会を詳細《しょうさい》に描いた記録にもなっている。一九二一年、国際ペンクラブ初代会長に就任《しゅうにん》。三二年、ノーベル文学賞を受賞した。

コクトー（一八八九年―一九六三年）フランスの詩人、小説家、劇作家。パリ近郊に生まれ、十代から詩作に才能を示す。小説『山師トーマ』『恐るべき子供たち』、戯曲《ぎきょく》『オルフェ』などを著《あらわ》し、一九三一年、『詩人の血』で映画監督デビュー。四五年には『美女と野獣』をルネ・クレマンと共同監督。カンヌ映画祭名誉委員長も務《つと》め、芸術の多方面の分野で活躍した。

『コサック』トルストイの自伝的《じでんてき》小説。モスクワの都市生活を離れたオレーニンが、老《ろう》猟師《りょうし》エローシカ、勇敢《ゆうかん》な若者ルカーシカ、その恋人マリヤンカら、コサックたちとともに生活する物語。

コルチャック（一八七八年―一九四二年）ポーランドの医師、教育者。小児科医《しょうにかい》として活躍するかたわら、子どもの権利を主張し、みずから孤児院《こじいん》を設立。ナチスのワルシャワ占領後《せんりょうご》、ユダヤ人ゲットーの中に移された孤児院の子どもたち二百人と運命をともにし、トレブリンカ収容所のガス室で死去。

〈さ行〉

シェークスピア（一五六四年―一六一六年）ウィリアム。イギリスの劇作家、詩人。イングランド中部のストラトフォード・オン・エーボンに生まれる。四大悲劇『ハムレット』『オセロ』『リア王』『マクベス』のほか、『ヘンリー六世』『リチャード二世』『ロミオとジュリエット』『十二夜』等、三十数編の戯曲《ぎきょく》を著《あらわ》し、女王エリザベス一世の宮廷でもたびたび上演された。

時習学館《じしゅうがっかん》　戸田城聖創価学会第二代会長が一九二三年（大正十二年）、東京・目黒に開いた私塾《しじゅく》。また、昭和十五年に本部を神田に移転するまで、創価教育学会の拠点《きょてん》として使われた。

慈悲《じひ》　人々に楽を与えるのを慈といい、苦を抜くのを悲という。「抜苦与楽《ばつくよらく》」と同意味。一切の衆生《しゅじょう》を慈《いつく》しみ、憐《あわ》れむことをいう。

周恩来《しゅうおんらい》（一八九八年―一九七六年）　中国の政治家、元首相。江蘇《チャンスー》省淮安《ホワイアン》県に生まれ、一九一七年より一年半、日本にも留学。ヨーロッパ留学中に中国共産党に入党し、毛沢《もうたく》東《とう》の下《もと》で長征《ちょうせい》を指揮《しき》するとともに、日中戦争中は党の代表として、国民党と共産党の折衝《せっしょう》などで奮闘《ふんとう》。四九年の中華人民共和国建国時より、国務院総理・外交部長を務《つと》め、内政・外交の両面で活躍した。

集合的無意識　心理学者ユングの用語。個人的経験とは無関係な、人間に共通する遺伝《いでん》的《てき》無意識をさす。

『少年時代』　ロシアの文豪《ぶんごう》トルストイの自伝《じでん》的《てき》小説（一八五四年）。『幼年時代』の続編で、大人の世界にふれたニコーレニカ少年が悪に染《そ》まって堕落《だらく》し、青年期を前にしてやがて立ち直っていく姿を描く。文芸誌「現代人」に匿名《とくめい》で発表され、『幼年時代』に続いて好評を博《はく》した。

ショーロホフ（一九〇五年―八四年）　ミハイル・アレクサンドロヴィチ。ロシアのノーベル文学賞作家。南ロシアのドン川下流の村ヴョーシェンスカヤに生まれ、代表作に革命と戦争に翻弄《ほんろう》されるコサックの運命を描いた長編『静かなドン』がある。他の作品に、ドン地方の革命期の農村の現実を描いた『開かれた処女地』などがある。池田SGI会長とは、七四年のソ連初訪問のさいに会談している。

シラー（一七五九年―一八〇五年）ヨハン・クリストフ・フリードリッヒ・フォン。ドイツの詩人、劇作家、歴史家。ドイツ西部のビュルテンベルク公国生まれ。文豪《ぶんごう》ゲーテと友情を結んで影響を受け、『ヴァレンシュタイン』三部作、『ヴィルヘルム・テル』『歓喜に寄す』等の旺盛《おうせい》な創作活動を行い、ドイツ古典主義文学を代表する一人として活躍した。

白樺派《しらかばは》　同人雑誌「白樺」に集《つど》った文学者のグループ。自然主義に対抗して人道主義、個性主義を掲《かか》げ、大正期の文学の大きな流れの一つとなった。中心者の武者小路実篤《むしやのこうじさねあつ》は、一九一八年、「新しき生活に入る道」を発表。一定の労働の義務を果たせば衣食住は無料という、人道主義的共同体「新しき村」を提唱《ていしょう》し、同年十一月、宮崎県児湯《こゆ》郡に建設された。

人格価値《かち》　カント哲学の用語。他の何ものかの手段によるのではなく、それ自身を目的とする自律《じりつ》的な人格をいう。

スターリン（一八七九年―一九五三年）　イオシフ。ソ連共産党書記長。靴屋の子としてグルジア共和国に生まれ、ロシア革命に参加。レーニンの死後、政敵《せいてき》を次々と粛清《しゅくせい》して恐怖《きょうふ》政治を行う。第二次世界大戦では多大な犠牲《ぎせい》を払ってドイツを撃退《げきたい》し、戦後は共産主義陣営《じんえい》の拡大を図った。

スタインベック（一九〇二年—六八年）ジョン・アーンスト。アメリカの作家。カリフォルニア州に生まれ、スタンフォード大学で海洋生物学を学ぶ。二十代後半から作家活動を始め、『天の牧場』『トティーヤ台地』『怒りの葡萄《ぶどう》』「われらが不満の冬」などを発表。カリフォルニアを舞台に、身を粉《こ》にして働く農民たちの苦闘《くとう》などを繰り返し描き、社会問題を告発《こくはつ》した。他の作品に、『エデンの東』（その第四部が映画化）、カリフォルニア湾での生物採集《さいしゅう》記録『コルテスの海』、自伝的《じでんてき》物語『チャーリーとの旅』などがある。一九六二年、ノーベル文学賞を受賞。

スホムリンスキー（一九一九年—七〇年）ワシーリー・アレクサンドロヴィチ。ロシアの教育者。ウクライナに生まれる。子どもの精神世界の充実を重んじ、自立した人間の育成と、そのための教師の資質《ししつ》の向上を強調した。主な著書に『教育の仕事』など。

旃陀羅《せんだら》　最下層階級の者。インドのカースト制度で、狩猟《しゅりょう》や屠殺《とさつ》を業《ぎょう》としていた者をさす。身分が卑《いや》しい意に使われる。

千萬人《せんまんにん》と雖《いへど》も……　古代中国の思想家・孟子《もうし》の言葉。やましいことがなければ、千万人の敵があっても少しも恐《おそ》れることなくわが道を進みゆく、との意。

『創価教育学体系』　牧口常三郎創価学会初代会長が、東京・白金《しろかね》小学校校長の職にあった一九三〇年十一月十八日に、第一巻を刊行。牧口教育思想を集大成《しゅうたいせい》した書。一九三〇年（昭和五年）から三四年（昭和九年）にかけて全四巻として出版された。

ソクラテス（前四六九年―前三九九年）ギリシャ哲学の流れを決定づけた哲学者。アテネに生まれる。智者《ちしゃ》たちとの対話を続け、無知の自覚と真理探究《たんきゅう》への道を示す。プラトンほか多くの青年たちを惹《ひ》きつけるが、誤解や憎《にく》しみをもつ者も多く、告発《こくはつ》されて死刑を宣告《せんこく》され、毒殺《どくさつ》。著書はなく、弟子《でし》プラトン（前四二七年―前三四七）がソクラテスを主人公に多くの対話篇《へん》を書き残した。

〈た行〉

第三世界　アジア、アフリカ、中南米などで、発展途上にある国々をさす言葉。かつての東西両陣営《じんえい》の二世界に対して、あるいは米ソ超大国《ちょうたいこく》とそれに続く先進諸国の二世界に対して、第三の世界と呼んだ。

大乗《だいじょう》　多数の人々を乗せる広大な乗り物を意味し、一切衆生《いっさいしゅじょう》の救護《くご》をめざす仏教という趣旨《しゅし》をもつ。

ダチョウのような……　ダチョウは、追いつめられると砂に頭を突《つ》っ込《こ》んで隠《かく》れたつもりでいる、という俗信《ぞくしん》がある。

チェーホフ（一八六〇年―一九〇四年）アントン・パブロヴィチ。ロシアの作家、劇作家。一八八六年の『雑話集』『途上』で認《みと》められる。短編『犬を連れた奥さん』、四大戯《ぎ》曲《きょく》『かもめ』『ワーニャ伯父さん』『三人姉妹』『桜の園』など、作品多数。

チャーチル（一八七四年―一九六五年）サー・ウィンストン・レナード・スペンサー。イギリスの政治家。ハロー校を経《へ》て、サンドハースト陸軍士官学校卒業。第二次世界大戦勃発後《ぼっぱつご》、海相を経て、一九四〇年、首相・国防相に就任《しゅうにん》。強力な指導力で大戦を勝利に導《みちび》いた。五一年、ふたたび首相を務《つと》め、五五年、引退。五三年、『第二次大戦回顧録』でノーベル文学賞を受賞。

超自我《ちょうじが》　人間の心には、本能的な欲求《よっきゅう》の働きである「エス（イドともいう）」と、規範《きはん》・法・おきてが内面化された「超自我」があり、矛盾《むじゅん》する両者の働きを「自我（エゴ）」がコントロールしているという。

『デミアン』　ヘッセの後期を代表する作品。主人公シンクレーアは、ささいなことでついた嘘《うそ》により、年上の不良につきまとわれる。そこから彼を救い出したのが、デミアンという謎《なぞ》の多い少年である。以後、主人公は人生の岐路《きろ》に立つごとに、デミアンに導《みちび》かれ、真の自分を探《さが》すことになる。

デュルケーム（一八五八年—一九一七年）　フランスの社会学者、教育学者。個人を社会化することに、教育の本質的作用を見いだした。著書に『教育と社会学』『自殺論』など。

ド・ゴール（一八九〇年—一九七〇年）　シャルル・アンドレ・ジョゼフ・マリー。フランスの軍人、政治家。陸軍士官学校卒業。第二次世界大戦勃発《ぼっぱつ》後、陸軍次官に就任《しゅうにん》。対独《たいどく》降伏《こうふく》にさいしてロンドンに逃《のが》れ、「自由フランス」を結成して対独抵抗《ていこう》を訴える。臨時政府首班《しゅはん》としてパリ解放《かいほう》に尽力《じんりょく》後、一九五三年、一時政界を引退《いんたい》。五八年の仏領《ふつりょう》アルジェリア独立をめぐる危機《きき》にあたり、圧《あっ》倒的《とうてき》支持を得て大統領に就任。植民地の独立を認《みと》めるとともに、産業の育成、独自外交の推進《すいしん》を図る。六九年、辞任・引退。

トインビー（一八八九年―一九七五年）アーノルド・ジョーゼフ。イギリスの歴史家。オックスフォード大学に学び、ロンドン大学教授、王立国際問題研究所研究部長、外務省調査部長を歴任《れきにん》。第一次・第二次世界大戦後のパリ講和《こうわ》会議にも出席した。ギリシャ史・トルコ史の研究から出発して、世界文明の比較研究に向かい、大著《たいちょ》『歴史の研究』十二巻（一九三四年―六一年）を著す。文明の生成《せいせい》・発展・崩壊《ほうかい》の過程《かてい》を分析《ぶんせき》し、鋭《するど》い文明批評《ひひょう》を展開した。他の著書に、池田SGI会長との対談『二十一世紀への対話』（『池田大作全集 第3巻』収録）のほか、『ギリシャの歴史思想』『試練に立つ文明』など、多数。

トウェイン（一八三五年―一九一〇年）アメリカの作家。現代アメリカ文学の先駆《せんく》者《しゃ》の一人。本名サミュエル・ラングホーン・クレメンズ。ミシシッピ川沿いの町ハンニバルで、幼年時代を送り、十代から印刷工などの仕事を転々とする。蒸気船《じょうきせん》の水先案内人《みずさきあんないにん》を経《へ》て、南北戦争で南軍に二週間従軍《じゅうぐん》。戦後、新聞記者となり、マーク・トウェイン（船員用語で二ひろの水深《すいしん》のこと）の筆名《ひつめい》で執筆《しっぴつ》を始め、ユーモア小説『その名も高きキャラベラス郡の飛び蛙《がえる》』で有名となる。因習《いんしゅう》にとらわれない自由な生活感覚を描き、『トム・ソーヤーの冒険』『ハックルベリー・フィンの冒険』『王子と乞食』ほかの名作を残したが、事業の失敗等を経《へ》て、晩年の作品には厭世観《えんせいかん》と皮肉《ひにく》が目立つと言われる。

特殊《とくしゅ》学校　一九〇一年（明治三十四年）以降《いこう》、旧東京市が極貧《ごくひん》家庭の子どもたちのために、設置《せっち》していた小学校。授業は午前と午後の二部制で夜学校が併設《へいせつ》され、学用品の支給などが受けられた。三笠尋常《じんじょう》小学校は、旧東京市本所《ほんじょ》区（現・墨田《すみだ》区）にあった特殊小学校で、牧口常三郎創価学会初代会長は、同校の校長（一九二〇年―二二年）を務《つと》めた。

ドストエフスキー（一八二一年―八一年）フヨードル・ミハイロヴィチ。ロシアの作家。医師の子としてモスクワに生まれる。工兵士官学校卒業後、将校となるが、一年たらずで退役《たいえき》。文筆《ぶんぴつ》に専念し、一八四五年の小説『貧しき人々』で認《みと》められる。四九年、社会主義者として密告《みっこく》され、死刑を宣《せん》告《こく》されるが、銃殺《じゅうさつ》直前に減刑《げんけい》となり、シベリア懲役《ちょうえき》四年、兵役二年を務《つと》める。六一年、兄と「時代《ヴレーミヤ》」誌を創刊し、『罪と罰』『白《はく》痴《ち》』『悪霊《あくりょう》』『カラマーゾフの兄弟』など、大作を相次いで発表。末期的なロシア社会の諸相《しょそう》と人間の苦悩《くのう》を描き、トルストイとともに十九世紀ロシア文学を代表する世界的巨匠《きょしょう》とされる。

トム・ソーヤー　アメリカの作家、マーク・トウェインの作品『トム・ソーヤーの冒険』の主人公。作中、十九世紀のアメリカ南東部を舞台に、少年トムと友人ハックが数々の冒険を繰り広げる。ミシシッピ河畔《かはん》に暮らした作者の思い出を背景に、楽しかった子ども時代を大人に追想《ついそう》させる作品。

トルコ移《い》民《みん》殺人事件　一例として、一九九三年五月、ドイツ西部の町ゾーリンゲンで、トルコ人の住む住宅が放火され、四歳と十一歳の少女を含《ふく》む五人が死亡した。外国人を敵視《てきし》するグループの犯行といわれる。ドイツでは同種の事件が相次ぐ一方、外国人排斥《はいせき》主義に抗議《こうぎ》する運動も高まっている。

トルストイ（一八二八年—一九一〇年）レフ・ニコラエヴィチ。ロシアの作家、思想家。軍隊勤務中に『幼年時代』を発表し、文壇《ぶんだん》デビュー。『戦争と平和』『アンナ・カレーニナ』で世界的に有名となる。後半生は、人生の問題の解決を求めて、独自の宗教観・生活観にいたり、既成宗教を批判して、ロシア正教会に破門《はもん》される。十九世紀のロシア文学を代表するだけでなく、世界の文学に大きな影響をあたえた。他の作品に『復活』『クロイツェル・ソナタ』『イワンのばか』などがある。

〈な行〉

ナチス　ヒトラーの率《ひき》いた国家社会主義ドイツ労働者党の通称《つうしょう》。一九三三年—四五年のドイツで同党の独裁《どくさい》支配が行われた。

ナチズム　ヒトラーの率いたナチスの運動の根幹《こんかん》をなすイデオロギー。アーリア人種のなかでも、とくにゲルマン民族の優秀性を主張した。

ナポレオン（一七六九年—一八二一年）ボナパルト。フランス第一帝政《ていせい》の皇帝《こうてい》。フランス革命後の混沌《こんとん》のなか皇帝にのぼりつめながら、一八一五年のワーテルローの戦いの完敗からセント・ヘレナ島に流され、死去。『ナポレオン法典《ほうてん》』などを制定した。

ナロードニキ「人民主義者」の意のロシア語。一八六〇年—九〇年代に、知識人や学生の一部が、農村共同体に基《もと》づいてロシア社会の再生《さいせい》をめざす社会主義運動を展開。ヴ・ナロード（民衆の中へ）のスローガンを掲《かか》げ、農村に入って社会主義の宣伝を行い、ロシア革命への流れを作った。

〈は行〉

ハックルベリー・フィン　『トム・ソーヤーの冒険』の続編ともいえる、マーク・トウェインの代表作『ハックルベリー・フィンの冒険』の主人公。物語では、ハック・フィンと逃亡奴隷《とうぼうどれい》のジムが、ミシシッピ川を筏《いかだ》で下《くだ》りながら、さまざまな冒険を展開。友情や人種差別の問題にも正面から取り組んでいる。

パブロフ（一八四九年―一九三六年）ロシアの生理学者。リャザンに生まれ、サンクトペテルブルク大学に学ぶ。ドイツ留学後、実験医学研究所生理学部長等を務《つと》め、消化液《しょうかえき》分泌《ぶんぴつ》の神経《しんけい》支配に関する研究で、一九〇四年、ノーベル生理学・医学賞を受賞。犬に餌《えさ》をやる時にベルを鳴らしていると、やがてベルだけで犬に唾液《だえき》が出てくることを示し、「条件反射」の理論を構築《こうちく》した。

半日《はんにち》学校制度　教育改造《かいぞう》論議が盛んであった昭和初期に、「小学校より大学までのすべての学校における学習生活を半日制度にせよ」と提唱《ていしょう》した、抜本的《ばっぽんてき》な改革案。学習と実際生活との有機的《ゆうきてき》結合を児童期から推進《すいしん》すべしとの主張は、「生涯学習」運動への展望を開く、先駆的《せんくてき》な社会改造論としてもとらえられる。牧口初代会長は、みずからの教授体験を通して、明確な教育目的（各人の幸福）のもとに、教授内容の価値的選択・論理的配列《はいれつ》がなされ、合理的教授方法（学習指導主義）が導入《どうにゅう》されるなら、「学習の労力・年限・費用を、少なくも半減」できるという、確信があった。しかも、特筆《とくひつ》すべきは、この制度改革案が、教師と地域社会の人々が連携《れんけい》して子どもたちの発達をサポートするという、人民本位の「学校自治権」確立、さらには、「学校民営化」施《し》策《さく》を、必須《ひっす》不可欠《ふかけつ》の前提としている点にある。「半日学校論」の根底《こんてい》には、「民主の原理」を確立せんとする、決意のまなざしをかいま見ることができよう。創価教育思想の真髄《しんずい》は、「国家主義」一色のさなかにありながらも、「人間主義」を基盤《きばん》とする民衆主導の学制改革を成し遂《な》《と》げようとした、「精神の革命」への果敢《かかん》な挑戦《ちょうせん》に求められねばならない。（『創価教育学体系』参照）

プーシキン（一七九九年—一八三七年）　アレクサンドル・セルゲーヴィチ。ロシアの詩人、作家。ロシア近代文学の父と仰《あお》がれる。中流貴族の家に生まれ、ツァールスコエセロ修学院を卒業。在学中から多数の詩を書く。一八二〇年、作品中の政治批判を理由に首都ペテルブルクを追放《ついほう》され、続いて黒《こっ》海《かい》沿岸の港町オデッサで、総督《そうとく》夫人との恋愛が問題となり、皇帝《こうてい》よりミハイロフスコエ村への蟄居《ちっきょ》を命《めい》じられる。この間に、『ルスランとリュドミラ』『ボリス・ゴドゥーノフ』など、多くの作品を著《あらわ》す。追放解《ついほうかい》除後《じょご》の三一年、代表作『エフゲニー・オネーギン』を完成。晩年は、散文《さんぶん》小説に才能を示し、『スペードの女王』『大尉の娘』などの傑作《けっさく》を残した。三七年、妻ナターリヤをめぐって、ダンテス男爵《だんしゃく》に決闘《けっとう》を挑《いど》み、死去。

ブラウン（一九一二年—七七年）　ドイツ生まれのアメリカの宇宙工学者。五八年、アメリカ初の人工衛星、エクスプローラー1号の打ち上げを成功させる。一九六〇年、マーシャル宇宙飛行センター所長。アポロ計画のためのサターン5型ロケットの開発にあたった。

プラトン（前四二七年―前三四七年）古代ギリシャの哲学者。ソクラテスの弟子《でし》。ソクラテスとの出会いと、彼の冤罪《えんざい》による獄死《ごくし》を通して、決定的な影響を受け、ソクラテスの死後は著述《ちょじゅつ》活動と弟子の育成に専念。普遍的《へんてき》な実在〝イデア〟を説《と》き、哲学者の治《おさ》める国家を理想とした。また、アテネの北西に創設《そうせつ》した学園アカデメイアは、アリストテレス以下の優秀な人材を輩出《はいしゅつ》し、西洋哲学の源流《げんりゅう》の地となった。著書に『ソクラテスの弁明』『国家』『饗宴《きょうえん》』『法律』など多くの対話篇《へん》がある。

フロイト（一八五六年―一九三九年）ジークムント。オーストリアの精神病理学者。精神分析《ぶんせき》の創始者《そうししゃ》。フライブルクのユダヤ人の家庭に生まれる。精神分析の理論と技法《ぎほう》を発展させ、一九〇〇年の『夢判断』で夢分析の技法を確立。〇八年、ウィーン精神分析学会を設立。ロンドンにて没《ぼつ》。

ペギー（一八七三年―一九一四年）フランスの詩人、思想家。ドレフュス大尉の冤罪《えんざい》事件では、ドレフュス擁護派《ようごは》として活躍。一九〇〇年、雑誌「半月手帖《せいりよくてき》」を創刊し、みずから評論や詩を精力的に発表した。

ペスタロッチ（一七四六年―一八二七年）ヨハン・ハインリヒ。スイスの教育者。チューリヒ大学で神学を学び、社会の改善を志《こころざ》す。農民の救済をめざして農園を開き、後にこれを孤児院《こじいん》に変えて、民衆教育の改善に尽力《じんりょく》。『隠者《いんじゃ》の夕暮れ』『リーンハルトとゲルトルート』などの教育書を著《あらわ》し、子どもの自然な能力を個性に応じて発達させることを訴えた。その後も、シュタンツ、ブルクドルフ、イヴェルドンなどで学校を経営しながら、みずからの教育理念の実現をめざし、近代初等教育の基礎《きそ》を築いた。

ヘッセ（一八七七年―一九六二年）ドイツ生まれのスイスの小説家、詩人。授業と規律《きりつ》の厳しさに反発して、プロテスタント学校から逃亡《とうぼう》し、書店員、機械工の見習いなどを務《つと》めながら、文学に親しむ。一九〇四年、小説『ペーター・カーメンチント』で有名となり、学生時代の体験に基《もと》づく『車輪の下』などを発表。東洋文化やユング派精神分析にも興味を持つ。第一次世界大戦中、戦争を非難してマスコミから攻撃《こうげき》され、スイスに定住《ていじゅう》・帰化《きか》して、二度とドイツに戻らなかった。四六年、ノーベル文学賞受賞。他の作品に、『デミアン』『春の嵐』『シッダールタ』『ガラス玉遊戯』など、多数。

ペリー（一七九四年―一八五八年）マシュー・ガルブレイス。アメリカの東インド艦隊《かんたい》司令長官。フィルモア大統領によって日本に派遣《はけん》され、一八五三年（嘉永《かえい》六年）、浦賀《うらが》に到着。軍艦《ぐんかん》四隻《せき》（黒船）の威力《いりょく》をもって開国を迫《せま》り（砲艦《ほうかん》外交）、翌五四年、日米和親《わしん》条約を締結《ていけつ》した。

ポーリング（一九〇一年―九四年）ライナス・カール。アメリカの物理化学者。カリフォルニア工科大学大学院を経《へ》て、同教授等を歴任《れきにん》。化学物質の構造《こうぞう》の解明《かいめい》に量子力学《りょうしりきがく》の原理を応用し、独自の化学結合論を開拓。「現代化学の父」と呼ばれる。抗原《こうげん》・

抗体《こうたい》の結合力の研究や、タンパク質の構造の解明《かいめい》を行い、核兵器反対運動など平和運動にも尽力《じんりょく》。一九五四年にノーベル化学賞、六二年、ノーベル平和賞を受賞。池田SGI会長との対談『「生命の世紀」への探究』（『池田大作全集 第14巻』収録）のほか、『化学結合論』『ビタミンCとかぜ』『ノー・モア・ウォー』などがある。

菩薩《ぼさつ》　悟《さと》りを求める人を意味し、通常、他の人の救済に尽《つ》くすことを生き方の根本《こんぽん》におく人々をさす。

ボルシェビキ　「多数派」の意で、ロシア共産党の前身。一九〇三年、ロシア社会民主労働党の第二回党大会で、レーニンを指導者とするグループが一派を作り、メンシェビキ（少数派）と対立。メンシェビキを追《つい》放後《ほうご》、一七年のロシア革命を指導して政権を掌握《しょうあく》し、共産党に発展した。

ボルシェビキ革命　ロシアが共産主義の国家体制を確立するにいたった、一九一七年の「十月革命」のこと。第一次世界大戦中のこの年、二月革命で皇帝《こうてい》ニコライ二世が退《たい》位《い》し、共和制となって臨時政府が樹立《じゅりつ》された。しかし、経済混乱《こんらん》の中で、戦争を継続《けいぞく》する臨時政府は民衆の支持を失い、十月のボルシェビキの武装蜂起《ぶそうほうき》によって崩壊《ほうかい》した。

〈ま行〉

マッカーサー（一八八〇年—一九六四年）ダグラス。アメリカ極東《きょくとう》軍司令官として太平洋戦争に参加。一九四五年、連合国最高司令官として来日《らいにち》し、占領政策を推進《すいしん》した。

マルロー（一九〇一年—七六年）フランスの

作家、芸術理論家、政治家。パリに生まれ、パリ東洋語学校に学ぶ。文化遺産《いさん》調査のために訪れた仏領《ふつりょう》インドシナで、民族独立運動を支援。『征服者』『王道』『人間の条件』などの作品で注目される。第二次世界大戦中、レジスタンス運動に参加。戦後はド・ゴール政権の情報相・文化担当相を務《つと》めるとともに、芸術論の分野で活躍した。池田SGI会長との対談集『人間革命と人間の条件』（『池田大作全集 第4巻』収録）がある。

免疫《めんえき》 ある特定の病原体《びょうげんたい》、またはそれが出す毒素《どくそ》に対して生体《せいたい》が特異的《とくいてき》に抵抗性《ていこうせい》を高めた状態。

メンデレーエフ（一八三四年―一九〇七年） ドミートリー・イワノヴィチ。ロシアの化学者。シベリア西部のトボリスクに生まれ、十七歳でモスクワに移住。ペテルブルク大学で化学を学び、ドイツ留学後、ペテルブルク大学教授となる。教科書「化学の基礎」を著して化学教育にも尽力《じんりょく》。一八六九年、元素《げんそ》の周期律表《しゅうきりつひょう》を発表し、その改訂版《かいていばん》の表《ひょう》中《ちゅう》の三つの空欄《くうらん》に、未知の元素が存在することを予言《よげん》。後に、ガリウム、ゲルマニウム、スカンジウムとして発見された。また、溶液《ようえき》や石油の研究でも活躍。政府と衝突《しょうとつ》して教授職を辞任《じにん》し、九三年以降《いこう》、没《ぼっ》するまで度量衡《どりょうこう》局長官を務《つと》めた。

モース（一八三八年―一九二五年） エドワード・シルヴェスター。アメリカの動物学者。一八七七年（明治十年）、来日《らいにち》。列車の窓から、大森貝塚を発見。その発掘《はっくつ》によって、日本の考古学・人類学の発展に貢献《こうけん》した。

モーツァルト（一七五六年―九一年） ヴォル

フガング・アマデウス。オーストリアの作曲家。宮廷音楽家の子として、東部アルプス北麓《ほくろく》のザルツブルクに生まれる。三歳でピアノに親しみ、四歳から父親のレッスンを受けて五歳で作曲。毎年、父親や家族とヨーロッパ各地を旅し、神童《しんどう》ぶりを発揮《はっき》しつつ、音楽修業《しゅぎょう》を続け作曲に活躍。ザルツブルクの宮廷楽団の職を離れ、二十五歳からウィーンで精力的《せいりょくてき》に作曲・演奏活動を行う。『フィガロの結婚』『魔笛《まてき》』『ジュピター』『アイネ・クライネ・ナハトムジーク』等の傑作《けっさく》を残したが、経済状態の悪化《あっか》と病《やまい》に苦しみ、三十五歳で死去。

モーロア（一八八五年―一九六七年）フランスの作家、批評家《ひひょうか》。本名エミール・サロモン・ウィレルム・エルゾーグ。フランス北西部のエルブフに生まれ、ルーアンのリセ（高等中学）で哲学者アランに学ぶ。第一次世界大戦中、イギリス軍との連絡将校を務《つと》め、その体験をもとに小説『ブランブル大佐の沈黙』でデビュー。小説、評論《ひょうろん》のほか、『ジョルジュ・サンドの生涯』『三人のデュマ』などの伝記や、『英国史』『アメリカ合衆国史』『フランス史』などの歴史書でも多数の読者を得る。第二次世界大戦中は、アメリカ、イギリスで外交・文筆《ぶんぴつ》に活躍した。

モンテーニュ（一五三三年―九二年）ミシェル・ド。フランスのモラリスト（人文主義《じんぶんしゅぎ》思想家）。フランス南西部のボルドー近郊に生まれ、法律を学んでボルドー市の高等《こうとう》法院評定官《ほういんひょうていかん》を務《つと》める。三十八歳で職を去って領地の館《やかた》に隠棲《いんせい》し、『エセー（随想録）』を執筆《しっぴつ》。「私は何を知っているか？（ク・

セ・ジュ）」という懐疑《かいぎ》精神によって、人間の内面や社会を鋭《するど》く省察《せいさつ》し、自由な精神の尊重《そんちょう》を説《と》いた。イタリア、ドイツを旅行後、一時ボルドー市長として活躍。晩年は『エセー』の加筆《かひつ》・訂正《ていせい》に専念した。

モンテッソーリ（一八七〇年―一九五二年）マリア。イタリアの医師、教育者。一八九四年、イタリア女性として初の医学の学位を取得《しゅとく》。障がい児の治療にたずさわる。一九〇七年、「子どもの家」を設立し、児童の内発性《ないはっせい》を尊重《そんちょう》するモンテッソーリ式教育法を実践。感覚訓練のためのモンテッソーリ教具なども考案《こうあん》した。

〈や行〉

ヤースナヤ・ポリャーナ　モスクワの南部にあったトルストイの所有する領地。トルストイの生地《せいち》。トルストイはヤースナヤ・ポリャーナの農民たちの生活改善を試《こころ》み、村に学校を設立するなどした。

ヤコブレフ（一九二三年―二〇〇五年）アレクサンドル・ニコラエヴィチ。ロシアの政治家、歴史学者。ゴルバチョフ政権発足後、大統領首席顧問《しゅせきこもん》などを務《つと》め、ペレストロイカを推進《すいしん》。ソ連解体後《かいたいご》は、ロシア連邦放送庁長官、ロシア社会民主党党首等を務める。

唯識哲学《ゆいしきてつがく》　仏教哲学の大きな流れの一つで、あらゆる存在・現象は、「識」の働きによって、仮《かり》に心に映《うつ》し出《だ》されたものにすぎない、とする思想。四世紀頃にインドの無《む》着《じゃく》・世親《せしん》（天親《てんじん》）らが展開した。

『幼年時代』トルストイの自伝的《じでんてき》小説。匿名《とくめい》で文芸雑誌「現代人」に掲載《けいさい》された、トルストイの最初の作品で、文壇《ぶんだん》から高い評価を得た。ニコーレニカ少年の精神的成長を、日常生活や周囲の人々との交流をまじえて、詩情豊かに描く。

〈ら行〉

ルイバコフ（一九一一年―九八年）アナトリー・N。ロシアの作家。ウクライナに生まれ、モスクワ・アルバート区で育つ。『アルバート街の子どもたち』は、一九三〇年代のモスクワの若者たちを描いた自伝的《じでんてき》小説だが、スターリンにふれているため、長らく発表が禁止され、ゴルバチョフ政権下で初めて出版された。他の作品に『青銅の鳥』『エカテリーナ・ヴォローニナ』『重い砂』などがある。

ルソー（一七一二年―七八年）ジャン＝ジャック。フランスの思想家、文学者。スイスのジュネーブに生まれる。一七五五年『人間不平等起源論』、続いて、『エミール』『社会契約論』や、小説『新・エロイーズ』を著し、自然のままの自由な人間を理想とする、教育や社会秩序《ちつじょ》のあり方を論じ、フランス革命に大きな影響をあたえた。

『レ・ミゼラブル』フランスの文豪《ぶんごう》ユゴーの長編小説（一八六二年）。一切れのパンを盗《ぬす》んで十九年の牢獄《ろうごく》生活を送ったジャン・ヴァルジャンの、出所後の波瀾《はらん》に満ちた生涯を描く。

レヴィ＝ストロース（一九〇八年―　）クロード・ギュスターブ。フランスの文化人類学者。パリ大学に学び、ブラジルのサンパウロ大学で教鞭《きょうべん》を執《と》りながら、ブラジル先住民の調査を行う。第二次世界大戦中に渡米し、構造《こうぞう》主義言語学の影響を受けて、「構造人類学」を創始《そうし》。未開社会の親族関係や神話の研究を通して、人類に共通する文化構造《こうぞう》を探究《たんきゅう》し、哲学・文学・政治学等の多方面に大きな影響をあたえた。パリ大学教授を経《へ》て、一九五九年より八二年までコレージュ・ド・フランス社会人類学教授。著書に『親族の基本構造』『悲しき熱帯』『構造人類学』『野生の思考』などがある。

ロシア正教《せいきょう》　東ローマ帝国の首都コンスタンチノープルを中心に発展した東方諸地域の教会（東方教会）の一つ。一五八九年にコンスタンチノープルの支配から独立。モスクワのロシア正教会が東方教会の中心となった。

ロシアでもまた戦争……　ロシアからの独立を宣言していた中央アジア、カスピ海西岸のチェチェン共和国に、一九九四年十二月から九六年八月まで、ロシア軍が進攻《しんこう》し、第一次チェチェン戦争が勃発《ぼっぱつ》した。九七年、一時、内戦を回避《かいひ》したが、九九年九月、チェチェン人のテロリスト掃討《そうとう》のためとの名目でふたたび第二次戦争が起きている。

ローレンス（一八八五年―一九三〇年）　イギリスの小説家、詩人。一九一三年の『息子と恋人』で認《みと》められ、『虹』『恋する女たち』等を発表。第一次世界大戦後、世界各地を転々とする。『チャタレイ夫人の恋人』等、多くの作品を発表し、現代文学に大きな影響をあたえた。

〈対談者略歴〉

アリベルト・A・リハーノフ（Albert A. Likhanov）
1935年、ロシア共和国キーロフ市生まれ。ウラル大学卒業後、雑誌「スメーナ」編集長、「ソビエト児童および青少年のための文学と芸術教育協会」会長などを歴任し、ソ連児童基金総裁。91年、ソ連解体後、ロシア国際児童基金協会総裁。主な著書に『太陽があるように』『けわしい坂』『音楽』『木の馬』など。

池田大作（いけだ　だいさく）
1928年、東京生まれ。創価学会名誉会長、創価学会インタナショナル（SGI）会長。創価大学、アメリカ創価大学、創価学園、民主音楽協会、東京富士美術館、東洋哲学研究所などを創立。世界各国の識者と対話を重ね、平和、文化、教育運動を推進。モスクワ大学をはじめ世界の大学・学術機関からの名誉博士、名誉教授の称号、国連平和賞など多数受賞。主著に『人間革命』(全12巻)など。

聖教ワイド文庫――036

子どもの世界
青少年に贈る哲学

発行日　二〇〇八年七月三日
著　者　池田大作
　　　　アリベルト・A・リハーノフ
発行者　松岡資
発行所　聖教新聞社
〒一六〇-八〇七〇　東京都新宿区信濃町一八
電話〇三-三三五三-六一一一（大代表）
印刷・製本　大日本印刷株式会社
＊
落丁・乱丁本はお取り替えいたします

定価はカバーに表示してあります
ISBN978-4-412-01391-9

聖教ワイド文庫発刊にあたって

一つの世紀を超え、人類は今、新しい世紀の第一歩を踏み出した。これからの百年、いや千年の未来を遠望すれば、今ここに刻まれた一歩のもつ意義は極めて大きい。

戦火に血塗られ、「戦争の世紀」と言われた二十世紀は、多くの教訓を残した。また、物質的な豊かさが人間精神を荒廃に追い込み、あるいは文明の名における環境破壊をはじめ幾多の地球的規模の難問を次々と顕在化させたのも、この二十世紀であった。いずれも人類の存続を脅かす、未曾有の危機的経験であった。言うなれば、そうした歴史の厳しい挑戦を受けて、新しい世紀は第一歩を踏み出したのである。

この新世紀の開幕の本年、人間の機関紙として不断の歩みを続けてきた聖教新聞は創刊五十周年を迎えた。そして、その発展のなかで誕生した聖教文庫は一九七一年（昭和四十六年）四月に第一冊を発行して以来三十年、東洋の英知の結晶である仏教の精神を現代に蘇らせることを主な編集方針として、二百冊を超える良書を世に送り出してきた。

そこで、こうした歴史の節目に当たり、聖教文庫は装いを一新し、聖教ワイド文庫として新出発を期すことになった。今回、新たに発行する聖教ワイド文庫は、従来の文庫本の特性をさらに生かし、より親しみやすく、より読みやすくするために、活字を大きくすることにした。

昨今、情報伝達技術の進歩には、眼を見張るものがある。「ＩＴ革命」と称されるように、それはまさに革命的変化で、大量の情報が瞬時に、それも世界同時的に発・受信が可能となった。こうした技術の進歩は、人類相互の知的欲求を満たすうえでも、今後ますます大きな意味をもってくるだろう。しかし同時に、「書物を読む」という人間の精神や人格を高める知的営為の醍醐味には計り知れないものがあり、情報伝達の手段が多様化すればするほど、その需要性は顕著に意識されてくると思われる。

聖教ワイド文庫は、そうした精神の糧となる良書を収録し、人類が直面する困難の真っ只中にあって、正しく、かつ持続的に思索し、「人間主義の世紀」の潮流を拓いていこうとする同時代人へ、勇気と希望の贈り物を提供し続けることを、永遠の事業として取り組んでいきたい。

二〇〇一年十一月

聖教新聞社